Collection « Documents Lorrains »

ÉCOLIERS-SOLDATS

An Herrn Werner Eckel diese Geschichte der elsässischen und lothringischen Luftwaffenhelfer die die gleiche und doch nicht die gleiche ist als die der deutschen Kameraden — Mit bestem Dank für die Fotografische Hilfe

Robert Sumner

© Éditions Pierron - 1989.

Toute reproduction ou représentation intégrale ou partielle, par quelque procédé que ce soit, des pages publiées dans la présente publication (ou le présent ouvrage), faite sans l'autorisation de l'éditeur est illicite et constitue une contrefaçon. Seules sont autorisées, d'une part, les reproductions strictement réservées à l'usage privé du copiste et non destinées à une utilisation collective, et, d'autre part, les analyses et courtes citations justifiées par le caractère scientifique ou d'information de l'œuvre dans laquelle elles sont incorporées (Loi du 11 mars 1957 - art. 40 et 41 et Code Pénal art. 425).

Robert Grimmer

ÉCOLIERS-SOLDATS

Éditions Pierron

Nota : Les opinions rapportées, exprimées ou défendues dans ce livre, le sont sous la seule responsabilité de leur auteur.

Préface

Le livre de Robert Grimmer est une importante contribution à l'histoire de notre région pendant la 2e Guerre mondiale ainsi qu'à l'histoire humaine en général. A sa lecture, on regretterait que de tels faits et témoignages aient pu se perdre à tout jamais. Il faut rendre hommage aux historiens et anciens de notre région qui ont pris la peine d'apporter leur contribution à cette histoire. Je songe en particulier aux oeuvres de M. Heiser et de mon ami Joseph Burg. Et il faut féliciter les Editions Pierron pour leur profonde dévotion à cette cause. Pendant bien longtemps encore, nos enfants et petits-enfants liront avec étonnement et presque incrédulité ce qui est consigné dans ces oeuvres.

Personnellement, jusqu'à la lecture du manuscrit, j'ignorais totalement que de jeunes lycéens, y compris mon ami Paul Mouzard, avaient été mobilisés par les Nazis pour servir les canons anti-aériens. Qui savait, lorsqu'on voyait ces intenses batailles entre terre et ciel, que les batteries étaient servies par des jeunes gens de notre région, incorporés de force, en-dessous de l'âge militaire ? La seule vision des scènes qui devaient se dérouler autour de ces batteries fait frémir. Comme le dit l'auteur : «**Rapport de l'ONU : 200 000 enfants-soldats dans le monde (août 1988). En 1944, il y en avait plus de 150 000 dans la seule Allemagne. Personne ne s'en était soucié. Les Luftwaffenhelfer étaient des précurseurs**». Bien peu de gens, effectivement, le savaient.

Dans mon lointain travail pour la paix, une fois de plus l'Alsace-Lorraine se rappelle à moi, comme elle l'a fait si souvent au cours des 4 dernières décennies, soit en bien, par des exemples comme ceux d'Albert Schweitzer et Robert Schuman ou par des progrès historiques comme le Conseil de l'Europe et la réconciliation franco-allemande; soit en mal, comme les guerres, dévastations, déchirures et abus de pouvoir que nous avons connus, plus que n'importe quelle autre région du monde.

J'ai devant moi, à côté du manuscrit de M. Grimmer, les rapports de l'UNICEF, du bureau des Quakers auprès des Nations Unies à Genève, du Centre sur la Guerre et l'Enfant de l'Arkansas et de la conférence tenue par les Nations Unies en 1982 à Nairobi sur les enfants dans des situations de conflits armés. C'est tout simplement effrayant : 200 000 enfants armés dans le monde, entre 50 000 et 100 000 enfants tués dans le conflit entre l'Irak et l'Iran, des dizaines de milliers d'enfants armés en Mozambique. Et il faut lire certains détails : comment ces enfants sont exhortés par des slogans religieux ou par leurs mères pour venger leur père ou l'un des leurs. On se demande sur quelle planète nous vivons.

Et pourtant; il en était ainsi tout près de chez nous comme l'illustre l'ouvrage de M. Grimmer. Les Européens s'entretuaient eux aussi pour la gloire de Dieu (Dieu et mon Droit, Gott mit Uns).

Peu à peu, pourtant; nous sortons de cet âge des cavernes. Quarante deux ans sans guerre mondiale; une Communauté Européenne; un Parlement Européen; un passeport qui porte le mot France en sous-titre à la Communauté Européenne; de lents mais constants progrès vers la paix universelle et la coopération internationale. Mon grand-père ne l'aurait jamais cru : j'aimerais qu'il vive encore et que je puisse lui raconter ma vie et mes espoirs depuis mon départ de Sarreguemines pour l'ONU au lendemain de la guerre. Le jour où j'écris ces lignes, le Vietnam annonce qu'il retirera ses troupes du Cambodge, et ma voisine de bureau est venue me dire adieu, car elle partait avec le personnel de l'ONU en Namibie. Je lui ai dit : dites à ce pays le bonjour de mon grand-père; car c'est de là, l'ancien **Südwest-Afrika**, qu'il recevait ses monceaux de feuilles de palmier **Carlo-Ludovica** avec lesquelles il fabriquait des chapeaux de panama dans son usine de Sarralbe. Quarante ans après la guerre, la Namibie recevait elle aussi son indépendance.

Et cette année encore, nous verrons l'adoption de la Convention internationale sur les droits de l'enfant qui donnera force juridique à la Déclaration des Droits de l'Enfant adoptée par les Nations Unies en 1959. Aux termes de cette convention : «Nul enfant ne devra prendre part à des hostilités; les enfants exposés à des conflits armés doivent recevoir une protection spéciale».

Je tiens à exprimer ce souhait : que le livre de M. Grimmer soit envoyé à l'UNICEF, à la Croix Rouge Internationale, au Bureau des Quakers à Genève et au Centre sur la Guerre et l'Enfant de l'Arkansas. L'auteur et notre région donneront ainsi la main à ceux qui luttent sur le plan mondial pour l'élimination finale de telles atrocités de la surface de notre belle planète. Merci, Monsieur Grimmer, d'avoir écrit cet ouvrage. Merci à tous ceux qui y ont consigné leurs témoignages.

Robert Muller
Ancien Sous-Secrétaire Général de l'ONU
Chancelier de l'Université pour la Paix

UN RAPPORT DE L'O.N.U. :

200 000 enfants-soldats dans le monde.

Les médias du 6 août 1988

*
* *

En 1944, il y en avait plus de 150 000 dans la seule Allemagne. Personne ne s'en était soucié.
Les *Luftwaffenhelfer* étaient des précurseurs.

L'auteur

CHAPITRE I

Luftwaffenhelfer

Le 15 février 1943, après trois ans et demi de guerre, apparut sur ce qu'il était convenu d'appeler « le théâtre des opérations » un personnage nouveau qui, par décision du gouvernement nazi, fut nommé « LUFTWAFFEN-HELFER »[1].

Pour faire face aux raids aériens de plus en plus fréquents, de plus en plus dévastateurs et meurtriers que l'aviation alliée lançait contre l'Allemagne, Hitler n'hésita pas à jeter des adolescents dans la bataille.

On estime qu'environ 150 000 à 170 000 collégiens et lycéens furent ainsi incorporés dans la Wehrmacht entre février 1943 et la fin de la guerre. Parmi eux, il y avait 1 500 à 1 700 jeunes Alsaciens et Mosellans des classes 1926, 1927 et 1928.

Placés derrière des canons de DCA, ces collégiens qui avaient à peine 16 ans, parfois seulement 15, furent contraints de faire face à leur corps défendant aux dures attaques lancées nuit et jour, sans répit, par les bombardiers et chasseurs alliés contre l'Allemagne. C'est pourquoi le nom de *FLAKHELFER* fut aussi fréquemment utilisé[2].

Le présent livre a pour objet, non pas de retracer l'histoire exhaustive de tous les combattants en culotte courte que furent les lycéens alsaciens et mosellans, mais de montrer ce qu'a été un *Luftwaffenhelfer* de chez nous. Car, bien que mélangés le plus souvent aux *Luftwaffenhelfer* allemands, ils n'ont pas vécu l'aventure de la même manière, avec le même esprit que ceux-ci. Les Alsaciens et les Mosellans ont en effet été les plus jeunes « Malgré-nous » de la seconde guerre mondiale.

Leur histoire est par ailleurs mal connue parce que longtemps escamotée par les gouvernements allemand et français, comme si elle faisait honte.

Il convient aussi de préciser que, dans les six ou huit derniers mois de la guerre, les Allemands, dont le besoin en « matériel humain » était immense, ne se sont plus limités aux collégiens et lycéens, mais appelèrent également des apprentis de la classe 1928 comme *Flakhelfer*.

Basé sur des témoignages, le présent livre tente d'évoquer les multiples facettes de la vie et de la personnalité de celui que l'on nomma très vite le combattant le moins cher de la deuxième guerre mondiale. Une vie où se

---

1. Auxiliaire de l'Armée de l'Air.
2. FLAK : *Flieger Abwehr Kanone* - Désignation allemande de la DCA.

mêlaient constamment le courage et la peur. Une vie où le drame côtoyait journellement l'humour, où la nécessité de se plier aux ordres des chefs militaires allait de pair avec un besoin viscéral de s'y opposer, où une certaine naïveté qui caractérise en général un collégien de 16 ans contrastait souvent avec une maturité trop tôt et trop rapidement acquise au combat, où l'inconscience devant le danger le disputait à la lucidité nécessaire à la survie.

Ce sont tous ces ingrédients qui ont produit le *Luftwaffenhelfer*. Un personnage hybride, suffisamment âgé pour pouvoir abattre des avions, mais trop jeune pour qu'il soit autorisé à fumer. On lui interdisait de voir certains films pour éviter, disait-on, de mettre en danger ses vertus morales, mais on l'obligeait à tuer. Il devait être à la fois un soldat et un écolier car les dirigeants nazis lui avaient imposé, en supplément, l'obligation, entre deux combats, d'étudier Gœthe ou Kleist, de commenter la mythologie germanique et de potasser le calcul différentiel.

Les Allemands eux-mêmes appellent volontiers les *Luftwaffenhelfer* la génération dupée. Je trouve que le qualificatif « grugée » convient mieux. Dans ses deux sens. Au propre, gruger signifie en effet écraser à l'aide d'un grugeoir. Pour les *Luftwaffenhelfer*, le grugeoir avait noms : bombardiers alliés et machine de guerre prussienne. Au figuré, gruger signifie priver quelqu'un de son bien. Les *Flakhelfer* furent privés de leur bien le plus précieux, leur jeunesse.

Le comédien allemand, Joachim Fuchsberger, l'a bien exprimé en disant : « J'avais 16 ans quand j'ai été incorporé. Un an plus tard, j'avais pris non pas douze mois mais douze années. »

Et plus proche de nous, le curé de Logelheim, François Burrus, lui aussi un ancien de la Flak, a dit tout simplement en évoquant cette période : « En six mois, j'avais changé du tout au tout. »

Alors qu'à leur âge leur place était sur les bancs des lycées et des collèges, ils furent contraints de se battre. Au lieu d'apprendre le latin et la physique, ils apprenaient la guerre.

Pour certains d'entre eux, l'avenir fut changé, voire définitivement brisé, si tant est qu'ils sortirent vivants de l'aventure.

Que ceux qui ne sont pas évoqués dans ce livre n'y voient pas malice. Il s'agit avant tout de donner une image du *Luftwaffenhelfer*, de ses souffrances, de ses peines, de ses peurs, de ses espoirs et de sa manière d'accepter et de vivre l'inévitable.

De même qu'il n'a pas été possible de joindre tous les anciens de la Flak, de même il aurait été impossible de relater toutes les aventures et tous les évènements vécus par chacun du début à la fin de son incorporation. Plusieurs volumes n'y suffiraient pas tant est riche l'histoire des *Luftwaffenhelfer* alsaciens et mosellans. Les noms, les faits et les sentiments rapportés ici sont ceux que l'auteur a pu connaître ou contacter d'une manière ou d'une autre; mais ce sont aussi les faits, les pensées et les sentiments qu'à un moment ou à un autre ont vécu et ressenti, à peu de chose près, tous les *Luftwaffenhelfer* d'Alsace et de Moselle.

CHAPITRE II

L'apprentissage de la peur

Justin François Oulerich, bien connu à Sarreguemines où il était médecin jusqu'à sa retraite, fréquentait en 1943 la 6e Klasse avec un K de la « Oberschule » de Phalsbourg en Moselle. La 6e classe correspondait à la seconde des lycées et collèges français. La *Oberschule* était l'équivalent du collège et le lycée se traduisait par « Gymnasium ».

Oulerich avait 15 ans et 10 mois lorsque, le 28 août 1943, il reçut un ordre de mobilisation pour la Flak.

Il devait rejoindre trois jours plus tard une unité de DCA à Trèves en même temps que douze de ses camarades de classe qui avaient reçu le même ordre :

Herbert Andlauer de Veckerswiller, Joseph Barbaras de Phalsbourg, Jean Baumgartner de Phalsbourg également, Camille Braun de Dabo, Raymond Freidinger de Keskastel, René Weber de Reding, Roger Kalsch de Phalsbourg ainsi que Georges Leyendecker, Arthur Muller de L'Hôpital, Jean-Marie Pirot de Metz, René Thummel et un certain Jung de Trois maisons, dont le prénom semble malheureusement être tombé dans les oubliettes.

Imaginez un court instant le tollé que susciterait aujourd'hui en France un ordre de mobilisation venant frapper les élèves de seconde d'un lycée de Mulhouse, de Strasbourg ou de n'importe quelle autre ville de France. Ce serait l'occasion d'une belle « Manif » avec bris de vitrines, voitures renversées, plaies, bosses et protestations des parents d'élèves à l'appui.

Mais, en cet été 1943, le système allemand était simple : si les enfants se rebiffaient, les parents payaient. On appelait cela la « Sippenhaft », c'est-à-dire la responsabilité familiale. Et les treize collégiens de Phalsbourg n'eurent d'autre ressource que de prendre le train pour Trèves, accompagnés par deux professeurs lesquels remirent les élèves entre les mains des militaires qui devaient en faire des soldats.

A Trèves, les choses se précipitèrent. Visite médicale sommaire, habillement dans le style propre à toutes les armées à cette époque, hébergement dans une caserne.

Dans la foulée débuta la formation.

Formation générale d'infanterie doublée d'une formation théorique propre à l'artillerie anti-aérienne : reconnaissance d'avions amis et ennemis, études balistiques, caractéristiques des munitions, étude théorique des armes.

On passa alors à la pratique. Montage et démontage du canon, mise en batterie, manœuvre, systèmes de visée utilisables, tir à blanc et, pour finir, un stage de tir réel à Pfälzel.

Et voilà le *Luftwaffenhelfer* prêt à l'emploi.

Après six ou sept semaines de dressage, matière dans laquelle les sous-officiers allemands étaient de redoutables experts, Oulerich et ses camarades furent affectés à la 5ᵉ batterie de la *Gemischte Flakabteilung 640*.

Leur unité était dotée de canons à tir rapide de 20 mm convenant spécialement pour les attaques à basse altitude.

Auparavant eut lieu une cérémonie à laquelle les Allemands attachaient beaucoup d'importance : la prestation de serment à l'occasion de laquelle les jeunes recrues durent jurer de faire preuve de courage, d'obéissance et de fidélité dans l'accomplissement de leur tâche.

Oulerich précise que, le serment ayant été prêté collectivement par batterie, il se garda bien d'ouvrir la bouche, espérant passer inaperçu. Certains de ses camarades me dirent avoir fait semblant en remuant les lèvres.

L'unité fraîchement constituée fut affectée à la défense de la gare de triage de Trèves-Ehrang.

On était fin octobre 1943. Il aura fallu huit semaines à peine pour transformer un élève de 6ᵉ en canonnier de DCA.

Du moins en théorie.

La véritable pratique, l'expérience qui fait les vrais soldats, manquait encore mais devait venir vite, beaucoup trop vite.

A Oulerich échut le poste de canonnier pointeur. La formation avait été menée de telle sorte que chacun des servants devait pouvoir occuper n'importe quel poste au canon, et il se posa très vite au soldat frais émoulu la question de savoir ce qu'il allait faire s'il était amené à tirer sur des avions alliés.

Les Allemands avaient pensé pour lui. Les Lorrains étaient étroitement mêlés aux Allemands. L'utilisation de munitions traçantes et la place occupée par le chef de pièce derrière le pointeur empêchaient de tirer trop ostensiblement à côté de la cible car cela se voyait. Le pointeur maladroit était vite repéré.

Novembre 1943 arriva. Déjà à cette époque, les alertes étaient tellement fréquentes que le sommeil en pâtissait et il n'était pas exceptionnel qu'Oulerich ou un de ses camarades s'endorment sur le siège du pointeur ou à côté du canon, engoncés dans leurs grosses capotes, terrassés par la fatigue. Ils se réveillaient alors au petit matin, transis et grelottants.

Mais même quand il n'y avait pas d'alerte, on ne pouvait pas pour autant dormir à volonté. Mauser ou mousqueton sur l'épaule, il fallait alors faire son tour de garde. La section d'Oulerich était, en effet, implantée près d'un pont qu'il fallait garder la nuit.

C'est aussi à cette époque que, la formation militaire achevée, les Phalsbourgeois durent reprendre les cours scolaires prescrits par le règlement.

La tête souvent lourde, les *Luftwaffenhelfer* se rendaient alors dans les locaux prévus à cet effet où, luttant contre le sommeil, ils faisaient semblant d'écouter ce qu'un professeur, imbu de ses fonctions, leur racontait sur l'Edda et les démêlés entre elles des divinités germaniques.

Pour ce qui est des cours, François Oulerich et ses camarades sont d'accord pour dire que, pendant toute leur période de Flak, ils n'ont guère eu plus de vingt heures de classe.

Malgré les continuelles alertes nocturnes et diurnes et l'impossibilité de suivre les cours avec un quelconque profit, Oulerich précise que cette période a été la meilleure de sa vie de *Luftwaffenhelfer* car, comme il dit, « il n'y eut pas de casse ».

1. Le baptême du feu

Dans les premiers jours de 1944, la batterie fut transférée à Völklingen, localité industrielle située à une dizaine de kilomètres de Sarrebruck et connue pour son aciérie.

Les canons furent mis en batterie sur des bunkers de la ligne Siegfried construits sur les rives de la Sarre. L'objectif de l'unité était la protection des aciéries Rœchling. C'est là que Justin François Oulerich et ses camarades phalsbourgeois reçurent le baptême du feu.

Un chasseur bimoteur Lightning, faisant partie de l'escorte d'un groupe de bombardiers et volant à basse altitude, déboucha par surprise au-dessus d'une forêt et prit le gazomètre de l'usine Rœchling pour cible. Dès la première rafale de ses six mitrailleuses lourdes, il toucha le réservoir à gaz qui prit feu mais, heureusement pour Oulerich et ses camarades, n'explosa pas.

Au canon de François Oulerich, ce fut d'abord un moment de panique et les automatismes laborieusement inculqués au cours de la formation à coups de gueule et d'exercices punitifs ne jouèrent pas.

Malgré le commandement « Feu à volonté », rien ne se passa.

La manette qu'il fallait actionner pour armer le canon ne l'avait pas été et le canonnier chargeur avait tout bonnement oublié d'introduire un chargeur dans l'arme.

A la pièce d'à côté, à laquelle était affecté Raymond Freidinger, cela se passa différemment. Le canon put ouvrir le feu en même temps que deux autres pièces situées un peu plus loin. Le Lightning fut touché, prit feu et s'abattit à 2 ou 3 km. de là.

Cela n'empêcha pas Oulerich et ses acolytes d'avoir droit à un blâme pour avoir négligé de mettre leur canon en état de tir.

Quelques jours plus tard eut lieu une attaque sur Sarrebruck. Un bombardier quadrimoteur fut touché par la DCA et perdit rapidement de l'altitude. L'équipage avait sauté en parachute à l'exception du pilote, lequel, ne pouvant plus maintenir son appareil en difficulté, décida de l'abandonner à son tour. Il le fit à environ 400 ou 500 mètres de la position des Phalsbourgeois.

Avant de toucher terre, il resta accroché dans un arbre et se brisa ou se foula une jambe en tombant.

Les *Luftwaffenhelfer* coururent vers le pilote en difficulté et les Phalsbourgeois y parvinrent les premiers. Pour rassurer l'homme, Jean Baumgartner s'approcha de lui et dit en anglais : « We are your friends ». Le pilote a dû tiquer à la vue de ces amis qui étaient presque des enfants. Il se rassura peu à peu et quelle ne fut pas la surprise des *Luftwaffenhelfer* quand l'aviateur leur dit qu'il venait de bombarder la ville où habitait son propre oncle.

Sur ce arriva toute une kyrielle de gens et de militaires pour faire prisonnier le pilote abattu. Il fut présenté comme un « gangster ». Quant à ses camarades d'équipage qui avaient sauté avant lui, il semblerait qu'ils aient eu moins de chance que leur pilote, car Oulerich apprit par la suite que la population de Sarrebruck les aurait lynchés.

2. La découverte de l'enfer

Au printemps 1944, les *Luftwaffenhelfer* de la 6e classe de Phalsbourg eurent droit à un congé de recyclage, parce que le nombre d'heures de cours dont ils avaient bénéficié avait été trop restreint. Ce congé devait aussi permettre à ceux de la classe 1926 de se présenter au « Kriegsabitur », autrement dit au « Bac de guerre ».

Après cette permission, Oulerich et ses camarades de la classe 1927 furent alors affectés à une batterie de DCA lourde de 88mm située près de l'aérodrome de Sarrebruck-Kieselhumes. C'est là qu'Oulerich et ses compagnons firent connaissance avec l'enfer, et qu'Oulerich apprit ce qu'était la chance.

Le 16 ou le 19 juillet — Oulerich n'est plus certain de la date — l'aérodrome fut attaqué par une vague de bombardiers lourds et un tapis de bombes laboura littéralement le terrain sur lequel se trouvait la batterie... Heureusement pour les Phalsbourgeois, ceux-ci avaient été dispersés pendant la formation entre plusieurs pièces.

Le canon auquel Oulerich avait été affecté fut touché de plein fouet. Toute l'équipe des servants fut tuée, sauf Oulerich qui avait demandé ce jour-là une permission de sortie et avait quitté la batterie environ deux ou trois heures avant l'alerte.

Après ce coup de Trafalgar, Oulerich fut muté avec Jean Baumgartner, Arthur Muller, Georges Leyendecker et René Thummel à la 8e batterie de la Schwere Flakabteilung 631 située à Gersweiler.

Tous les cinq furent affectés à la pièce dont le nom de code était « Emile ». Ces noms (Anton, Bertha, Cesar, Dora, Emile, Frieda) facilitaient le repérage et le contact téléphonique.

Que l'on me permette une petite parenthèse. Un obus de 88 mm pesait, avec sa douille, 16 kg. Enfourner des obus de 16 kg dans un tube dressé à 60°, 70° et plus, à la cadence de 8, 10 voire 12 à la minute pendant un quart d'heure ou une demi-heure, était souvent hors de possibilités de la plupart des *Luftwaffenhelfer*. Aussi a-t-on eu recours, dans de nombreuses batteries, à des soldats adultes pour occuper le poste de K3, c'est-à-dire de chargeur.

Ceci dit, revenons aux Phalsbourgeois. Jean Baumgartner, qui n'est autre que le neuro-chirurgien de Colmar, aujourd'hui bien connu, a toujours été un sportif convaincu et attachant beaucoup d'importance à la culture physique. Aussi, lorsqu'on le désigna comme chargeur, accepta-t-il et fit stoïquement sa corvée, car, me dit-il, « si déjà je devais faire l'andouille, autant que cela me serve à quelque chose ». Et enfourner 50 ou 75 obus de 16 kg dans un tube dressé à 70°, cela aidait au développement des muscles.

3. 6 187 tonnes de bombes sur Sarrebruck

A partir de mai 1944, les attaques sur la région de Sarrebruck et son complexe industriel furent fréquentes.

Selon les statistiques publiées par d'anciens *Luftwaffenhelfer* sarrois dans le livre « Feuer frei, Kinder » qui relate leur aventure, les Alliés déversèrent sur la ville de Sarrebruck et sa proche banlieue, de 1943 à janvier 1945, l'équivalent de 6 trains de marchandises de 50 wagons à 20 tonnes de bombes chacun, soit 6 187 tonnes de bombes explosives, non compris les bombes incendiaires.

Pendant la même période, la Flak, qui était desservie à partir de l'été 1943 en majorité par des *Luftwaffenhelfer*, a abattu 84 avions et a eu 62 morts dont 33 *Luftwaffenhelfer*. Au total furent tirés à Sarrebruck 171 655 obus de 88.

Devant le feu démentiel des dix batteries de Flak lourde et des quatre batteries légères déployées autour de Sarrebruck, soit approximativement 140 canons, il n'est pas étonnant que, lors d'une attaque, deux ou trois groupes de bombardiers parmi les 15 ou 20 vagues assaillantes, s'en prirent spécialement à la Flak pour essayer de la neutraliser.

Oulerich a très bien relaté ces moments de tension extrême où, se voyant pris comme cible, on entrait la tête dans les épaules, s'attendant à chaque moment à l'éclatement fatal, mais exécutant tout de même autour du canon le ballet infernal réglé au dixième de seconde près : les porteurs amenant les obus en un va-et-vient continuel, les remettant au K6, le canonnier qui introduisait les projectiles dans l'appareil réglant le détonateur à son altitude d'éclatement. Le réglage fait, le canonnier chargeur K3, en un incessant balancement d'automate, se saisissant à gauche de l'obus réglé et l'introduisant à droite dans la culasse, fermant celle-ci et déclenchant le tir tout en devant éviter, par un pas de côté, le recul du monstre éjectant la douille vide et fumante.

Les *Luftwaffenhelfer* avaient vite appris à ne pas craindre les passages en tangente des bombardiers. Ceux-là n'étaient pas dangereux. Le tube restait incliné à 60° ou 70° et s'il y avait lâcher de bombes, celles-ci tombaient assez loin de la batterie. Ce qui était particulièrement craint, c'est lorsqu'un avion isolé, ou un groupe, avançait droit sur la batterie. C'était l'attaque directe, passant à la verticale des pièces. Le tube se dressait lentement suivant l'approche des avions. Les canons crachaient ce qu'ils pouvaient pour gêner au maximum l'attaquant et essayer de le faire dévier de sa route. Alors, les *Luftwaffenhelfer* luttaient pour leur vie. Faire dévier une vague était alors synonyme de survie.

Et de fait, le feu était parfois si intense que les bombardiers se voyaient contraints d'infléchir leur trajet. Lorsque venait l'ordre de faire pivoter le canon de 180°, l'espoir revenait, les têtes se redressaient et sortaient des épaules où, faute de mieux, elles avaient cherché un semblant de refuge. Le danger immédiat était passé. On respirait à nouveau normalement... jusqu'à la fois suivante [3].

4. Tentative d'évasion

Oulerich était maintenant une année pleine à la Flak où, avec la multiplication des attaques nocturnes et diurnes, l'activité était devenue fébrile, épuisante.

Le 1er septembre 1944, il obtint une permission de 48 heures pour rentrer chez ses parents qui habitaient L'Hôpital, localité située à une trentaine de km de Sarrebruck.

Les Américains étaient signalés à proximité de Metz. Tout le monde pensait qu'ils seraient là en une semaine ou deux au maximum et que l'armée allemande était en pleine désorganisation.

François Oulerich décida de ne plus regagner son unité après échéance de sa permission. Un jour se passa. Le deuxième jour, alors qu'il était en train de déjeuner dans la maison de ses parents, deux gendarmes se présentèrent et lui remirent l'ordre de regagner immédiatement son unité, faute de quoi il serait considéré comme déserteur. Ne voulant pas mettre ses parents en péril, il obtempéra et retourna à son corps. Il apprit que plusieurs de ses camarades avaient eu la même idée que lui, avec la différence qu'on ne les retrouva pas tous, notamment Jean Baumgartner.

Les candidats déserteurs furent sermonnés et soumis à des exercices punitifs sévères pour essayer d'étouffer toute vélléité d'individualisme qui pou-

---

3. Le canon de 88 pouvait atteindre un angle de tir de 85° puis, si on voulait suivre la cible, il fallait le faire pivoter de 180°. Il y avait donc un angle mort de 10° à la verticale de la pièce. mais les bombes lâchées à ce moment ne tombaient plus sur le canon compte tenu de l'altitude et de la vitesse de l'avion. Les canons de 105 pouvaient tirer à 90°.

vait encore sommeiller en eux et, le 9 septembre, la batterie fut transférée à Francfort sur le Main, où les Lorrains furent dispersés chacun isolément dans diverses unités.

L'évasion était définitivement compromise.

Oulerich fut affecté à une batterie de 88 près de l'aérodrome Rhein-Main-Frankfurt, à proximité du quartier de Griesheim.

Dès la première nuit, une attaque aérienne détruisit complètement la zone où les nouveaux arrivants avaient été hébergés. L'attaque se fit avec une soudaineté telle que les *LwHelfer*, qui n'avaient pas encore reçu d'affectation, furent surpris au lit et ne purent rejoindre aucun canon, ne serait-ce que pour aider à porter des munitions. Ne sachant pas où étaient les abris, ils furent contraints de demeurer dans les baraquements.

Pour s'assurer un petit peu plus de sécurité et éviter d'être assommé par les petites bombes incendiaires de 2 kg lancées par milliers par les Anglais et crevant facilement les toitures en bois, Oulerich se coiffa de son casque et chercha refuge sous une table.

Alors une prière, fervente, monta à ses lèvres.

Cette nuit-là, François Oulerich, comme nos ancêtres les Gaulois, eut peur que le ciel ne lui tombe sur la tête. Aujourd'hui encore, il est incapable de dire combien de temps dura l'attaque. Une demi-heure...deux heures...

Lorsque le tohu-bohu se calma, Oulerich et ses compagnons se risquèrent dehors pour constater que deux canons d'une proche batterie avaient été détruits. Il y avait des morts et des blessés.

Ne sachant quoi faire dans ce capharnaüm, ils se mirent à ramasser des bombes incendiaires qui brûlaient encore et, comme des enfants qui s'amusent, les jetèrent dans le Main tout proche où elles continuèrent à brûler, provoquant des fontaines lumineuses à la surface du fleuve.

La destruction des deux canons évoquée plus haut valut à Oulerich d'être affecté le lendemain à une autre batterie située au nord-est de Francfort, vers Bad Homburg vor der Höhe, près d'un village curieusement nommé Bonnamez. Ce village avait une particularité. Il était habité par des descendants de huguenots émigrés après la révocation de l'Edit de Nantes et certains habitants parlaient encore une forme désuète de français.

Oulerich resta environ un mois et demi dans ce coin relativement calme et, des hauteurs où se trouvait sa batterie, il put observer l'infernal feu d'artifice qui précédait chaque fois les trois ou quatre attaques dont Francfort fut l'objet à cette époque, et qui réduisirent la ville en ruines et en cendres.

5. Vers l'Est

Fin octobre, il fut de nouveau muté, et cette fois à une batterie de 105 en position du côté de Frankfurt-Hœchst près d'une localité appelée Sundlingen. Il y retrouva deux ou trois camarades de Phalsbourg et, dix jours plus tard, toute la batterie fut transférée par chemin de fer vers l'Est.

C'est ainsi qu'un beau matin il débarqua à Leipzig. Son unité fut affectée à la défense des usines de carburant synthétique de Leuna-Merseburg. Une cible de choix pour l'aviation alliée. L'Allemagne n'ayant pas de pétrole était dépendante de ce carburant synthétique. C'était une question de vie ou de mort. Aussi, pour défendre cette production vitale, avait-on concentré autour de Leuna près de 600 pièces de DCA lourde, dont des canons de 105.

La batterie d'Oulerich était implantée en rase campagne près d'un village dénommé Ellerbach, à proximité de Lützen, nom qui évoque les guerres napoléoniennes et la bataille des Nations.

Les techniques de bombardement des Alliés s'étaient perfectionnées avec le temps et les attaques avaient lieu même par ciel couvert.

Comme une fois déjà à Sarrebruck, le destin lui fit là aussi un clin d'œil..

Il rentra un jour avec plusieurs camarades de la proche ville de Halle, juste à temps pour voir à environ 300 ou 400 mètres devant lui un tapis de bombes s'abattre à travers les nuages sur sa batterie.

Plat ventre et recherche instinctive du moindre creux susceptible de fournir quelque protection étaient devenus un automatisme.

Quand l'ouragan meurtrier fut passé, Oulerich se releva et progressa vers son canon à travers un paysage lunaire de cratères sur lesquels planait un nuage de fumée et de poussière ainsi que l'âcre odeur des explosifs. Finalement, il se trouva devant un immense trou au fond duquel gisait un canon renversé. C'était son canon. Ses huit camarades avaient été tués. Il participa aux tentatives de sauvetage de ceux qui étaient enfouis sous des monceaux de terre, mais aucun ne put être ranimé.

Le destin lui avait, une fois encore, été favorable. mais après cet intermède sanglant, Oulerich en eut vraiment ras le bol.

On était fin novembre 1944.

Metz était tombé et le front s'approchait de St. Avold. Oulerich avait entendu dire que des militaires et des *Luftwaffenhelfer* avaient obtenu çà et là des congés spéciaux de courte durée pour aider à l'évacuation de leur famille devant l'avance des Alliés.

6. Au sud de Sarrebruck

Il décida de tenter sa chance et demanda lui aussi un tel congé.

« Où voulez-vous aller ? » lui demanda son chef de batterie.

« Au sud de Sarrebruck, mon lieutenant. »

« Vous me prenez pour qui ? Je sais qu'au sud de Sarrebruck il y a la frontière franco-allemande. Je connais le coin, je suis moi-même de Pirmasens, et vous, vous êtes Lorrain n'est-ce pas ? »

« Oui, mon lieutenant. »

Puis, après un temps de réflexion: «Combien de jours voulez-vous? Je vous en donne quatre.»

«Mon lieutenant — répondit Oulerich qui n'en croyait pas ses oreilles — il m'en faut déjà deux pour traverser l'Allemagne et deux pour revenir. Pouvez-vous m'en donner six?» Et l'incroyable se produisit.

«D'accord pour six jours. mais vous revenez ici, mon garçon. C'est clair?»

Oulerich fit un oui énergique de la tête tout en disant «Je vous remercie, mon lieutenant.»

Le chef de batterie lui fit établir le jour même la permission et un titre de transport par chemin de fer.

Oulerich fit son paquetage et se rendit à Halle, qui était la gare la plus proche. Les trains, qui circulaient encore malgré les bombardements, étaient pris d'assaut et il dut entrer par la fenêtre dans un wagon archi-bondé.

Le convoi mit deux jours pour arriver jusqu'à Ludwigshafen sur le Rhin, à cause des attaques aériennes incessantes. Là, le permissionnaire monta dans un train de marchandises qui partait en direction de Sarrebruck où il trouva un troisième train qui dut s'arrêter à Béning en Moselle, car la voie était sous le feu de l'artillerie américaine et les obus éclataient à proximité du convoi, obligeant les occupants à l'évacuer.

Profitant d'une accalmie du tir, le *Luftwaffenhelfer* permissionnaire put monter à bord d'une locomotive haut le pied des Houillères de Lorraine, dont le mécanicien accepta de l'emmener jusqu'à Sainte Fontaine, sa destination finale. Sainte Fontaine est situé à environ 5 km de L'Hôpital, résidence des parents d'Oulerich. Il fit donc le reste du chemin à pied et trouva son village également sous le feu de l'artillerie américaine.

Allongé dans le fossé bordant la route, il attendit la fin du tir puis pénétra dans la localité.

Arrivé chez lui, le destin devait lui réserver une dernière surprise. Il pénétra par le sous-sol et trouva la maison en partie occupée par une équipe allemande de transmission radio. Il se débarrassa de son uniforme et se considéra définitivement comme déserteur.

En civil, et vu son jeune âge, sa présence ne devait pas paraître suspecte aux Allemands. A un moment donné, un des militaires allemands annonça à ses camarades qu'il allait y avoir une inspection. Oulerich demanda, à titre de précaution, de quel genre d'inspection il s'agissait. L'Allemand lui répondit que le capitaine Bœtscher devait venir inspecter les lieux.

Oulerich eut des sueurs froides car l'officier le connaissait pour avoir joué au football avec lui alors que tous deux étaient à Phalsbourg, lui au collège et l'officier en garnison.

Oulerich se réfugia dans la cave et attendit la suite. A l'extrême limite, il pourrait encore essayer de se retrancher derrière sa permission. Lorsque le capitaine Bœtscher se présenta, il se contenta de s'informer s'il y avait des civils dans l'immeuble. Les soldats allemands répondirent par l'affirmative.

L'officier donna l'ordre d'évacuer la maison et, dans la nuit, les Allemands disparurent. Définitivement.

Ainsi prirent fin les aventures de guerre du *Luftwaffenhelfer* Justin François Oulerich.

7. Agent de liaison FFI

En ce qui concerne les camarades d'Oulerich, il convient de donner encore quelques précisions. Jean Baumgartner, ai-je dit plus haut, était un fervent de culture physique. Quand il était encore au collège de Phalsbourg, il avait attiré l'attention du professeur Schneider qui assurait les leçons de gymnastique et, les atomes crochus aidant, ils cultivèrent de bonnes relations. Lors d'une permission, Schneider lui avait dit : « Il est probable que, prochainement, j'aie besoin de toi. Le moment venu, je t'en informerai par l'intermédiaire de ta mère. »

Sa mère lui fit effectivement savoir courant août 1944 que le moment était venu. Le 28 août, Jean Baumgartner demanda une permission et ne revint plus à son unité. Il se cacha chez son grand-père à Bois de Chêne et contacta Schneider qui se révéla être le chef du réseau FFI Erckmann-Chatrian. Il déclara à Baumgartner qu'il comptait sur lui pour assurer la liaison avec les différents chefs de section du réseau. Schneider lui confia les noms des huit personnes en question et c'est ainsi que Baumgartner apprit que parmi eux figurait son propre père qui ne lui en avait jamais parlé. De son côté, Baumgartner ne dit rien de son rôle à son père. Il s'en réservait la surprise pour le jour où il le contacterait dans l'exercice de ses fonctions. Mais, du fait de l'avance rapide des Alliés, il n'eut jamais à transmettre de message à son père et ce n'est qu'après la Libération que le père apprit que le fils faisait partie du même réseau que lui.

A l'arrivée des Alliés, Jean Baumgartner s'engagea dans l'armée française pour la durée de la guerre qu'il termina avec le grade de sergent.

8. 69 jours à la prison de la rue du Fil

Après sa période de Flak, Raymond Freidinger fut incorporé directement dans l'armée régulière et affecté à une unité de Flak à Francfort fin août 1944. A peine arrivé là-bas, il se procura des vêtements civils et déserta. Il revint à Keskastel où il rejoignit un groupe de prisonniers polonais qui, à l'approche des Américains, avaient réussi à fuir et à se cacher dans une forêt. A quelques kilomètres de là, les Allemands avaient installé un dépôt d'armes et de munitions qu'ils étaient en train d'évacuer. Le 5 septembre, les Polonais décidèrent d'incendier le dépôt en cours d'évacuation. Freidinger se joignit à eux. Avec de la paille et de la poudre trouvées sur place, ils boutèrent le feu à plusieurs bâtiments puis disparurent. Freidinger rentra tranquillement chez lui où il sortit son accordéon et se mit à jouer ses airs préférés.

Mais les Américains progressaient moins vite que prévu et le front se stabilisa même un moment dans cette région. Cela suffit pour que certains germanophiles reprennent espoir et dénoncent Freidinger à la police, car sa participation au coup de main était connue.

Le 7 septembre au matin, il fut réveillé à 4 h 30 par la police qui le sortit du lit pistolet au poing.

Il fut emmené à Strasbourg et enfermé à la prison de la rue du Fil. On l'interrogea sur ses relations éventuelles avec un hypothétique réseau de résistance français. L'interrogatoire dura deux semaines puis ce fut le calme plat. On ne s'occupa plus de lui au point que, souvent, on ne lui apporta plus à manger et qu'il ne put ni se laver, ni raser sa barbe pourtant encore clairsemée à cette époque. Le 22 novembre, il entendit des coups de feu plus ou moins lointains et, le 23, la prison se remplit d'une rumeur indiquant qu'il se passait quelque chose d'inhabituel. Vers midi, Freidinger commença à bouger, à faire du bruit, à donner des coups de pied dans la porte. A 14 heures, celle-ci s'ouvrit sur un officier français.

L'ex-*LwHelfer* expliqua son cas à ses libérateurs qui lui établirent un laissez-passer pour retourner chez lui. mais comme Keskastel ne fut libéré que le 5 décembre, il ne put rentrer. En attendant que cela soit possible, il s'engagea dans la section FFI de Strasbourg-nord.

Il avait passé 69 jours en prison et maigri d'une dizaine de kilos.

9. Condamné à mort

Je voudrais encore évoquer rapidement le cas plutôt particulier de Roger Kalsch, également incorporé à la Flak avec ses camarades phalsbourgeois. Kalsch était né en 1926 et avait bénéficié de la permission de recyclage accordée à sa classe. Ce garçon avait une personnalité curieuse et le moins que l'on puisse dire, c'est qu'il n'avait pas les pieds sur terre.

Avant de partir en permission, il avait volé à un de ses supérieurs un pistolet de calibre 7,65. Sans doute avait-il déjà un projet en tête. Au cours de la permission, courant mai, il eut l'idée saugrenue de cambrioler un magasin de chaussures à Mulhouse pour s'y procurer une paire de bottes. D'aucuns ont dit qu'il voulait se constituer un uniforme d'officier allemand pour déserter et passer en France, mais rien n'est moins sûr. Il était accompagné par un complice qui, lui, n'avait pas été *Luftwaffenhelfer*.

Pendant le cambriolage, ils furent surpris par un gardien et l'irréparable arriva. Kalsch sortit le pistolet volé qu'il avait amené avec lui et fit feu sur le gardien qu'il tua.

Voyant cela, son complice prit peur et s'enfuit. Pour se dédouaner, il se rendit au commissariat de police le plus proche et dénonça Kalsch. Celui-ci fut arrêté en gare de Mulhouse où il s'apprêtait à prendre le train avec ses bottes volées sous le bras.

Comme Kalsch était en permission et en civil au moment des faits, la justice allemande voulut exclure l'armée de cette affaire et décréta qu'elle relevait du droit commun. Il fut transféré à Munich, jugé dans un délai très rapide, condamné à mort et décapité.

Il venait d'avoir 18 ans.

*
* *

Tout comme le collège de Phalsbourg, une trentaine de lycées, collèges et écoles professionnelles des trois départements de l'Est durent fournir leur tribut de chair à canons : Thann, Altkirch, Guebwiller, Mulhouse, Colmar, Ste Marie aux Mines, Barr, Obernai, Sélestat, Strasbourg, Bischwiller, Haguenau, Bouxwiller, Saverne, Phalsbourg, Sarrebourg, Dieuze, Forbach, St. Avold, Sarreguemines, Metz, Thionville et Sierck-les-Bains.

Au total, environ 1500 à 1700 jeunes de 15 et 16 ans (le nombre exact n'a jamais pu être précisé) furent précipités dans la tourmente entre l'été 1943 et l'été 1944.

Comment en est-on arrivé là ?

CHAPITRE III

1942 - Tournant de la guerre

Un coup d'œil sur la carte militaire de l'Europe à la moitié de l'année 1942 montre notre vieux continent occupé par l'Allemagne, du Cap Nord à la Sicile, la totalité des côtes françaises comprises et de Brest jusqu'en Grèce au sud et jusqu'à Léningrad au nord. De plus, en Afrique du Nord, les Allemands avaient progressé jusqu'aux portes d'Alexandrie.

Sur les 10 millions de kilomètres carrés que compte l'Europe, l'Allemagne en occupait bien six, sinon davantage.

Une telle occupation nécessitait une masse d'hommes énorme, d'autant plus qu'elle n'allait pas sans frictions.

Mais fin 1942/début 1943, les choses commencèrent à se gâter pour les Allemands, victorieux jusque là.

En Afrique du Nord, Montgomery était en train d'infliger une défaite décisive à Rommel.

En Russie, l'année 1942 se termina par la défaite de Stalingrad et la destruction totale de la 6ᵉ Armée de von Paulus, faisant perdre plus de 300 000 hommes aux Allemands.

A partir de là, la pression des Russes qu'Hitler croyait épuisés se renforça de jour en jour sur un front de plus de 2 000 km, et le besoin en hommes devint dramatiquement aigu. Hitler envisagea de retirer 120 000 hommes de la *Heimatflak*, c'est-à-dire de la DCA chargée de couvrir l'espace aérien allemand, et de les envoyer sur le front de l'Est.

Or, ce projet ne convenait pas au maréchal Gœring, responsable de la défense aérienne du Reich, car c'est aussi en 1942 que Churchil ordonna l'intensification des attaques aériennes à la fois contre les centres industriels allemands, pour désorganiser la production de guerre, et contre les villes pour saper le moral de la population.

1. Bombardements 24 heures sur 24

Le maréchal de l'air Harris pour les Anglais, et le général Arnold pour les Américains, mirent au point une stratégie de bombardement devant tenir les Allemands en haleine 24 heures sur 24, qu'ils appelèrent « Bombing around the clock ».

Pour cela, ils disposaient ensemble d'environ 4 000 bombardiers lourds opérationnels en permanence, les Anglais attaquant en général les villes la nuit et les Américains les cibles stratégiques et industrielles le jour.

Une nouvelle technique de bombardement avait été mise au point, le «Areal bombing» ou bombardement de grandes surfaces, appelé aussi «tapis de bombes», exécuté par un grand nombre d'avions réunis en un véritable fleuve et qui pouvait faire déferler sur une ville pendant une heure ou deux quelque 500, 800 voire 1000 bombardiers, lesquels larguaient leurs bombes par vagues successives en une véritable pluie de 500, 1000 ou 1500 bombes chacune à la fois.

Cette stratégie fut inaugurée le 21 mai 1942 par une attaque sur Cologne à laquelle participèrent 980 bombardiers, larguant pendant près de trois heures 1455 tonnes de bombes, dont 955 tonnes de bombes incendiaires.

Cela représentait approximativement 18 000 bombes incendiaires de 50 kg et plus de 2 000 bombes explosives de 250 kg, dont le souffle devait aviver les incendies allumés par les précédentes.

Après Cologne, ce furent Hambourg, Berlin et toutes les villes allemandes qui furent attaquées de la même manière.

On comprend que Gœring n'était pas d'accord avec les décisions de Hitler de retirer 120 000 artilleurs de la DCA. L'intensification des bombardements équivalait, en effet, à l'ouverture d'un nouveau front, aérien celui-là, auquel Gœring était le dernier à avoir songé.

N'avait-il pas déclaré au début de la guerre, avec un peu de légèreté et de fanfaronnade, qu'il voulait bien s'appeler Meyer si un seul avion ennemi parvenait à pénétrer dans l'espace aérien allemand et s'y maintenir?

Maintenant, ce n'était plus un ni dix qui y pénétraient, mais des centaines, voire des milliers, et la seule chasse allemande parvenait de moins en moins à faire face aux bombardiers.

2. La guerre totale

Les dirigeants nazis avaient cependant plus d'un tour dans leur sac à malice.

Gœbbels, le ministre de la propagande, tenta de galvaniser l'énergie du peuple allemand pour l'amener à faire face à la fois aux revers en Russie, en Afrique du Nord, et à la menace quotidienne venant du ciel, en décrétant la «guerre totale».

J'ai encore dans les oreilles ses vociférations radiophoniques du 18 février 1943 après la défaite de Stalingrad. Avec son sens de la mise en scène, il avait réuni une quinzaine de milliers de Berlinois au Palais des Sports pour leur poser la question, transmise par les ondes et s'adressant en fait à tous les Allemands:

«Voulez-vous la guerre totale?»

Ouiiii...! hurla en cœur la foule censée représenter symboliquement toute l'Allemagne.

« Etes-vous prêts à suivre sans hésiter les directives de votre Führer et à consentir sans restriction les sacrifices qu'il vous demandera pour la victoire ? »

Ouiiii...! hurla encore la foule.

« Alors, peuple, lève-toi, et tempête, déchaîne-toi ! »

Mais la tempête qui se déchaîna ne fut pas celle promise par Gœbbels et attendue par le peuple allemand.

Ce fut plutôt un ouragan comparable à celui qui ravagea Sodome et Gomorrhe.

Ce fut le feu du ciel qui s'abattit sur les villes allemandes.

Ce n'est pas par hasard que les Anglais baptisèrent « Opération Gomorrhe » l'attaque qui, en trois jours, devait réduire Hambourg en cendres.

Il ne se passa plus guère de jours sans que des centaines de bombardiers ne déversent des milliers de tonnes de bombes sur une ou plusieurs villes.

Quelques exemples parmi des centaines :

Le 27-2-1943	Cologne	1 014 tonnes

soit 9 jours après la péroraison de Gœbels

Le 2-3-1943	Berlin	610 tonnes
Le 4-3-1943	Hambourg	913 tonnes
Le 5-4-1943	Essen	1 211 tonnes
Le 9-3-1943	Nuremberg	782 tonnes
Le 10-3-1943	Munich	576 tonnes
Le 27-4-1943	Duisbourg	1 450 tonnes
Le 24-5-1943	Dortmund	2 042 tonnes
Le 25-7-1943	Hambourg	2 300 tonnes
Les 26-27 et 28-7-1943	Hambourg	3 200 tonnes
Le 31-12-1943	2 160 avions déversèrent	8 650 tonnes

de bombes sur Berlin.

Et un des sommets fut atteint le 13 février 1945 où 1 084 avions déversèrent 3 430 tonnes de bombes sur Dresde, y faisant un nombre de morts comparable à celui de la bombe atomique à Hiroshima.

3. Des collégiens doivent remplacer les artilleurs adultes

La loi allemande portant organisation de la défense du Reich du 21 mai 1935, celle du 18 juillet 1938 et celle du 1er septembre 1939 prévoyaient que « si la situation l'exige » peuvent être appelés au service armé des jeunes gens à la condition qu'ils aient 15 ans révolus.

En décrétant la guerre totale, les dirigeants nazis estimèrent pouvoir recourir aux dispositions de cette loi.

Un rapide calcul apprit aux chefs allemands que les classes terminales des écoles secondaires, c'est-à-dire les 6e et 7e classes (ce qui correspond aux secondes et premières du secondaire français) représentaient entre 150 000 et

180 000 élèves. Hitler y voyait là le réservoir dans lequel il trouverait les remplaçants susceptibles de boucher les trous ouverts dans les rangs de la Flak par la décision de transfert des artilleurs sur le front de l'Est.

Etaient concernés les élèves des classes d'âge 1926-1927 dans un premier temps et, courant 1944, ceux de la classe 1928.

4. Divergences chez les chefs nazis

Assez curieusement, lorsque l'idée d'incorporer les élèves des classes terminales du secondaire fut lancée, elle ne rencontra pas d'emblée l'unanimité des dirigeants du Reich.

Le ministre de l'Education Rust fit valoir que l'arrêt brutal et en bloc des études par classes entières pour des jeunes destinés à devenir les futurs cadres de la nation, pourrait entraîner de graves perturbations pour l'économie du pays et la structure du corps social. Le ministre évoqua aussi le choc que pourrait avoir une telle décision sur l'opinion allemande qui serait tentée d'y voir une mesure désespérée devant une situation plus compromise que l'on voulait bien le dire.

Soit dit en passant, lorsque les premiers *Luftwaffen-Helfer* furent incorporés, le sigle de leur dénomination L.H. fut rapidement traduit par la population par «Letzte Hoffnung», ce qui signifie «Dernier espoir». Le sigle officiel utilisé par les autorités allemandes devait devenir par la suite LwH.

Mais revenons aux dirigeants nazis. Le ministre Rust donc n'était pas d'accord avec la mesure projetée. Il fut appuyé dans son argumentation par Saukel, le ministre du Plan, qui y voyait la ruine de ses prévisions quadriennales. L'incorporation prématurée des futurs cadres de la nation — disait Saukel — priverait la société de 8 400 ingénieurs et techniciens de haut niveau, de 1 500 chimistes, de 4 200 médecins civils, sans parler des militaires, de 1 500 juristes, de 1 500 professeurs, etc, etc...

Le ministre de l'Intérieur Frick évoqua, quant à lui, les risques pour la santé physique et mentale que peuvent entraîner les exigences d'un service armé en temps de guerre pour des adolescents en plein développement physique et mental.

Si une telle délicatesse peut surprendre chez un ministre nazi, il y eut aussi d'autres sons de cloche.

Le ministre de la Jeunesse Axmann était sans restriction favorable à la mesure d'incorporation, estimant que l'effort de guerre devait primer toute autre considération. Pour le reste, on verrait après la victoire.

Quant à Martin Bormann, deuxième personnage du Reich et éminence grise de Hitler, il fit preuve d'une duplicité qui apparaît à travers deux lettres écrites à trois semaines à peine d'intervalle.

La première, datée du 21 décembre 1942, est adressée à Gœring, le responsable de la Luftwaffe avec lequel, c'était bien connu, il n'avait pas d'atomes crochus. Dans cette lettre, il s'étend longuement sur les inconvénients qu'il y a d'exposer des adolescents aux exigences et aux dangers de la vie militaire par temps de guerre. Il met l'accent sur les risques moraux que peut entraîner la vie militaire pour des jeunes en pleine maturation et sur le risque de compromettre irrémédiablement le développement intellectuel des jeunes par un arrêt virtuel des études secondaires après la classe de 5e (3e française).

Bormann termine en demandant au maréchal d'examiner la possibilité de combler les besoins d'hommes pour la Flak par d'autres moyens que le recours aux élèves du secondaire et de ne pas précipiter les choses dans ce domaine.

Quasi parallèlement à cette argumentation, presque humaine si elle n'était hypocrite, il adressa une circulaire aux dignitaires responsables régionaux et locaux du parti nazi dans laquelle il les chargea d'annoncer et de faire accepter par la population la prochaine incorporation des élèves des classes 1926 et 1927 dans la Flak, et développa les arguments à utiliser pour faire passer la pilule :

« *Le peuple allemand se trouve engagé dans un combat vital pour son existence même, combat qui n'est comparable qu'aux luttes que l'Europe a eu à mener dans le passé contre les hordes mongoles et les Huns. Tout le monde sans exception doit prendre part à ce combat. Jusqu'à présent, la bataille a été victorieuse sur tous les fronts grâce au génie du Führer qui a su intervenir quand il le fallait et où il le fallait. La guerre imposée par le communisme et la ploutocratie est maintenant entrée dans sa phase décisive. La guerre totale exige que chacun, sans exception, y apporte sa contribution.* »

Bormann donne ensuite quelques précisions aux responsables du parti, destinées à tranquiliser les parents et les élèves concernés, et qui seront reprises dans le règlement du *Luftwaffenhelfer* (ou LwH), mais qui deviendront rapidement lettre morte, comme on le verra plus loin.

Et le second personnage du régime termine avec l'argumentation suprême, indiscutable :

« Le Führer estime que l'incorporation des jeunes dans la Flak est une mesure nécessaire pour renforcer la force de combat du Reich et l'expérience a montré maintes fois que l'on peut témoigner au Führer une confiance aveugle. » Point final.

Le 8 janvier 1943, Von Ribbentrop, ministre des Affaires Etrangères, envoya une lettre à Hitler dans laquelle il marque son accord sur le projet d'incorporation, mais précise qu'il faut à tout prix l'entourer de la plus grande discrétion afin que la propagande alliée ne puisse s'en emparer pour dire que l'Allemagne en était réduite à jeter des enfants dans la bataille.

Le 10 janvier 1943, Hitler diffusa un ordre personnel *(Führerbefehl)* dans lequel il ordonne de dégager 120 000 artilleurs de la *Heimatflak* pour le front russe et de les remplacer par les jeunes des classes terminales du secondaire.

Et voilà comment quelque 1 700 jeunes Alsaciens et Mosellans se retrouvèrent avec environ 150 000 jeunes Allemands derrière des canons de la Flak.

Les premiers *Luftwaffenhelfer* (LwH) furent incorporés le 15 février 1943, soit un mois et cinq jours après la parution du *Führerbefehl*. C'est dire si tout était déjà fin prêt. Dans nos régions, cela se fit un peu plus tard : durant l'été 1943. Le 1er juin 1943, les Gauleiter, notamment ceux responsables de l'Alsace et de la Moselle, reçurent une lettre du ministre de l'Intérieur précisant que l'incorporation des élèves ayant obtenu leur passage de 5e en 6e classe serait avancée (voir annexe 1). Le 6 août, Martin Bormann informa le maréchal Keitel, chef du GQG, de l'incorporation des élèves alsaciens, mosellans et luxembourgeois comme *LwHelfer* (voir annexe 2).

Une lettre de Gœring au Gauleiter Burckel du 22 juin 1943 donna le feu vert pour l'utilisation des *LwHelfer* Mosellans en Sarre et au Palatinat. Ce qui fit que Oulerich et ses copains se retrouvèrent à Trèves et d'autres à Sarrebruck.

5. Mystification

La mise en œuvre de l'opération *Luftwaffenhelfer* devait obéir aux impératifs suivants :
— Eviter un choc à l'opinion publique
— Eviter que la propagande ennemie n'en tire parti
— et accessoirement, éviter la désorganisation de la formation scolaire.

Il faut dire que les autorités nazies réussirent si bien à brouiller les cartes qu'aujourd'hui encore on ne sait pas avec certitude combien de jeunes furent incorporés. Les chiffres avancés varient entre 150 000 et 170 000 dont environ 1 500 à 1 700 Alsaciens et Mosellans.

Les nazis firent tant et si bien que l'opération *Luftwaffenhelfer* mystifia tout le monde et que nous fûmes en France, la mauvaise volonté aidant, obligés de supporter les conséquences de cette situation jusqu'en 1985.

Mystification donc, qui fit du *LwHelfer* un personnage hybride qui devait, du moins en théorie, servir deux voire trois maîtres.

Tout d'abord l'armée. Le *LwHelfer* était un soldat avec toutes les obligations que cela comporte. Il était soumis à la hiérarchie militaire. Ses chefs étaient des officiers et des sous-officiers de la Luftwaffe. Il était affecté à un canon ou à un appareil de mesure qu'il desservait comme un soldat. Il était soumis à la justice militaire. Il touchait une solde.

L'école ensuite. Les dirigeants nazis avaient assorti le statut du *LwHelfer* de l'obligation de suivre un certain nombre d'heures de cours pour bien marquer que l'activité du *LwHelfer* était compatible avec la poursuite des études.

La Jeunesse Hitlérienne enfin. Le *LwHelfer* était censé être issu de la jeunesse hitlérienne qui prétendait conserver des droits de contrôle sur lui. Sur les papiers, on n'omettait pas d'ajouter à la dénomination de *Luftwaffenhelfer* le sigle H.J. pour bien marquer vis-à-vis de l'opinion publique qu'il était un jeune hitlérien affecté à une activité se situant dans le cadre de l'effort de guerre, mais pas un soldat. Cette prétention prend tout son sel quand on songe que ce sont précisément les chefs de la H.J. qui étaient exemptés du service à la Flak et profitaient de leur fonction pour se planquer.

Mais c'est l'uniforme du *LwHelfer* qui a été l'un des éléments de cette mystification.

6. Deux uniformes distincts

Au moment de son incorporation, le *LwHelfer* touchait :
— Un uniforme qui était celui du soldat régulier de la Flak, de couleur gris-bleu portant au col les ailes de la Luftwaffe sur fond rouge. En effet, la Heimatflak était partie intégrante de la Luftwaffe et ses parements étaient le rouge.
— Un treillis en tissu écru, en tous points identique à celui de n'importe quel bidasse.

Dans certaines unités, il touchait aussi une combinaison de travail bleue utilisée à la Flak pour les travaux d'entretien et de réparation des canons.

Il touchait également avec le linge de corps du soldat une plaque d'identification avec un numéro matricule, identique à celle de tout soldat, mais dont le numéro était précédé de la lettre B indiquant que le porteur était un *Luftwaffenhelfer*.

Pour mettre son barda, il touchait un sac à dos règlementaire et, bien sûr, un masque à gaz et un casque.

Il ne touchait pas d'arme individuelle mais, dans toutes les unités, il en existait un certain nombre pour monter la garde ou pour le cas où... car le règlement du *LwHelfer* prévoyait que celui-ci pouvait être utilisé dans des combats terrestres tels que largage de troupes aéroportées mais à l'exclusion de troubles civils comme ils auraient pu résulter de l'opération Walkyrie.

Ces effets donc, uniforme Flak, treillis, casque, il les portait à la caserne, au cantonnement, à la batterie et au combat.

Mais, dès qu'il allait en permission ou qu'il sortait simplement en ville, c'est-à-dire quand il était en contact avec des civils, il était contraint de porter un autre uniforme qui lui avait également été remis lors de son incorporation. Cet uniforme-là, appelé uniforme de sortie, était une réplique de la tenue de la Jeunesse Hitlérienne, de même couleur que l'uniforme de la Flak, et sur lequel il était obligé de porter le brassard de cette même Jeunesse hitlérienne.

Il devait apparaître, vis-à-vis de la population et des informateurs éventuels de l'ennemi, comme un jeune hitlérien n'ayant rien à voir avec l'armée.

Or, ce sigle HJ sur nos papiers et le brassard sur notre uniforme, nous les avions en horreur. Nous, cela veut dire non seulement les Alsaciens et Mosellans, mais tous les *LwHelfer* y compris les Allemands. Ils nous interdisaient en effet d'entrer dans certains locaux prohibés aux adolescents, de fumer ou d'aller voir certains films. Ils nous rendaient tributaires du règlement de police de la H.J. et, si nous tombions sur une patrouille, cela pouvait nous coûter cher.

Curieuse situation que celle du gars qu'on estimait assez âgé pour tirer sur des avions mais trop jeune pour aller voir un film dans lequel — estimait-on — un baiser un peu prolongé risquait de mettre sa morale en danger.

Aussi avons-nous développé progressivement des stratagèmes pour échapper à cette emprise laquelle, il faut bien le dire, se relâcha assez vite d'elle-même. Dans certaines unités, grâce à la complicité de militaires tels que le secrétaire du bureau de la batterie, il arrivait que l'on oublie le sigle HJ sur les papiers. Parfois nous les maquillions. Nous oubliâmes fréquemment de mettre notre brassard ou l'enlevions à peine sortis du cantonnement.

Lorsque nous étions contrôlés par une patrouille H.J. et que l'on commençait à ergoter sur l'absence du brassard, nous jouions l'étonnement.

«Comment, vous ne savez pas que l'obligation de porter le brassard a été levée? Sa couleur rouge vif est en contradiction avec les règles du camouflage..»

Et souvent, cela passait.

Mais j'ai aussi entendu d'autres sons de cloche, tel celui de Raymond Schultz de Hœrdt, qui, en fin de service *LwHelfer*, a été envoyé au *Wehrertüchtigungslager*, prologue en quelque sorte à l'armée. Arrivés là-bas, les *LwHelfer* enlevèrent leur brassard. Le commandant du camp tira son pistolet et les obligea à le remettre sous la menace de les abattre. Ils furent tous punis de quatre jours de taule assortis d'une ration quotidienne de pain et d'eau.

7. 18 heures de cours

Le deuxième élément de la mystification était la soi-disant poursuite des études. Le règlement prévoyait au départ 18 heures de cours par semaine, répartis sur quatre jours. Cette disposition devait rassurer les parents et peut-être aussi certains ministres qui avaient soulevé des objections.

Or, cette exigence se révéla très rapidement irréalisable.

Ou bien la fréquence des alertes diurnes était telle qu'il ne restait plus de place le jour pour y caser un cours, ou bien les alertes nocturnes nous obligeaient d'assister à des cours dans un état tel qu'il nous était impossible d'assimiler quoi que ce soit. Il arrivait même que des gens s'assoupissent tout simplement.

Enfin, il faut préciser que les cours avaient souvent lieu sur le territoire de la batterie, donc sur ou à proximité de points stratégiques tels que terrain d'aviation, gares de triage, barrages, c'est-à-dire des cibles privilégiées pour l'aviation alliée. Les professeurs, eux, n'étaient ni fous, ni suicidaires. Ils se laissèrent prendre une fois au piège, mais rarement deux fois. C'est ainsi que notre premier cours de physique sur l'aérodrome de Metz-Frescaty fut interrompu par une alerte. Il n'y eut jamais de deuxième cours.

C'est là-bas que j'ai vécu avec mes camarades de la Graf Haesler Schule Maurice Rettien, Bernard Steiblen, René Dosdert, Gilbert Braun, Lucien Graber et Roger Wust un cours qui est un modèle du genre. Nous avions été mutés sur le terrain d'aviation de Metz-Frescaty depuis le 1er avril 1944 et le cours, dont je vais raconter le déroulement, a eu lieu courant mai, peu avant le débarquement des Alliés.

Il faisait assez beau et le matin, vers 9 heures, notre professeur de mathématiques, Herr Hertrich, un Souabe de bonne souche, se présenta à notre baraquement et nous informa que nous allions faire une composition écrite qui comptera pour le passage en classe de 7e.

Nous nous rendîmes dans le baraquement prévu pour les cours et le professeur nous donna le sujet à traiter. Ce dernier m'est resté en mémoire dans les grandes lignes après 44 ans, à cause des évènements qui ont suivi.

Il s'agissait de calculer la surface d'une tôle de fer blanc nécessaire à la fabrication d'une boîte de conserve devant contenir un kilo de petits pois.

Nous commençâmes à plancher lorsqu'après une dizaine de minutes, la porte du local fut ouverte sans douceur et un de nos sous-officiers hurla de sa plus belle voix : « Alerte ! »

8. Les élèves retransformés en soldats

Nous abandonnâmes notre attirail scolaire d'élèves studieux sur les tables et nous nous précipitâmes à nos trois canons disposés en triangle, à une cinquantaine de mètres de là où, comme sous l'influence d'un coup de baguette magique, les élèves se transformèrent en soldats.

Notre adjudant nous informa que des chasseurs ou chasseurs-bombardiers, volant à basse altitude, étaient signalés dans le sud de la région.

Tout d'abord il ne se passa rien pendant un bon quart d'heure. Celui-ci fut mis à profit par notre copain Steiblen, qui était le fort en math de la bande, pour nous expliquer le problème de la composition écrite et nous en donner la solution.

Puis, notre adjudant nous signala deux chasseurs près de Nancy, volant à basse altitude cap au nord.

Cela pouvait nous concerner. Nous armâmes notre canon de 20 mm quadruplé, nous préparant à faire feu. Compte tenu de la direction annoncée, nous orientâmes les tubes vers la direction 6 (12 correspondant au nord, 3 à l'est, 6 au sud et 9 à l'ouest), c'est-à-dire approximativement vers le village d'Augny. Il se passa encore une paire de minutes lorsque notre adjudant confirma: «approche de chasseurs à basse altitude de direction 5-6.»

A peine dit, deux Thunderbolts débouchèrent à moins de cinquante mètres d'altitude au-dessus du village d'Augny. Leur capot moteur était peint en damier à carreaux rouges et jaunes. Dans chaque aile, quatre mitrailleuses de 12,7 crachaient ce qu'elles pouvaient. Nous étions tout à fait dans leur ligne de tir et un duel s'engagea, aussi intense que bref.

Quelques secondes et tout fut passé.

Les avions avaient disparu, apparemment indemnes. Nous nous regardâmes pour voir si tout était OK de notre côté. Pour notre canon, tout allait bien, mais, en nous tournant vers le canon qui était à une vingtaine de mètres derrière nous, quelle ne fut pas notre surprise de voir la pièce renversée et, pris sous le canon, le pointeur-tireur, un Allemand dont le nom m'a échappé depuis 44 ans.

Son bassin était pris sous la masse du canon et il était grièvement blessé à la tête malgré son casque.

Après un précédent bombardement, le socle du canon avait été consolidé avec des traverses de chemin de fer, rendues solidaires entre elles par des agrafes géantes de 30 à 40 cm comme en utilisent les charpentiers pour fixer les poutres. Sous l'effet du recul des quatre tubes lors du tir, les traverses s'étaient désolidarisées et le canon, déséquilibré, avait basculé, écrasant le pointeur, prisonnier sur son siège.

Nous nous précipitâmes vers le canon pour aider à dégager le malheureux. Mais l'adjudant nous donna l'ordre de «retourner en classe», précisant qu'il y avait assez de monde pour s'occuper du pointeur pris sous le canon.

Nous devions apprendre le lendemain qu'outre le pointeur de chez nous, à l'autre bout du terrain au Zug n° 3, un *LwHelfer* avait été tué d'une balle dans la tête.

Nous nous rendîmes donc dans notre «salle de classe» improvisée, où Herr Hertrich, qui s'était mis à l'abri pendant l'alerte, nous attendait.

Il eut la correction de ne pas changer le sujet de la composition. Peut-être était-ce aussi de la compassion. Et, bien sûr, nous eumes tous de bonnes notes.

Lorsque, quelques semaines plus tard, nous avons reçu nos bulletins, le texte d'appréciation, conjointement signé par le directeur de l'établissement scolaire et par le chef de batterie, était rigoureusement le même pour tous et disait qu'en raison des résultats obtenus « en classe » et de notre comportement durant les engagements, nous étions admis en classe de 7ᵉ.

Cette histoire illustre bien ce que pouvait être l'activité scolaire d'un *LwHelfer*. Quel intérêt pouvait-on encore avoir à calculer la surface d'un morceau de tôle alors que votre camarade se fait tuer, alors que la tension, la fatigue voire l'abrutissement provoqués par les alertes et le manque de sommeil sont permanents ?

Aussi n'est-il pas étonnant qu'au fur et à mesure que la guerre avançait, que les attaques se multipliaient, les cours furent de plus en plus négligés. J'estime que pendant toute la période passée à la Flak, j'ai eu, pour autant que je m'en souvienne, une quinzaine d'heures de cours, soit moins que le règlement n'en prévoyait pour une semaine.

Et pour la majorité des *Luftwaffenhelfer*, cela s'est passé peu ou prou de la même manière.

CHAPITRE IV

Le combattant le moins cher
de la deuxième guerre mondiale

L'ordre de mobilisation appelant les *LwHelfer* était adressé non pas à l'élève mais à son père ou à la personne détenant la puissance paternelle.

Une notice indiquant les conditions de service y était jointe.

1. Conditions de service

Ces conditions avaient été précisées, comme je le disais plus haut, par Bormann lui-même et étaient destinées avant tout à atténuer le choc et à rassurer.

Il y était dit entre autres :

— L'utilisation des *Luftwaffenhelfer* ne pourra se faire qu'à un niveau correspondant à leur développement intellectuel et physique

— Leur utilisation se fera par classes entières

— Leur utilisation devra se faire sur le lieu ou à proximité de la localité où se trouve l'école

— Les services sanitaires seront assurés par les instances médicales de la *Luftwaffe*

— La nourriture et l'hébergement seront également à charge de la *Luftwaffe*

— Le *Luftwaffenhelfer* touche une solde journalière de RM 0,50. Au moment de son départ de la Flak, chaque *LwHelfer* recevra un complément de 15 RM par mois de service effectué

— Les *Luftwaffenhelfer* des écoles secondaires pourront suivre environ 4 à 5 semaines après leur incorporation un enseignement scolaire fait par des professeurs prévus à cet effet. Cet enseignement comportera au minimum 18 heures de cours par semaine. Par la suite, on devait ajouter à ce paragraphe : « Si les conditions le permettent. »

Reprenons ces divers points.

— *L'utilisation à un niveau correspondant au développement physique et intellectuel* était un attrape-nigaud. Au début, et jusqu'à ce que la vérité se fasse jour, les parents et les *LwHelfer* eux-mêmes pensaient qu'il s'agissait d'un service de bureau, de téléphoniste, de radio dans un PC de chasse ou de Flak, ou à la rigueur de participer à l'alimentation des avions en carburant ou en munitions. Bref, un service non armé.

Tous devaient vite comprendre qu'on avait décidé dès le début de les mettre derrière des canons et uniquement là.

— *L'utilisation par classes:* Il s'avéra rapidement que l'armée entendait utiliser les *LwHelfer* comme bon lui semblait.

Si, au début, des classes entières furent incorporées, c'est que l'armée l'avait demandé. Une des difficultés de mon enquête fut de retrouver les affectations des élèves d'une même classe. Parfois, s'ils étaient incorporés par classes entières, ils furent rapidement dispersés et il n'est pas rare que des copains de classe se soient perdus de vue jusqu'à la fin de la guerre. Parfois, l'armée demandait six ou douze *Luftwaffenhelfer* et ceux qui n'avaient pas de chance partaient les premiers. Lors d'une récente réunion que j'ai eue avec des copains du lycée de Metz, l'un d'eux me dit que les premiers à partir étaient au nombre de neuf. Pourquoi ces neuf-là sur une classe de 35 ou 40? La Graf Haesler Schule de Metz fournit également neuf *LwHelfer*. On n'a jamais su pourquoi. Par ailleurs, les gens de Saverne furent incorporés en deux vagues. Une partie de la 6e fut incorporée en septembre, une autre en janvier suivant. Ceux de Phalsbourg se sont trouvés treize au départ et se sont vus dispersés à Sarrebruck, Francfort et Leipzig. Ceux de Sélestat étaient répartis à Karlsruhe, le long du Rhin supérieur, à Kembs et au Col du Brenner.

Bref, l'allégation d'incorporation par classes entières était un mensonge pur.

— *L'utilisation des* **LwHelfer** *à proximité du lieu de l'école* était une affirmation tout aussi fantaisiste. Ce que j'ai dit au paragraphe précédent répond aussi à cette question. A Strasbourg, certains élèves commencèrent par occuper des positions au pont du Rhin, ou au port au pétrole, pour se retrouver à Pforzheim, puis à Munich.

Plus la guerre avançait, plus l'utilisation loin du lieu d'incorporation devenait la règle. Une des causes en a sans doute été la crainte de voir les *LwHelfer* déserter s'ils étaient trop près des lignes alliées.

Certains se retrouvèrent en Tchécoslovaquie, et même en Yougoslavie, et terminèrent la guerre dans un camp de prisonniers en Italie.

Bref, la machine de guerre s'était emparée des *LwHelfer* et le beau règlement de Martin Bormann n'était que de la poudre aux yeux.

Par contre était exacte l'affirmation que les soins étaient dispensés aux *LwHelfer* par les instances médicales de la *Luftwaffe*. C'était la moindre des choses. De même était exact qu'ils étaient hébergés et nourris par la *Luftwaffe*. On se serait étonné qu'il n'en soit pas ainsi.

Etait aussi exacte l'affirmation que les *LwHelfer* touchaient une solde de 0,50 Mark.

C'était la moitié de ce que touchait le soldat de grade le moins élevé dans l'armée allemande. C'est pourquoi le *LwHelfer* finit par passer pour le combattant le moins cher de la guerre. Compte tenu de la tournure que prirent les évènements, la très grande majorité des *LwHelfer* ne toucha pas le rappel de 15 Marks par mois, lui aussi prévu au règlement. Ce rappel aurait mis le *LwHelfer* sur un pied d'égalité, au point de vue solde, avec le 2ᵉ classe allemand.

En ce qui concerne l'enseignement, ce que j'ai dit plus haut répond à toutes les questions. Il arrivait même que les militaires prennent les *LwHelfer* en pitié et parfois, lorsqu'un professeur se présentait pour faire un cours, l'adjudant lui faisait savoir que les *LwHelfer* étaient en train de nettoyer les canons ou réapprovisionnaient ceux-ci en munitions après l'alerte de la nuit. En fait, ils dormaient.

Détail macabre: l'administration militaire avait autorisé, du moins jusqu'à fin 1944 et si les parents le demandaient, le rapatriement du corps au cas où leur enfant *Luftwaffenhelfer* se faisait tuer. Pour cela, elle avait prévu 150 RM pour un cercueil et 0,25 RM par kilomètre de chemin de fer. Même la mort en héros était tarifée par la burocratie prussienne.

2. Lettre aux parents

Lorsqu'il devint évident que les *LwHelfer* s'étaient faits rouler et que les principes énoncés dans la notice accompagnant l'ordre de mobilisation n'étaient pas respectés, lorsque les parents virent que ce que l'on demandait aux *LwHelfer* n'était rien d'autre qu'un service militaire larvé, lorsque de plus en plus de *LwHelfer* furent affectés loin de leur lieu de résidence et de leur école et lorsque, malgré le black-out imposé par les autorités, on commença à connaître les chiffres de *LwHelfer* morts sous le déluge de feu des bombardiers alliés, de nombreux parents commencèrent à se rebiffer et certains allèrent jusqu'à écrire à Gœring pour lui demander de leur rendre leur enfant.

Gœring est furieux

Gœring entra dans une colère noire, colère qui se transforma en fureur quand il sut que des parents avaient essayé de faire dispenser leurs enfants du service à la Flak grâce à des interventions de personnes influentes ou à des combines telles que des changements de domicile.

Jusqu'à ce jour, explosa-t-il, personne n'a osé se mutiner dans le grand Reich. Faut-il que ce soit précisément les parents de *LwHelfer* qui commencent. Et il ordonna des mesures énergiques pour contrer la grogne montante.

— Recherche par la police de tous ceux qui essayaient par un moyen ou un autre d'échapper au service de *LwHelfer*

— Eventuellement pression sur les parents et, si nécessaire, représailles contre eux

— Piètre compensation qui relevait du cynisme pur : les pères des *LwHelfer* tués au combat furent autorisés à porter la Croix de fer décernée aux *LwHelfer* à titre posthume

— Enfin, Gœring fit écrire à plusieurs reprises par différents chefs militaires de rang élevé aux parents pour « placer ceux-ci devant leurs responsabilités ».

La Flak n'est plus concevable sans les *LwHelfer*

J'ai sous les yeux une de ces lettres adressée à nos parents par le général Zenetti qui commandait toute la Flak de l'Allemagne du Sud-Ouest, y compris la Sarre, la Moselle et l'Alsace.

J'en ai résumé les points forts :

« Les élèves de la classe 1927 — écrit le général Zenetti en date du 11 avril 1944 — des lycées et collèges effectuent maintenant depuis plus d'un an leur service de *LwHelfer* à la Flak. Non seulement ils ont répondu à ce que l'on a attendu d'eux, mais ils ont souvent dépassé cette attente. Leur service les a rendus physiquement et moralement plus durs, plus résistants. »

« Au cours des diverses attaques destinées à répandre la terreur sur nos villes, ils ont pu prouver leur ardeur au combat et leur abnégation. »

« Ils se sont comportés avec courage. »

« Il est aujourd'hui impensable de concevoir la *Heimatflak* sans les *LwHelfer*. »

Après ce préambule destiné à beurrer la tartine, Zenetti poursuit :

L'armée dispose des *LwHelfer* selon ses besoins

« Les continuels changements de tactique de nos adversaires exigent du commandement allemand une adaptation constante des méthodes de défense. Il s'est notamment avéré nécessaire de concentrer des batteries pour former de véritables centres de gravité dans la défense aérienne. De ce fait, il a été nécessaire de renoncer rapidement à l'utilisation purement locale, prévue initialement, des *LwHelfer*. »

Zenetti va jusqu'à dire que ce sont les *LwHelfer* eux-mêmes qui ont demandé leur affectation à des batteries plus ou moins éloignées de leur lieu d'origine ; car — précise-t-il — ils espèrent ainsi mieux obtenir la reconnaissance de leur qualité de soldat. »

Il s'agit-là, bien entendu, d'une affirmation aussi gratuite qu'hypocrite.

Il poursuit :

« Les méthodes de défense sont souvent dictées par les circonstances. Une souplesse, parfois incomprise par le profane, fait partie de l'essence même du commandement militaire. Celui-ci ne peut, ni annoncer ses décisions, ni les justifier au préalable. »

Autrement dit : laissez faire les hommes de l'art et ne vous mêlez pas de ce que vous ne comprenez pas.

« Nos adversaires — enchaîne le général — cherchent à tout prix à nous abattre par des attaques contre la population civile et contre les centres de production de guerre. La tâche de la défense antiaérienne devient de ce fait de jour en jour plus ardue et le commandement est parfois contraint à des improvisations dans l'utilisation des *LwHelfer*. »

Ce qui en d'autres termes veut dire : Nous disposons des *LwHelfer* comme bon nous semble.

Arrêtez les critiques !

« Il est indispensable — précise Zenetti — que la critique à l'égard de certaines mesures cesse, car ces mesures ont été prises pour éviter des inconvénients encore plus grands. »

Il demande donc aux parents de *Luftwaffenhelfer* d'accepter certains désagréments — souvent amplifiés par la subjectivité, précise-t-il — dans l'intérêt supérieur du Reich.

« Je demande de prendre en considération que :

1. la conduite de la guerre s'est profondément modifiée depuis un an
2. les problèmes de personnel et de matières premières se sont aggravés
3. la sensibilité et l'irritabilité des gens se sont accrues pour des raisons bien compréhensibles
4. avec l'évolution de la guerre, l'effort exigé de tous, y compris des soldats, ira en croissant
5. chaque chef militaire est en permanence préoccupé à rendre le sort du *LwHelfer* aussi supportable que possible.

« Dans cette optique, il est à la fois injuste et inadmissible que des évènements — même mineurs — qui sont le reflet de la situation de la guerre soient utilisés à des fins tendancieuses et donnent lieu à des réclamations injustifiées. »

signé : ZENETTI
General der Flakartillerie [4]

---

4. General der Flakartillerie correspond au rang de général de corps d'armée en France.

CHAPITRE V

A quelles armes les Luftwaffenhelfer étaient-ils utilisés ?

Au moment de leur incorporation, les *LwHelfer* furent dirigés sur des centres où ils subirent une visite médicale-éclair : ouvrez la bouche... toussez... écoute du cœur pendant cinq secondes...tournez-vous...levez le pied droit...le pied gauche...pas de pieds plats, pas d'hernie, vue correcte : KV [5].

Dans certaines unités, on avait droit tout de suite à la série des vaccins antitétanique — antityphique — antidiphtérique. Dans d'autres, les vaccins étaient administrés plus tard.

On passa ensuite à l'habillement qui se fit selon les usages de l'époque. Le casque : bon, même s'il était de trois pointures trop grand. Chaussures : bonnes, même si elles serraient aux entournures. Z'avez qu'à vous arranger entre copains...On verra après.

C'est au moment de l'habillement que Georges Wilhelm du lycée de Thionville, incorporé à la 793 Leichte Flakabteilung eut son premier accrochage avec l'adjudant responsable du magasin d'habillement. Wilhelm — il n'était pas le seul — reçut un pantalon de plusieurs pointures trop grand.

« Çà va », décréta l'adjudant.

« Non, çà ne va pas » riposta Wilhelm, à la surprise du gradé qui, habitué à se comporter en petit mandarin, n'en revenait pas qu'un gamin de 16 ans osa le contredire, ce qu'il n'avait probablement jamais vu de toute sa carrière d'adjudant.

« Et moi je vous dis que ce pantalon est à la bonne taille ! Au suivant »

« Et moi je vous dis que ce pantalon, est trop grand » insista Wilhelm.

Suivit une engueulade qui n'arriva pas à clore le bec de Wilhelm, à tel point qu'un capitaine qui passait par là fut attiré par les éclats de voix et s'enquit des causes du litige.

« On veut me donner un pantalon qui est trop grand pour moi. Regardez, j'ai l'air de quoi là-dedans ? »

Et l'impensable arriva !

A la surprise de l'adjudant, le capitaine donna raison à Wilhelm qui reçut un pantalon à sa taille.

L'adjudant resta sans voix, car, c'était l'usage, un officier ne donnait jamais tort à un sous-officier devant les hommes.

---

5. K.V. : *KriegsVerwendungsfähig* - Bon pour le service armé.

Quand Wilhelm me raconta cet incident, je ne pus m'empêcher de penser à la mésaventure survenue en 1915 au soldat Lucien Bersot qui, pour une raison tout à fait analogue, a été fusillé [6].

1. La formation de soldat et d'artilleur

L'habillement une fois terminé et le logement attribué, commença la formation. Celle-ci revêtait en général deux aspects :
— la formation d'artilleur
— et avant cela ou en même temps, la formation de soldat qui consistait à transformer au physique et au moral le civil en militaire, et cela par la destruction ou du moins la tentative de démolition de toute individualité dans le civil au profit d'un automatisme militaire et collectif.

Dans l'armée allemande, cette phase s'appelait la période de «Schliff und Drill», «Schliff» signifiant polissage et «Drill» dressage. Dans les dictionnaires, le mot «Drill» se traduit aussi par vexation.

On chercha à atteindre ce but au moyen d'un simulacre de formation d'infanterie. On nous fit ramper parfois jusqu'à ce que les genoux des pantalons se déchirent. On nous fit exécuter des plat-ventre sous prétexte de chercher couverture contre un tir fictif. En général, le plat-ventre se faisait à un endroit soigneusement repéré à l'avance par notre tourmenteur : pavés ou gadoue — et une demi-heure plus tard, il fallait se présenter au maréchal des logis en tenue impeccable.

Les sous-off nous faisaient sauter en l'air en levant les bras et en écartant les jambes dans le plus pur style «Gymtonic». Puis ils nous commandaient de nous accroupir et d'avancer en imitant la démarche du canard. Suivait alors un plat-ventre avec 20 ou 30 pompes avec appui sur les bras tendus, flexion des coudes, projection en arrière avec claquement des mains avant de se rattraper sur les paumes ouvertes. Dans leur langage fleuri, les sous-officiers appelaient cela «Pompes avec coups de cymbales» ou encore «Pompes à la chinoise».

Bal masqué

Un sport particulièrement apprécié des sous-officiers était le «bal masqué». On nous ordonnait de nous rassembler à une centaine de mètres de notre baraquement, masque à gaz sur le visage. Puis on nous faisait faire quelques exercices évoqués plus haut avant de nous renvoyer à notre abri pour y changer de tenue. Le tout en cinq minutes et masque à gaz toujours

---

6. Lire «Le Pantalon» d'Alain Scoff.

sur la tête. Puis, reformer les rangs devant le sous-officier qui, lui, n'avait pas bougé.

Malheur au dernier à rejoindre les rangs.

Aujourd'hui je me dis que nos sous-officiers étaient les précurseurs de l'aérobic avec quelques décennies d'avance sur Véronique et Davina, avec la différence qu'eux ne participaient pas à la gesticulation.

Je suggère aux amateurs d'aérobic d'essayer de faire les exerces avec un masque à gaz. Rien de tel pour développer le souffle. Après quelques évanouissements, on s'y fait et, en général, on survit.

Il arriva effectivement l'une ou l'autre fois qu'un *LwHelfer* moins robuste que les autres s'effondre, suffoquant sous le masque que nous nous empressions de lui arracher.

En général, après une demi-heure de « bal masqué », nous nous retrouvions haletants, sur le dos, pour une autre demi-heure, cherchant à récupérer, physiquement épuisés et la tête vide.

Dans l'immédiat, pas de sombres ruminations de vengeance. Cela venait seulement plus tard. La seule idée qui nous trottait dans la tête, c'était d'éviter un autre bal masqué, de faire en sorte que la prochaine fois le canon soit prêt à faire feu en 30 secondes au lieu des 45 qui nous avaient valu le bal. Mais la fois suivante, il fallait recommencer parce que les armoires étaient mal rangées, parce que les lits étaient mal faits, parce qu'à l'appel les rangs n'étaient pas assez rectilignes, parce qu'après un nettoyage du canon le sous-officier a cru trouver une poussière dans le tube, parce que... parce que... Nos sous-officiers découvraient cent et une raisons justifiant une séance punitive. Dans ce domaine, leur imagination était inépuisable.

Le fin du fin fut découvert le jour où un de nos camarades, un Allemand de constitution plutôt faible, s'était effondré, suffoquant sous son masque à gaz. A partir de ce moment, ce *LwHelfer* fut dispensé du bal masqué. Il avait apporté son accordéon avec lui, instrument dont il jouait fort bien. Et l'adjudant trouva très spirituel de nous faire exécuter le ballet décrit plus haut en musique, car, disait-il, « pour un bal il faut de la musique ».

Le système était paraît-il efficace dans l'armée allemande pour venir à bout des fortes têtes. mais, comme on le verra à travers les récits qui vont suivre, l'effet sur certains *LwHelfer* Alsaciens et Mosellans fut parfois surprenant.

A côté de cette formation dite de base, le *Flakhelfer* avait à subir la formation technique d'artilleur de DCA.

La reconnaissance des types d'avions amis ou ennemis était une des premières tâches au programme. Cela n'empêcha nullement les uns et les autres de tirer sur des avions allemands: c'est ainsi que Gaston Kieffer, Armand Reinert, Edmond Larche et Charles Theobald du collège de Sierck-les-Bains, stationnés avec leurs canons sur un vieux crassier à Uckange, ont tiré, sur ordre, sur deux avions dont on croyait qu'ils allaient attaquer l'aérodrome

45

de Basse-Yutz. En fait, il s'agissait de deux chasseurs Messerschmitt 109 qui s'apprêtaient à atterrir. Sous le feu de la Flak ils prirent le large.

Georges Diehl du collège de Barr me dit qu'à Karlsruhe un chasseur de nuit a été descendu par sa batterie.

Emile Zippert, qui était en position le long du Rhin supérieur, m'a raconté qu'un jour, la pièce à laquelle il était affecté, a tiré sur un avion pris à tort pour un américain et qui était en fait un avion de reconnaissance allemand.

Ce genre d'incident était suffisamment fréquent pour que le général Galland, commandant la chasse allemande, l'évoque dans ses mémoires et s'en plaigne, en ayant été lui-même victime.

La formation d'artilleur comportait également des études balistiques et celle des munitions ainsi que l'étude des armes. Chaque *LwHelfer* devait pouvoir démonter et remonter son canon pièce par pièce jusqu'au dernier des tenons et, le cas échéant, pallier chaque incident de tir.

Après la théorie suivit la pratique: mise en batterie, sortie de batterie, manœuvre et manipulation des canons.

Selon le cas, la suite de la formation pouvait alors prendre deux aspects.

Certains *LwHelfer* furent affectés à des unités en campagne et la formation à la pratique se poursuivit alors sur le tas. Ce fut la plupart du temps le cas pour les camarades affectés à des armes lourdes. C'est ainsi qu'à Sarrebruck fonctionnaient deux batteries de formation, les « Tigerbatterie I et II ». Les nouveaux arrivés y faisaient leur apprentissage tout en participant aux tirs réels pendant les attaques ou sur des bombardiers de passage.

D'autres, affectés à la gamme des armes légères, furent alors envoyés à une école de tir, un « Flakschiessplatz » où on les fit tirer à munitions réelles sur des cibles se déplaçant soit au sol, soit tractées en vol par un avion.

Tous les *LwHelfer* qui ont passé à l'école de tir de Chieming m'ont rapporté que l'avion qui traînait la cible au-dessus du Chiemsee fut lui-même pris comme cible par des pointeurs (plus ou moins) maladroits et dut se poser en catastrophe.

A la fin de la période de formation ou lors de l'affectation à une unité combattante avait lieu la cérémonie de la prestation de serment.

A cette occasion, les *LwHelfer* revêtaient en général leur grande tenue de sortie.

La formule utilisée était la suivante:

« *En tant que* Luftwaffenhelfer, *je jure de faire à chaque instant mon devoir avec courage, obéissance, fidélité et abnégation comme il convient à un membre de la Jeunesse Hitlérienne.* »

La prestation de serment étant collective, la plupart des Alsaciens ou Mosellans n'ouvraient pas la bouche ou faisaient semblant en marmonnant quelque chose d'incompréhensible.

Lorsqu'après le débarquement du 6 juin apparut pour les *LwHelfer* la possibilité d'être impliqués dans des combats terrestres, comme leur statut le prévoyait, contre des troupes parachutées par exemple, le serment fut repris dans certaines unités sur une autre base. Mon unité par exemple, la 758e, fut fusionnée avec la 973e et nous dûmes signer un engagement écrit dans lequel nous jurions de combattre jusqu'au dernier homme, le dernier devant rendre le canon inutilisable.

2. L'organisation de la DCA allemande

La DCA allemande était organisée en unités appelées *Abteilungen*, portant chacune un numéro et disposant d'une grande autonomie de mouvement. Une «Abteilung» pouvait être composée exclusivement de canons légers, de canons lourds ou des deux combinés. Selon le cas, elle portait alors le nom de «Leichte», «Schwere» ou «Gemischte Flakabteilung». Une Abteilung légère était formée de 6 à 8 batteries et chaque batterie comportait elle-même quatre à huit *Züge* ou sections. Chaque *Zug* était composé de trois canons, de sorte qu'une batterie légère était en moyenne composée de douze à quinze pièces.

Pour les «Schwere Flakabteilungen», une batterie comprenait en général six pièces lourdes de 88 ou 105 et une *Abteilung* était composée de 6 à 7 batteries. Il existait des batteries renforcées de 8 et 12 canons et même plus.

Dans les «Gemischte Abteilungen», la DCA lourde était renforcée par des canons légers dont le but était de protéger soit les canons lourds eux-mêmes contre des attaques de chasseurs rapides attaquant à basse altitude, soit des objectifs ponctuels tels que ponts, gares, barrages, situés dans le périmètre de défense attribué aux pièces lourdes mais susceptibles d'être attaqués à basse altitude par des avions rapides.

Pour faire face aux attaques de chasseurs à basse altitude, les Allemands avaient mis au point un canon à tir rapide conçu en 1930 et amélioré en 1938. Ces canons, qui avaient un seul tube, avaient été appelés en jargon de la Flak «solo». Ils étaient approvisionnés en munitions par des chargeurs contenant 20 obus alternés en explosifs, perforants et incendiaires. Ces obus étaient traçants, ce qui permettait d'ajuster le tir à vue en cours de combat.

Une partie des canons de 20 mm avaient été livrés aux Allemands par la pacifique et neutre Suisse. Ils étaient fabriqués par la Société Oerlikon.

En 1938, le canon de 20 mm fut perfectionné et transformé en canon à 4 tubes appelé «Vierling». Ce canon était une arme redoutable et craint par les pilotes alliés qui devaient attaquer à basse altitude des objectifs défendus par ce type d'arme. D'un poids de 1400 kg, ce canon avait une cadence de tir théorique de 1200 obus à la minute. Bien manipulé, il pouvait cracher en tir réel 300 à 400 obus à la minute. C'est dire quel mur de feu le pilote avait à traverser si une demi-douzaine de *Vierling* lui faisait face.

Le *Vierling* était desservi par six canonniers et un chef de pièce : un pointeur le K1, un K2 qui introduisait dans le viseur électrique les données communiquées par un télémétreur, les K3 et K4 qui faisaient office de chargeurs et les K5 et K6 qui approvisionnaient en munitions.

A côté du canon de 20 mm, les Allemands utilisaient aussi des canons de 37 mm. C'étaient en grande partie des armes de prise provenant du front russe.

La faiblesse des canons légers résidait dans leur portée relativement réduite, 2 000 à 2 400 m pour les 20 mm, 3 500 à 4 000 m pour les 37 mm.

Efficace à basse altitude, la DCA légère devenait inopérante à moyenne et haute altitude. Pour cela, il fallait des canons plus puissants, capables d'expédier des projectiles à 8 000 m, voire à 10 000 m.

La reine en la matière était incontestablement la pièce de 88 mm. Ce canon existait en version 1936, 1937 et 1941. Il envoyait un projectile à une altitude d'environ 9 000 mètres avec une vitesse initiale de 825 m/seconde.

Desservi par huit canonniers et un chef de pièce, la manipulation en était partiellement électrique. Les données sur l'altitude, la vitesse et le cap des bombardiers étaient fournies par le *Kommandogerät* 40 [7], un appareil semblable au télémètre en usage dans la marine, dont la dénomination était EM4mR40. Pour desservir cet appareil, il fallait des aptitudes optiques spéciales qu'un *LwHelfer* sur 10 possédait. Fabriqué par Zeiss à Iena, le *Kommandogerät* avait une optique très puissante. On y voyait distinctement lorsque des bombardiers volant à 5000 ou 6000 mètres d'altitude ouvraient leur soute à bombes et André Walter m'a raconté que certains jours par temps clair, il voyait des formations de bombardiers alliés passant à 120 kilomètres de sa batterie.

Le *Kommandogerät* transmettait électriquement altitude, vitesse et cap aux canons qui y étaient rattachés et ces données apparaissaient sur des cadrans au moyen d'une aiguille. Les *LwHelfer* avaient alors à manipuler des volants qui faisaient bouger la pièce en gisement et en azimut, manipulation qui faisait se déplacer une seconde aiguille sur les cadrans précités. La pièce était bien orientée quand les deux aiguilles de tous les cadrans se superposaient exactement. Les *LwHelfer* signalaient alors «Abgedeckt.» [8]

L'altitude d'explosion de l'obus était communiquée de la même manière à un appareil fixé au canon, dans lequel on introduisait la tête de l'obus à tirer. Le réglage de l'altitude d'explosion se faisait automatiquement par action sur le détonateur.

Le K1 s'occupait de la hauteur,
le K2 du gisement,
le K6 recevait les obus apportés par les K4 et K5 et les plaçait dans la machine qui réglait l'altitude d'explosion,

---

7. Centre de commande.
8. Couvert.

le K3, qui était le chargeur, prenait l'obus réglé, l'introduisait dans la culasse et déclenchait le tir, soit à volonté, soit sur ordre lors d'un tir par salves,

les K7 et K8 étaient les pourvoyeurs de munitions.

Le poste de chef de pièce était en général assumé par un sous-officier, mais il y a eu des cas où des *LwHelfer* ont été appelés à remplir cette fonction.

Quand l'équipe de serveurs était bien rôdée, la 88 pouvait tirer à une cadence de 10 à 12 coups à la minute. La seule limite était la fatigue des gens.

En effet, un obus de 88 pesait 16 kg. En moins d'un quart d'heure, un gamin de 16 ans risquait d'être h.s.

C'est pourquoi, dans beaucoup de batteries lourdes, tous les postes étaient assumés par des *LwHelfer*, sauf celui de K3 pour lequel on prit un adulte qui avait tout de même plus de force et d'endurance.

La 88 devient insuffisante

L'effort à fournir pendant une attaque peut être apprécié à travers les chiffres suivants : lors de l'attaque du 7 octobre 1944 sur les usines d'essence synthétique de Pölitz, les quelque 400 pièces qui protégeaient ce complexe extrêmement important pour les Allemands, et qui étaient desservies à 80 % par des *LwHelfer*, tirèrent en moins d'un quart d'heure 40 000 obus de 88, soit une moyenne de 6 à 7 coups à la minute par canon.

Il existait une autre pièce lourde plus crainte par les *LwHelfer* que par les aviateurs alliés : c'était le canon de DCA russe de 85 mm alésé à 88 mm. Les incidents de tir étaient fréquents, soit que l'obus éclatait dans le tube, soit qu'il y restait coincé.

Les Alliés, de leur côté, cherchaient à échapper aux effets parfois dévastateurs de la Flak. Ils réussirent à accroître le plafond de vol de leurs bombardiers lourds de telle sorte que même la 88 s'avéra insuffisante pour les atteindre. Les Allemands portèrent alors leur effort sur deux autres pièces : la 105 et la 128.

Le projectile de la 105 pesait 30 kg et le chargement, ne pouvant plus se faire à la main, était assuré par un chariot électrique. L'explosion du projectile était plus puissante et faisait plus de dégâts, mais l'altitude d'explosion ne fut guère améliorée. Aussi les Allemands inventèrent-ils une nouvelle pièce, la 128, dont le projectile atteignait 12 000 mètres d'altitude, soit environ 3 000 mètres de plus que celui de la 88. Mais la rapide dégradation de la situation militaire à partir de 1944 ne leur permit pas de fabriquer le canon en grande quantité.

Un autre appareil destiné à la préparation du tir antiaérien et manipulé par des *LwHelfer* fut le *Funkmessgerät* 39 ou 41 (FUMG). Ce n'était rien d'autre qu'une des toutes premières versions du RADAR actuel.

Les Alliés trouvèrent vite la parade pour neutraliser cet appareil. Leurs formations de bombardiers furent précédées et accompagnées de quelques avions chargés de simples bandelettes de papier alu d'une quarantaine de cm de long et larges de 2 ou 3 cm. Larguées en grandes quantités par centaines de milliers, ces bandelettes reflètaient les ondes radar de sorte que les appareils de mesure allemands ne pouvaient plus indiquer ni altitude, ni vitesse, rendant la Flak pratiquement aveugle.

Les Anglais appelaient cette méthode le « Window » parce qu'elle ouvrait une fenêtre sur le vide pour les radars.

Un autre appareil, auquel certains *LwHelfer* eurent à faire, était le projecteur, soit de 60 cm de diamètre, soit de 150 cm ou encore de 200 cm. Encore que les *LwHelfer* soient plus rarement affectés à ce type d'appareils plutôt réservés aux femmes.

Toutefois, alors qu'avec mes camarades nous étions sur le terrain d'aviation de Metz-Frescaty, nous vîmes un jour arriver plusieurs batteries de projecteurs de 60 cm. Les gens de la Flak n'étaient pas particulièrement enchantés de ce cadeau, car rien de tel pour se faire repérer la nuit qu'un projecteur. Pour faire passer la pilule, nos chefs nous annoncèrent que les engins allaient être manœuvrés par des femmes…Cela calma effectivement certains d'entre nous.

Et un beau jour, en lieu et place de femmes, nous vîmes arriver toute une cohorte de *LwHelfer* rassemblés dans la région de Hagondange-Rombas et venant des écoles de Forbach, St. Avold, Sarrebourg et même quelques uns du lycée de Metz.

Mais de filles, point.

Les Sarrebourgeois, tout comme ceux de Sarreguemines, de Forbach et St. Avold, avaient fait comme beaucoup leurs classes en Sarre, puis furent mutés à Hagondange. De là, on en affecta une partie au projet en cours de réalisation à l'époque et qu'on avait baptisé la *ligne Kammhuber*. Metz devait être le point terminal de ce dispositif du nom du général Kammhuber qui en était l'instigateur et qui avait prévu une ligne de projecteurs profonde de 50 km allant de la pointe nord du Danemark vers le sud, passant à l'ouest de Hambourg vers Bruxelles puis s'infléchissant vers Metz. Sur cette ligne, le ciel devait être éclairé a giorno pour faciliter le travail de la chasse de nuit et de la Flak. L'éclairage devait être tel que, même s'il y avait des nuages, les avions volant au-dessous devaient être visibles et ceux volant au-dessus de la couche devaient se découper en ombres chinoises sur les nuages rendus translucides, et faciliter ainsi l'action de la chasse de nuit.

Mais cela ne se fit pas, du moins pas jusqu'à Metz. Les Allemands manquaient en effet de matériel et surtout de carburant, car tous ces projecteurs avaient leur générateur qui fonctionnait à l'essence. Après 3 ou 4 essais, l'essence commença à manquer et tout tomba à l'eau. Les *LwHelfer* prévus pour la *ligne Kammhuber* retournèrent à leurs pièces de 37 mm, et les projecteurs amenés quelques semaines plus tôt furent évacués.

CHAPITRE VI

Les affectations
des Luftwaffenhelfer alsaciens et mosellans

Il est relativement difficile de suivre les pérégrinations des *Luftwaffenhelfer* Alsaciens et Mosellans et de dégager un plan cohérent.

Cela vient de différents facteurs. Les unités auxquelles étaient affectés les Alsaciens et Mosellans étaient essentiellement mobiles. De plus ces unités ont été fusionnées entre elles ou scindées. A également joué la dispersion des *LwHelfer* qui était la règle, contrairement à l'affirmation d'incorporation par classes et près du lieu de l'école d'origine.

A titre d'exemple, on trouve la 3e batterie de la 357e *Schwere Flakabteilung* à Strasbourg-Robertsau jusqu'en avril 1944 et la 7e batterie de cette même unité à Lutterbach jusqu'en juin, puis cette même 7e batterie à Wildensee près de Leipzig en juillet 1944.

En ce qui concerne les Mosellans, ils furent en gros affectés à cinq unités : la 758e, la 784e, la 973e et la 976e *Leichte Flakabteilungen,* ainsi que la 631e *Schwere Flakabteilung.* Toutes étaient rattachées à la *Flakgruppe Saar.*

Ces unités ont fait partie du 169e régiment d'artillerie antiaérienne commandé par le Lieutenant-colonel Mazura, dont le PC était à Sarrebruck.

Temporairement, la 758e, la 784e, la 973e, la 976e et la 857e, cette dernière stationnée au Luxembourg furent détachées du 169e Régiment d'A.A. puis à nouveau rattachées à celui-ci.

En juin 1944, la 758e et la 973e furent fusionnées sous le n° 973, mais restèrent rattachées au 169e régiment d'artillerie antiaérienne.

Ce régiment faisait partie de la VIème Brigade commandée par le général Buffa dont le PC était à Darmstadt. Cette brigade était intégrée au *Luftgau XII* dont le QG était à Wiesbaden. Elle était commandée par le général Heilingbrunner.

Au printemps 1944, le *Luftgau XII* fut fusionné avec le *Luftgau VII* München commandé par le général Zenetti.

Le *Luftgau Wiesbaden* couvrait initialement la Moselle, le Luxembourg, la Sarre, le Palatinat et la Hesse. Les centres de gravité en étaient les villes de Francfort, Mannheim, Coblence, Trèves, Ludwigshafen sur le Rhin, Wiesbaden, Mayence, Sarrebruck et Metz. C'est pourquoi, à un moment ou à un autre, on trouva des *LwHelfer* Mosellans à proximité de ces localités.

Le *Luftgau* Munich couvrait l'Alsace, le Bade-Wurttemberg, la Souabe, la Bavière et une partie de l'Autriche avec Innsbruck et Salzbourg. Les principaux centres de gravité en étaient : Munich, Innsbruck, Salzbourg, Friedrichshafen, Ulm, Fribourg i.Br, Karlsruhe, Stuttgart, Pforzheim, Spire et Strasbourg.

On trouva ainsi des *LwHelfer* Alsaciens à Strasbourg, Pforzheim, Karlsruhe, Ulm, Innsbruck, Munich et Augsbourg.

Après la fusion des deux *Luftgau*, leur compétence fut étendue vers l'Est. Un «Auffanglager», c'est-à-dire un centre de regroupement, fut installé près de Mährisch Ostrau en Tchécoslovaquie. C'est ainsi que des *LwHelfer* Alsaciens se trouvèrent à Mährisch Ostrau, à Prag mais aussi à Iéna, Halle, Weimar et Leipzig où, du fait de la fusion du *Luftgau* Wiesbaden avec Munich, on trouva aussi des Mosellans. Une vingtaine d'Alsaciens se sont même retrouvés en Yougoslavie.

Voir la liste des unités où furent affectés les Luftwaffenhelfer Alsaciens et Mosellans.

CHAPITRE VII

Le journal d'un Lwhelfer

Albert Fersing du lycée de Sarreguemines a tenu un journal pendant son incorporation, journal dont je reproduis quelques extraits ci-dessous.

Incorporé à Sarrebruck où il a fait ses classes à Schafbrücke, il fut transféré à Hagondange à une unité de 37 mm, puis muté à Metz-Frescaty pour faire, lui aussi, partie du dispositif Kammhuber. Comme il ressort de son journal, ce dispositif n'a jamais fonctionné puisque le 18 juin 1944, lui et ses copains furent à nouveau mutés à Hagondange.

Extraits du journal de Fersing

17-9-1943	Incorporation comme *Luftwaffenhelfer*. Sommes dirigés sur Brebach-Schafbrücke
26-9-1943	Essai des masques à gaz — étanche
27-9-1943	Tir à blanc — Après-midi: examen médical
28-9-1943	Tir à obus réels au camp de Bitche sur sac traîné par avion — OK
3-10-1943	Alerte nocturne de 21 h à 24 h et de 4 h à 5 h
4-10-1943	5 alertes dans la journée — Attaque sur Sarreguemines
21-10-1943	Classe: 1 h de math. 1 h d'allemand
30-10-1943 au	17-12-1943 Diphtérie — admis à l'hôpital militaire
21-1-1944	Alerte de 9 à 10 h, de 13 à 14 h et de 18 à 19 h
4-2-1944	Vaccination
5-2-1944	Début de formation d'infanterie
11-2-1944	Alerte rouge de 10 à 13 h — une centaine de forteresses volantes survolent nos positions en deux vagues
12-2-1944	Bal masqué pour avoir fait du bruit après 21 heures. Avons changé 6 fois de tenue. Le premier a eu le droit de se coucher, les autres ont recommencé et ainsi de suite. Le tout dernier a été de corvée de nettoyage le lendemain.
22-2-1944	Visite du commandant — me suis fait remarquer — suppression de perme.
24-2-1944	Alerte de 21 h à 3 heures.
25-2-1944	12 h 15 à 16 h alerte rouge 21 h à 4 h alerte rouge
26-2-1944	A partir de 11 h 45, alerte toute la journée
9-3 au 14-3-1944:	Permission conjointement avec mon copain Doub

16-3-1944	Alerte de 9 h 45 à 15 heures et de 21 h jusqu'à midi le lendemain
18-3-1944	Alerte de midi à 21 h — Plus de 1 400 avions survolent la région
20-3-1944	Fin de la formation d'infanterie
13-3 au 29-3-1944	Toutes les nuits, alerte à partir de 21 heures
1-4-1944	Attaque à basse altitude de l'aérodrome de Metz-Frescaty par des chasseurs — un chasseur américain abattu — six avions allemands détruits au sol
23-4-1944	Alerte toute la journée. Plusieurs centaines de bombardiers et de chasseurs
24-4-1944	Alerte de 11 h à 17 heures. Plusieurs centaines de bombardiers accompagnés de Lightnings, Thunderbolts et Mustangs.
25-4-1944	Alerte de 9 h à midi. Une vague de quadrimoteurs signalée à Reims. Attaque de l'aérodrome de Metz-Frescaty par environ 60 bombardiers — Tapis de bombes
1-5-1944	Attaque de Metz-Sablon en fin d'après-midi par une soixantaine de bombardiers
4-5-1944	Une forteresse volante abattue à Hagondange par le 1er Zug — 6e avion descendu
8-5-1944	Attaque de l'aérodrome de Basse-Yutz. Bombardement des ateliers de chemin de fer de Montigny-les-Metz
23-5-1944	Attaque des installations ferroviaires de Thionville. Attaque manquée sur l'aérodrome de Metz-Frescaty. Deux villages Rozerieulles et Jussy touchés
25-5-1944	Attaque de la gare de triage de Metz-Sablon
27-5-1944	Attaque sur les installations ferroviaires de Woippy et les usines Hobus. De nombreuses pertes parmi les *LwHelfer*. La voie ferrée Metz-Thionville coupée
29-5-1944	Alerte toute la journée. 1 200 avions survolent la région
1-6-1944	Mutation aux projecteurs près de l'aérodrome de Metz-Frescaty. De nombreux avions détruits gisent à l'entour
6-6-1944	Le lieutenant nous informe que les Alliés ont débarqué en Normandie
16-6-1944	Hitler et son état-major atterrissent avec deux condors à Metz-Frescaty — continuent par la route vers le nord de la France — Forte escorte SS
18-6-1944	Tout le personnel des projecteurs retourne à Hagondange
29-6-1944	Attaque nocturne sur Metz. Le pont ferroviaire de Magny était visé.
13-7-1944	Alerte de 8 h à midi trente. Une vague de bombardiers quadrimoteurs de type Liberator sur le chemin du retour survole le terrain d'aviation de Metz et largue ses réservoirs auxiliaires sur l'aérodrome

12-8-1944	Le matin, attaque de la gare de triage de Metz-Sablon — Plusieurs alertes dans la journée
14-8-1944	Attaque de l'aérodrome de Metz-Frescaty
26-8-1944	Mutation à Sarrebruck pour démobilisation.

CHAPITRE VIII

Bombes sur Strasbourg...

Henri Torlotting fréquentait le collège supérieur technique commercial de Strasbourg, rebaptisé par les Allemands « Herrmann Gœring Schule » lorsqu'il reçut son ordre d'incorporation à la Flak.

Le 24 juillet 1944, il fut affecté à la 357e Schwere Flakabteilung avec ses camarades René Lottmann, René Hugel, Ernest Dutel, Marcel Meyer, François Hirth, René Fournaise, Jean Stoll, Joseph Braun, Roland Fischer, Albert Heintz, Pierre Fuhro, Raymond Schultz, Charles Kummerlé, René Lapp, André Daeschert, Raymond Schreiber, Raymond Willmann, René Kress, Joseph Neu, Alphonse Brevi, Paul Kœssler ainsi que ses condisciples Steinmetz, Bruat et Buchi dont les prénoms, malgré son excellente mémoire, ont échappé à Henri Torlotting 44 ans après les évènements.

La classe fut affectée à la 3e batterie de la 357e à la Robertsau, à une centaine de mètres du port au pétrole dont ils devaient assurer la défense avec des canons de 88mm.

Ils y furent accueillis par le chef de batterie qui se présenta en ces termes :

« Je suis le « Oberleutnant » Jahn Kuhn, chef de la 3e batterie. Je suis originaire de Prusse Orientale. Ces précisions doivent suffire pour que vous sachiez à quoi vous en tenir. »

Et il fit demi-tour.

Les *LwHelfer* ainsi que quelques sous-officiers furent temporairement logés au « Coq Blanc » qui était encore près du port au pétrole à cette époque, et où le *LwHelfer* Raymond Schultz de Hœrdt faillit être victime d'une de ces gamineries qui parfois tournent au drame. Un de ses copains s'était emparé du pistolet d'un sous-officier sorti sans emporter son arme. Il éjecta le chargeur, vida les balles, remit le chargeur en place et, à environ 4 ou 5 mètres, visa Raymond Schultz, appuya sur la gâchette et...le coup partit. Le tireur, qui ne s'attendait pas à ce résultat, avait fort heureusement tenu l'arme d'une main légère et décontractée. Il n'avait pas vérifié s'il y avait une balle dans le canon. Le recul la fit dévier vers le haut et elle passa pardessus la tête de Schultz. Comme il n'y avait pas de casse, tous deux remirent les balles restantes dans le chargeur et rangèrent l'arme là où ils l'avaient prise — Fin de l'épisode.

Le 11 août 1944, soit 18 jours après leur incorporation, alors qu'ils avaient à peine débuté leur formation sur le tas, Strasbourg fut attaqué par plusieurs vagues de forteresses volantes. Henri Torlotting fut fortement marqué par ce bombardement dont de nombreux détails lui sont restés en mémoire.

L'attaque eut lieu — précise-t-il — un après-midi par beau temps. Les *LwHelfer* de la « Mess-staffel », c'est-à-dire ceux affectés aux appareils optiques de mesure et de préparation de tir, suivaient les évolutions des bombardiers américains à quelque 5000 mètres d'altitude au-dessus de Strasbourg.

Sur commandement du PC, ils déclenchèrent des tirs groupés, tous les canons de la batterie faisant feu en même temps.

Il y avait dans le langage de la Flak une expression en général redoutée par les *LwHelfer*, celle lancée par la Mess-Staffel : « Seite steht ». Cela signifiait que les avions ne déviaient plus vers la droite ou la gauche mais avaient trouvé le cap sur leur objectif. Les attaquants venaient de franchir ce que les pilotes appellent dans leur jargon le point initial à partir duquel l'officier bombardier prend la direction de l'avion en main. C'est lui qui donne au pilote les instructions nécessaires pour qu'il manœuvre de manière à maintenir l'objectif au centre de l'appareil de visée jusqu'au moment où les bombes peuvent être larguées avec le maximum de précision. Pour faciliter cette opération, l'appareil de tête — en cas de bombardement par temps clair et de jour — lançait en général un marqueur. En l'occurrence, il s'agissait d'une fusée fumigène dont le panache, tel un doigt pointé du ciel vers la terre, désignait l'objectif. C'était le signe indubitable de l'imminence d'un bombardement.

Lorsque cela se produisit au port au pétrole et que, de surcroît, les *LwHelfer* de la *Mess-Staffel* purent voir à travers leurs appareils optiques que les soutes à bombes étaient ouvertes, cela ne pouvait signifier qu'une chose : tapis de bombes.

Les *LwHelfer* connurent alors pour la première fois la peur. Certains jeunes se mirent à prier à haute voix, invoquant tantôt Dieu, tantôt la Vierge. D'autres ne purent s'empêcher de pleurer.

Les signes d'une panique commençaient à poindre.

Voyant cela, « l'*Oberleutnant*-Jahn-Kuhn-de-Prusse-Orientale » sortit son pistolet Mauser 08 et annonça à haute et intelligible voix :

« J'abats le premier qui se risque à abandonner son poste — Compris ! » Personne ne broncha.

Et ce fut le craquètement et le grésillement caractéristiques du tapis de bombes qui s'abat.

Le port au pétrole fut touché de plein fouet et, heureusement pour les *LwHelfer*, les dernières (ou les premières) bombes explosèrent à 50 mètres de la batterie.

Au port au pétrole, ce fut l'enfer. Les réservoirs explosaient et brûlaient, dégageant d'énormes volutes de fumée noire mêlées de flammes.

Entre la batterie et le port, il y avait quelques maisons dont plusieurs furent touchées. L'immeuble le plus proche de la batterie fut littéralement coupé en deux par une bombe.

Dès que les bombardiers se furent éloignés, on fit appel aux *LwHelfer* pour participer au sauvetage des blessés et des personnes ensevelies sous les décombres. Et c'est ainsi que Torlotting vit son premier mort.

Il fouillait dans les décombres d'une maison lorsqu'il aperçut, dépassant des gravats et des poutres, une main portant une bague à l'annulaire. Choqué, il se mit à trembler et appela un camarade pour lui indiquer sa macabre découverte et lui demander de continuer la fouille. Le cadavre s'avéra être celui d'un homme d'un certain âge. Finalement, il apparut que dans cette maison, tous les occupants avaient été tués à l'exception de l'épouse de l'homme découvert par Torlotting. Le lendemain, ils virent cette femme errer dans les décombres, cherchant et appelant les siens.

Lorsque Torlotting revint sur les lieux peu après la guerre, il demanda aux voisins des nouvelles de cette femme. On lui répondit que, ne pouvant surmonter son chagrin et son désespoir, elle s'était suicidée.

Ainsi, pour les recrues de la 3/357, l'entrée en matière a été plutôt brutale, mais, comme tous les *LwHelfer*, ils finirent par s'aguerrir et par prendre de la bouteille.

Une ou deux semaines plus tard, c'était un samedi après-midi, deux Thunderbolts remontaient le cours du Rhin en mitraillant les bateaux sur le fleuve et...les paysans dans les champs.

La 3/357 reçut l'ordre d'ouvrir le feu sur les deux chasseurs. L'un d'eux prit le large, l'autre amorça un mouvement pour attaquer la Flak. mais avant qu'il n'ait pu lui-même ajuster son tir, il fut touché par un obus. L'avion alla s'écraser dans la direction d'Oberhausbergen tandis que le pilote réussit de justesse à sauter en parachute et à se poser dans un champ, au milieu des paysans qu'il venait de mitrailler une dizaine de minutes plus tôt. Les militaires et *LwHelfer* partis à sa recherche pour le faire prisonnier arrivèrent juste à temps pour empêcher les paysans qu'il avait arrosés avec ses armes de bord de lui faire un mauvais sort.

Les paysans avouèrent en aparté aux Alsaciens qu'ils auraient volontiers caché et soustrait l'Américain aux recherches s'il s'était conduit correctement à leur égard. Ils n'avaient pas du tout apprécié le mitraillage.

Torlotting et ses camarades participèrent également à la défense de Strasbourg lors de l'attaque du 25 septembre suivant, au cours de laquelle le centre et le quartier de la gare furent durement touchés.

Au sujet de cette attaque, Raymond Schultz me précisa que la plupart des sirènes étant détruites par l'attaque précédente, ou ne fonctionnant plus parce que les câbles électriques étaient coupés, la Flak annonça à la population l'approche des bombardiers américains en tirant trois coups au-dessus de la ville.

Début octobre 1944, devant la rapide progression des Américains en France, les Allemands, ne faisant aucune confiance aux Alsaciens, les transférèrent en... Tchécoslovaquie.

Le 10 octobre 1944, ils débarquèrent à Mährisch Ostrau dans le Bilauerwald, où leur unité fut regroupée. Ils furent affectés à la *Schwere Heimatflakabteilung* 216/XVII en position dans les faubourgs de Mährisch Ostrau.

Lorsqu'ils arrivèrent à leur batterie d'affectation, celle-ci venait juste de subir un bombardement qui avait détruit deux pièces sur six. Affreux détail : certains murs — me précisa Torlotting — portaient encore les traces sanglantes de leurs prédécesseurs qui y avaient été projetés et écrasés par le souffle de mines aériennes.

Les servants des télémètres et autres appareils de préparation de tir ainsi que les servants des quatre canons restants étant tous des Alsaciens — ce qui était exceptionnel — ceux-ci décidèrent entre eux de truquer les données communiquées par le télémètre aux canons. De leur côté, ceux des canons cherchaient, chaque fois que cela semblait possible, de faire des erreurs en manœuvrant les pièces.

Et malgré ces intentions louables, l'imprévisible arriva.

Lors d'une attaque de Mährisch Ostrau par des forteresses volantes, le télémètre communiqua aux canons de fausses données. De leur côté, aux canons, les *LwHelfer* opérèrent de fausses manipulations. Une erreur plus une autre erreur donnèrent un tir tellement précis qu'en sept coups nos *LwHelfer* alsaciens abattirent deux forteresses volantes !

Il paraît que cela ne s'était jamais vu à la Flak.

En effet, en relatant l'histoire des *LwHelfer* phalsbourgeois, j'ai cité quelques chiffres statistiques. Il résulte de ces chiffres qu'il fallait en moyenne 2768 coups de DCA lourde pour abattre un bombardier et 14 182 coups de DCA légère pour descendre un chasseur.

Mais deux bombardiers en sept coups... C'était un exploit, même s'il était tout à fait involontaire.

Du coup, la cote des Alsaciens remonta et, en récompense, ils eurent droit à un jour de permission.

Deuxième effet du hasard : ce fut ce jour-là que les Américains choisirent pour attaquer à nouveau Mährisch Ostrau et, cette fois, il n'y avait pratiquement pas d'Alsaciens à la batterie.

Avant d'être libérés de la Flak et mutés au RAD, les élèves de la Herrmann Gœring Schule eurent droit au « Wehrertüchtigungslager ». Cela n'était rien d'autre qu'un camp de formation complémentaire d'infanterie en prélude à leur propre passage à l'armée régulière. Un très grand nombre de *LwHelfer* y furent astreints, soit au début de leur incorporation, soit pendant celle-ci, soit à la fin de leur période de Flak.

Nos Strasbourgeois se retrouvèrent dans le camp III A 27 à Welehrad près d'Ungarisch Hradisch, du 9 janvier au 24 février 1945.

A la sortie de ce camp, les *LwHelfer* furent immédiatement mutés au RAD à Kassel, où ils subirent la grande attaque du 13 mars 1945 au cours de laquelle les Américains cherchèrent à détruire les ateliers souterrains des usines d'aviation Junkers, mais sans y parvenir.

Puis débuta la retraite sur Berlin. Au cours de cette retraite, les Strasbourgeois durent assister, impuissants, au massacre par les SS de quelque 70 évadés d'un camp de concentration. Les malheureux durent d'abord creuser leur fosse commune avant d'être abattus d'une balle dans la nuque ou à coups de gourdin.

Torlotting et un certain nombre de ses camarades furent faits prisonniers par les Américains le 12 avril 1945.

Contrairement à beaucoup d'autres, Henri Torlotting garde un bon souvenir de sa capture. Leur groupe venait d'être fait prisonnier et tous avaient encore les mains en l'air quand un noir, assis sur un char, l'appela et lui demanda tout à trac: « Where is Hitler? » et Torlotting de lui répondre: « You must go stright ahead ». Le noir éclata de rire, farfouilla dans son sac et lui lança une cartouche de cigarettes.

Deux mois et treize jours plus tard, il était de retour à Strasbourg. Son périple avait duré exactement un an et un jour.

1. Le même jour à la Canardière

Tandis qu'en ce 11 août 1944 la panique commençait à poindre à la 3e batterie de la Robertsau et que des prières y montaient vers le ciel d'où, quelques instants plus tard, allaient pleuvoir les bombes, l'ambiance n'était guère meilleure aux batteries 1 et 2 de la 232/VII implantées à la Canardière, à l'autre bout de Strasbourg. A part quelques *LwHelfer* d'Outre-Rhin, les Allemands avaient regroupé là des élèves du lycée de Saverne et du collège Freppel d'Obernai. Certains *LwHelfer* d'Obernai furent également affectés à Auenheim et l'ensemble suivit le cheminement de tous ceux qui furent dirigés vers l'Allemagne du sud pour finir à Planegg.

Du collège Freppel avaient été appelés: Robert Ancel, Armand Alexandre, Robert Aschauer, Fernand Fritz, Marcel Fritz, Pierre Fritsch, Paul Gerling, Fernand Grasser, Alphonse Gosse, Jean Hœhn, Marius Hoffer, Bernard Hoffmann, Joseph Kraenner, J.Paul Rittimann, Roger Rechenmann, Eugène Rinn, Charles Verspieser et trois *LwHelfer* dont les prénoms n'ont pu m'être précisés: Carbiener, Mathonnet et Schwob.

Le *LwHelfer* Alfred Bilger du lycée de Saverne avait été affecté à la « Mess-Staffel » et, en voyant à travers le binoculaire du télémètre les soutes à bombes des bombardiers s'ouvrir, la peur le saisit. Il se réfugia à quatre pattes sous une proche table supportant des instruments, s'attendant au pire.

Le pire se limita cependant pour lui à un magistral coup de pied dans son arrière-train qui dépassait de dessous la table. C'était son chef, le lieutenant Trotschke, qui, après avoir observé son manège, le lui avait octroyé tout en lui intimant l'ordre de regagner son poste.

Bilger, qui s'était ressaisi, s'exécuta d'autant plus volontiers qu'à part trois mines aériennes qui explosèrent dans le proche Baggersee, les bombes tombèrent beaucoup plus loin sur la ville.

Les batteries 1 et 2 avaient également été dénommées A et B, et ce fut la batterie A qui eut à déplorer des pertes ce jour-là.

Tandis que les pièces tiraient à une cadence rapide sur les avions évoluant au-dessus de la ville, un coup ne partit pas. Les servants de la pièce laissèrent passer le temps règlementaire prévu pour ce cas avant d'ouvrir la culasse pour en extraire le projectile défaillant. mais lorsque le canonnier-chargeur ouvrit la culasse, l'obus lui tomba dans les bras et explosa. Le canonnier chargeur et un prisonnier russe qui se trouvait à côté de lui furent tués sur le coup. Le chef de pièce fut grièvement blessé et un autre *Luftwaffenhelfer* eut le bras arraché.

Cet incident est d'autant plus étonnant que la batterie A était dotée de pièces de fabrication allemande, en général sans histoires, alors que la batterie B, elle, était équipée de canons russes de 85 alésés en 88, et qui donnaient fréquemment lieu à des incidents de tir.

Mais revenons au *Luftwaffenhelfer* Bilger qui s'était fait botter le derrière ce jour-là. Le coup de pied avait du mal à passer et Bilger était rancunier. Il était doué pour la physique et bricoleur de surcroît. Comme par hasard, quelques jours après cet incident, le télémètre tomba en panne. Il fallut trois jours pleins à un spécialiste pour localiser et réparer celle-ci.

Laurent Ott, aujourd'hui vicaire à la Wantzenau, lui aussi du lycée de Saverne était le meilleur copain de Bilger, et savait à quoi s'en tenir. C'est lui qui m'a raconté cette histoire en me précisant que Bilger lui avait confié qu'il avait saboté le télémètre.

2. Quatre jours de taule pour lire « Mein Kampf »

A la Canardière avaient été affectés René Lux et Etienne Oster, également du lycée de Saverne. Oster s'était fait remarquer dès le premier jour. Non seulement il n'avait pas donné suite à l'ordre d'appel et avait dû être amené à la Canardière manu militari par un gendarme, mais au repas de midi du lendemain, il y avait — dit-il — une infecte bouillie verdâtre baptisée « légumes ». Il avait vu qu'à un autre endroit de la cuisine on distribuait une sorte de pudding à base de semoule qui lui convenait mieux. Il prit sa gamelle avec la verdure et alla vider celle-ci dans un casier qui traînait par là, puis alla faire la queue du côté où était distribué le pudding : manque de chance, il y avait encore trois personnes devant lui quand on annonça que le pudding était épuisé.

Oster n'avait pas remarqué que quelqu'un l'avait observé alors qu'il vidait ses légumes dans le casier : ce quelqu'un était un Allemand. Un peu plus tard, un gradé qui survint remarqua les légumes jetés par Oster. Il cria à la cantonade que l'auteur de ces cochonneries se manifeste sur le champ.

Oster hésita à se dénoncer. C'est alors que celui qui l'avait vu faire s'approcha de lui et lui sussura à l'oreille que, s'il ne se dénonçait pas lui-même, ce serait lui qui le ferait à sa place.

Oster avoua donc.

Incontinent, il fut traité de « Volkschädling »[9] et convoqué au rapport chez le chef de batterie pour le lundi suivant.

Son chef le gratifia d'abord d'une engueulade gratinée et lui infligea quatre jours de « taule ». Quatre jours pendant lesquels il devait, corvée supplémentaire, lire le bréviaire de tout bon nazi: *Mein Kampf*, dont l'auteur, comme on le sait, n'est autre que Hitler.

3. Moi et mon ami Allonas

Parmi les *LwHelfer* en provenance du lycée de Saverne, il y avait aussi Lucien Freund et son ami Allonas.

Les élèves du lycée de Saverne furent, comme la plupart des classes, incorporés en plusieurs vagues selon les besoins de l'armée.

Laurent Ott, Alfred Bilger, René Lux, Etienne Oster, Joseph Schiebler, Robert Kaufling et un dénommé Meyer firent partie de la première vague de l'été 1943. Lucien Freund, son ami Allonas, Fredy Oswald dit Friedel et Joseph Hauser firent partie de la seconde vague.

Freund fut affecté à la batterie A, puis à la deuxième batterie dite Batterie B où furent regroupés les Alsaciens.

Très rapidement il fit connaissance avec les méthodes en vigueur dans l'armée allemande.

Un jour qu'il s'était absenté avec son copain Allonas et qu'il vint un peu tard au rassemblement, l'adjudant lui demanda la cause de leur retard.

Lucien Freund s'apprêta à donner les explications demandées et commença par dire: « Moi et mon ami Allonas... » lorsqu'il fut interrompu sèchement par son supérieur: « Veuillez répéter! ».

Et Freund de reprendre « Moi et mon ami Allonas... » Halte!

A une quinzaine de mètres du lieu du rassemblement s'élevait un petit tertre de quelques mètres de haut.

« Montez sur ce tertre — exécution » enchaîna l'adjudant.

Freund qui n'avait rien compris à la manœuvre n'eut d'autre ressource que de grimper sur le tertre où il dut se mettre au garde-à-vous.

« D'où veniez-vous tout à l'heure? » enchaîna le gradé.

La réponse fusa: « Moi et mon ami Allonas... »

---

9. Nuisible au peuple.

Halte! le coupa l'adjudant qui poursuivit: « Criez aussi fort que vous le pouvez: Je suis la plus grande cloche de la batterie »

Et Lucien Freund cria docilement « Je suis la plus grande cloche de la batterie ».

« D'où veniez-vous tout à l'heure? » reprit le chef

« Moi et mon ami... » Halte!

... « Je suis la plus grande cloche de la batterie ». Lucien Freund dut ainsi répéter aussi fort qu'il le pouvait qu'il était la plus grande cloche de la batterie jusqu'à ce qu'un copain comprit où l'adjudant voulait en venir et lui fit comprendre qu'il devait dire « Mon ami Allonas et moi nous étions à... »

Ayant ainsi inversé les sujets de sa phrase, Lucien Freund put redescendre de son tertre et regagner les rangs.

4. Un chargeur fatigué

En dehors des attaques sur Strasbourg et sa région immédiate, les batteries de la 357ᵉ eurent fréquemment à effectuer des tirs de barrage sur des vagues de bombardiers de passage de jour comme de nuit. Lucien Freund me disait que le tube des canons de sa batterie était orné d'une douzaine de cercles blancs, ce qui signifiait que 12 avions abattus avaient été attribués à cette batterie.

A sa pièce, Lucien Freund faisait fonction de K3, c'est-à-dire de canonnier chargeur. Or, à 16 ans, il était de stature plutôt moyenne. Enfourner des obus de 16 kg dans un tube dressé pendant une demi-heure ou plus mettait ses forces d'adolescent à rude épreuve.

Et ce qui devait arriver arriva. Au cours d'un tir, vaincu par la fatigue, Freund se coucha par terre et fit la grève sur le tas.

Cela fut mal perçu par ses supérieurs et il fut affecté à un autre poste. L'attaque de Strasbourg le 11 août fut la goutte d'eau qui fit déborder le vase et Freund songea sérieusement à déserter. La nouvelle de la libération de Paris le 24 août 1944 agit comme détonateur et l'incita à traduire ses intentions dans la réalité.

Lucien Freund, qui dirigea par la suite une entreprise de travaux publics, savait utiliser les compétences. Il avait hérité de son père cette qualité qui fait les chefs d'entreprise efficaces.

Lorsque Lucien Freund fut incorporé à la Flak et affecté à la Canardière, aux portes de Strasbourg, le hasard voulut que non loin de sa batterie se trouvait l'entreprise S où le père de Freund s'approvisionnait en huile de moteur. La même entreprise avait été requise par les militaires pour approvisionner leurs moteurs et véhicules en huile. Il existait donc de bonnes relations entre les entreprises Freund et S, mais aussi entre S et les responsables de la 357ᵉ.

Après le 24 août, le père de Freund profita de cette situation pour amener S à demander un congé spécial pour son fils. Il alla voir S muni d'une petite valise dans laquelle il y avait de la sciure, laquelle sciure enveloppait — denrée extrêmement rare à l'époque — un superbe jambon fumé.

S se laissa convaincre et négocia avec les Allemands un congé spécial pour Lucien Freund. Celui-ci profita de la situation pour s'éclipser sans esprit de retour et se cacher du côté de Graufthal jusqu'à l'arrivée des Alliés.

La désertion de son protégé mit évidemment S dans une situation difficile vis-à-vis des Allemands.

J'ai devant les yeux la lettre datée du 13 septembre 1944 que S écrivit au père de Lucien Freund, et dans laquelle il lui fait part de sa douloureuse surprise d'avoir été floué. Il l'invite à passer chez lui afin qu'ils cherchent ensemble une solution, sous entendu le retour du fils. Dans sa lettre, S ne perd cependant pas le nord puisqu'il ajoute in fine qu'à cette occasion il n'oublie pas la valise de sciure.

Il va de soi que M. Freund père ignora cette invitation. Bien que les gendarmes l'aient embêté à plusieurs reprises, il dédommagea S d'une autre manière après la guerre.

Lucien Freund fit bien de s'esquiver car il put échapper ainsi à la dure épreuve qui attendait une grande partie de ses camarades dont le papa n'avait pas de valise de sciure.

5. En route pour Pforzheim et Munich

Environ 6 semaines après que Bilger eut rendu le télémètre de sa batterie inopérant, les *LwHelfer* furent mutés à Pforzheim. Pforzheim semblait être un lieu de passage obligé pour tous ceux qui devaient être mutés vers l'Allemagne du sud. C'est à Pforzheim qu'ils fusionnèrent avec une partie des élèves de la Herrmann Gœring Schule de Strasbourg, notamment Gilbert Scherer et André Huck, les *LwHelfer* Speiser et Heintz. C'est également à Pforzheim que Paul Heckler rencontra Laurent Ott. C'est dans cette ville qu'ils eurent le loisir d'assister au manège quotidien d'un Mosquito qui, chaque soir, apparaissait ponctuellement au-dessus de Pforzheim pour y larguer une seule bombe sur un édifice public. Tantôt la poste, tantôt un immeuble administratif. Le jour de leur arrivée, ils venaient à peine de débarquer du train, que l'appareil se présenta pour larguer une bombe sur la gare.

De Pforzheim, l'unité nouvellement constituée fut mutée dans la région de Munich. D'abord à Unterbrunn, puis à Planegg.

A Unterbrunn, Paul Heckler bénéficia d'un répit quasi providentiel : son appendice déclara forfait et éclata. C'était une chance inespérée à cette époque car cela lui valut un séjour prolongé à l'hôpital militaire de Obersdorf dans l'Allgäu.

Grâce à la complaisance du médecin-chef qui, lors d'un séjour en garnison à Strasbourg, avait bénéficié des soins du père de Heckler, masseur professionnel, il put tirer son séjour hospitalier un peu en longueur jusqu'au 5 mars 1945 et regagna sa batterie juste quelques semaines avant la mutation au RAD. Le même médecin-chef lui sauva aussi la mise à Noël 1944 alors qu'attablés au réfectoire, on annonça aux malades et convalescents un discours du ministre de la Propagande Josef Gœbbels. Avec l'index et le majeur, Heckler imita une personne marchant en claudiquant (Gœbbels boitait bas). Un officier le vit et le prit très mal. Heckler ne put éviter une punition que grâce à l'intervention du médecin-chef.

Tandis que Heckler profitait ainsi de sa sinécure involontaire, rien n'était changé pour ses camarades. Un jour, deux d'entre eux commirent le sacrilège de ne pas saluer un général qui arrivait en voiture. Comble de malchance, il s'agissait de «leur» général.

Sous prétexte de discipline, mais surtout imbu de sa personne, le général se renseigna sur la batterie à laquelle appartenaient les deux *LwHelfer* et le lendemain matin toute l'unité eut droit à un exercice punitif soigné. Toutes les cinq minutes, l'exécuteur des hautes œuvres qui supervisait le supplice posa la question : «Pourquoi êtes-vous punis ?» Et toute la section devait répondre comme un seul homme : «Parce que deux de nos camarades n'ont pas salué notre général».

Mais cela n'était rien à côté des attaques que subissait Munich et sa région en ce début de 1945.

Dans la nuit du 7 au 8 janvier, ce qui subsistait de la ville fut réduit en cendres. Environ 1 200 avions y déversèrent plus de 2 500 tonnes de bombes explosives, sans compter les bombes incendiaires. Selon les estimations allemandes, entre 18 000 et 20 000 bombes explosives et incendiaires furent larguées par les Anglais.

Laurent Ott et ses camarades tirèrent presque sans interruption de 23 heures à 4 heures du matin. Les tubes des canons étaient à tel point brûlants que le 8 janvier à 18 heures, c'est-à-dire 14 heures après la fin de l'attaque, ils étaient encore chauds.

Au cours de cette attaque, la batterie de Ott fut créditée des 15e, 16e et 17e avions abattus. A ce titre, tout le personnel devait recevoir l'insigne spécial de la Flak attribué à partir de 15 avions descendus.

Détail amusant : quelques jours plus tard, le chef de batterie dut leur annoncer un peu penaud que la remise des «Flakabzeichen» n'aurait pas lieu car l'usine qui fabriquait les insignes avait été détruite lors de l'attaque précédente.

Alfred Bilger n'avait visiblement pas digéré le coup de pied récolté à la Canardière et son popotin malmené criait encore vengeance. Pour l'assouvir, il avait découvert un nouveau truc. Quand l'occasion se présentait, il dévissait les capsules contenant les amorces dans le fond des douilles des projectiles préparés pour un éventuel tir. Ces amorces, composées de fulminate de mercure, devaient rester à l'abri de l'humidité. Bilger dévissa donc les capsules, cracha dans la cavité dans laquelle chaque amorce était logée et revissa celles-ci. La salive suffisait à rendre les amorces inopérantes et, lors des tirs suivants, le nombre des coups qui ne partirent pas se situait nettement au-dessus de la normale.

Les *LwHelfer* restèrent à Planegg jusqu'à fin mars, époque à laquelle, malgré la proximité de l'armistice, ils furent incorporés au RAD. Environ un mois plus tard, les Américains les capturèrent.

Auparavant, Ott et trois de ses camarades : Bilger, Schiebler et Meyer assistèrent sans le vouloir à une scène atroce.

Comme de nombreuses batteries, celles de Planegg disposaient de quelques prisonniers russes pour les travaux pénibles et le transport de munitions. Un de ces prisonniers était affecté au service de deux aspirants d'une batterie voisine. Un dimanche après-midi, il était environ 14 heures — a précisé Laurent Ott — le prisonnier fut envoyé par les aspirants dans la batterie où se trouvaient Ott et ses camarades, pour une mission quelconque. Le Russe, après s'être acquitté de sa tâche, s'apprêtait à retourner dans sa batterie d'origine lorsqu'un garde allemand, l'Obergefreiter Wetzka, l'interpela et lui demanda où il allait. Le Russe qui était connu et croyant à une blague se retourna tout en marchant en souriant et continua son chemin. Wetzka, qui avait l'arme à la bretelle — un mousqueton d'origine française — se saisit de son arme, ajusta le Russe et lui tira dans le dos, le tuant net.

Cela s'était passé à moins d'une quinzaine de mètres d'Ott, de Bilger, de Schiebel et de Meyer, qui se trouvaient là par hasard. Le fait que quatre *LwHelfer* aient assisté à ce qui n'était rien d'autre qu'un meurtre gênait beaucoup les Allemands, car ceux-ci voulaient faire accréditer l'idée que le Russe avait été abattu au cours d'une tentative de fuite. Ce fut d'ailleurs la version qui fut retenue au cours de la brève enquête qui suivit.

Quant aux *LwHelfer*, ils prirent un copieux savon de la part de leur adjudant simplement pour s'être trouvés au mauvais endroit au mauvais moment. En guise de punition, les quatre copains durent monter une garde funèbre à côté du Russe qui demeura sur place du dimanche 14 heures jusqu'au lundi 6 heures. Laurent Ott m'avoua que, toute la nuit, les quatre *LwHelfer* avaient craint pour leur vie.

CHAPITRE IX

151 vagues de bombardiers - 7 avions abattus c'était mon 16e anniversaire

Dans la matinée du 16 août 1944, la sonnerie d'alerte de la 7e batterie de la 357e *Schwere Flakabteilung* stationnée à Wildensee, à une cinquantaine de kilomètres de Leipzig (les deux premières batteries étaient encore stationnées, on l'a vu, à Strasbourg), précipita les *LwHelfer* de cette unité aux canons. Parmi ces *Flakhelfer* se trouvait Raoul Martin, du collège de Thann.

De puissantes formations de bombardiers américains étaient signalées au nord, cap au sud. Rapidement, les premières vagues firent leur apparition et la batterie ouvrit le feu. Lorsque la vague fut passée, il y en eut une autre, puis encore une autre, suivie d'une nouvelle et ainsi de suite.

Dans son journal, Raoul Martin a noté le passage, ce jour-là, de 151 vagues. En général, une vague était formée par 30 à 60 bombardiers, ce qui fait une moyenne de 700 à 800 appareils.

Lorsque dans la nuit un calme très relatif s'installa, les *LwHelfer*, harrassés par l'effort, vidés par la tension et l'angoisse, abrutis par la fatigue, purent enfin prendre un peu de repos. Ils s'endormirent quasi instantanément.

Au réveil, une des premières pensées de Raoul Martin fut la suivante: Tiens, hier 16 août, j'ai eu 16 ans.

Le lendemain, on fit savoir aux jeunes canonniers que la veille la batterie avait abattu 7 bombardiers, et on les félicita.

Drôle de cadeau pour un 16e anniversaire!

Raoul Martin a tenu un journal pendant toute son incorporation qui dura du 27 mars 1944 au 25 avril 1945, date à laquelle il fut fait prisonnier par les Américains après avoir passé le dernier mois au *Reichsarbeitsdienst*.

Il m'a remis ce journal dans lequel il a consigné les faits vécus, mais auquel il a aussi confié, comme on les confie à un ami, ses sentiments intimes, ses états d'âme, ses tristesses, ses peines et sa révolte contre la situation absurde dans laquelle il était plongé contre son gré.

Comme on le lira, Raoul Martin, qui avait 15 ans et 7 mois lorsqu'il fut incorporé, a très mal supporté la séparation d'avec les siens et ses confidences prennent souvent l'allure d'un cri de détresse s'enflant parfois jusqu'au désespoir.

Il ressort du journal de Raoul Martin qu'avec lui avaient été incorporés 18 autres jeunes du collège de Thann, à savoir: ses camarades Bientz, Dolis,

Kielwasser, Bobenrieth, Anderhuber, Schubetzer, Roth, Eberhardt, Weiss (reconnu plus tard inapte), Walter Soldner et Marcel Schmitt. Je reprendrais plus tard les péripéties de l'évasion et du retour de ce dernier.

Le groupe fut cependant rapidement dispersé selon la formule allemande en vigueur et, à la fin, il ne resta plus que 7 des 19 du groupe initial: Grob, Discher, Bohl, Sutter, Raymund, Dumel et, bien sûr, Martin.

Son journal donne également des précisions sur le cheminement du groupe.

Incorporé le 27 mars 1944 à la 3ᵉ batterie de la *Schwere Flakabteilung* à Strasbourg-Robertsau jusqu'au 27 avril 1944.

Muté à Eschenzweiler près de Mulhouse jusqu'au 26 juin 1944.

Puis muté à la 7ᵉ batterie à Wildensee près de Leipzig jusqu'au 27 décembre 1944.

Muté à la 10ᵉ batterie de la 298ᵉ *Schwere Flakabteilung* du 27 décembre 1944 au 5 avril 1945.

RAD jusqu'au 25 avril 1945 et capturé par les Américains près de Rattisbonn le 25 avril 1945.

Le journal de Raoul Martin a été rédigé en allemand. C'est moi qui en ai fait la traduction.

Martin a d'abord noté tous les combats auxquels il a participé, étant entendu qu'à chaque passage, la batterie a ouvert le feu.

30-6-1944	3 vagues de bombardiers
2-7-1944	8 vagues de Liberators
16-7-1944	35 vagues de forteresses volantes
17-7-1944	12 vagues de forteresses et de Liberators
21-7-1944	12 groupes d'avions divers et quelques appareils isolés
16-8-1944	148 vagues de bombardiers divers dans la journée et 3 vagues en soirée.
	7 avions abattus — C'était mon anniversaire: j'ai eu 16 ans.
18-8-1944	2 groupes d'avions de reconnaissance
24-8-1944	82 vagues de bombardiers
11-9-1944	2 vagues de bombardiers et 5 escadrilles de chasseurs
13-9-1944	12 vagues de bombardiers
7-10-1944	32 vagues de bombardiers
2-11-1944	7 escadrilles de chasseurs
	Tir rapproché sur Mustangs
8-11-1944	139 vagues de bombardiers
	7 avions abattus
6-12-1944	Attaque nocturne de bombardiers
14-12-1944	Attaque nocturne — environ 20 vagues de bombardiers
16-01-1945	Attaque nocturne sur Tröglitz — 40 vagues environ (A Tröglitz, il y avait une usine de fabrication d'essence synthétique)

6-02-1945	4 vagues survolent la batterie
	De puissantes formations de bombardiers signalées en passage au nord et au sud de la batterie
13-02-1945	De 21 heures à 23 heures 30, tir de barrage sur 8 vagues de bombardiers attaquant Brawag Böhlen
14-02-1945	De 0 h 30 à 3 heures, tir de barrage sur 4 vagues de bombardiers cap au sud
	De 12 h 15 à 14 heures, tir de barrage sur 9 vagues de bombardiers cap sud-est
	De 20 heures à 9 h 30 le lendemain, tir de barrage — Attaque massive sur Dresden
	Parallèlement, attaque de diversion sur Leipzig.

Mais le journal de Raoul Martin prend un relief tout particulier par les pensées et les impressions notées par ce garçon qui avait manifestement le mal du pays et souffrait d'être séparé de sa famille dont il n'avait plus de nouvelles depuis les derniers jours de 1944.

Le dernier courrier reçu était une enveloppe vide sur laquelle était crayonné le mot « Wehrkraftzersetzung »[10] et les idées les plus noires trottaient dans sa tête. Pour tenir le coup, il revivait en rêve les délicieuses heures passées au sein de sa famille réunie. De temps à autre, la révolte prenait le dessus et son journal se transformait en un cri de détresse. Parfois, c'était plus prosaïquement un cri de faim.

Le 11-3-1945, il note:

> *J'apprécie l'écoulement du temps d'après les repas. Après le petit déjeuner, j'attends avec impatience le repas suivant. Je compte les minutes qu'il me reste à attendre pour pouvoir à nouveau me mettre quelque chose sous la dent.*
> *Cela provient simplement de ce que je ne peux jamais manger à ma faim. Les rations sont trop petites et trop maigres. Je ne peux plus me représenter ce que signifie être rassasié.*
> *Le soir, pour m'endormir, je ferme les yeux et je me mets à rêver. Je m'imagine que je suis à la maison, chez moi, assis à une table propre, bien mise, dans la salle à manger. Maman entre et pose de délicieux mets sur la table: des pommes frites, des beefsteacks et de la salade. En face de moi, Papa a pris place et je m'entretiens avec lui. A sa droite est assis mon petit frère José. Tantôt il rit, tantôt il pleure parce qu'il ne veut pas manger sa soupe. Au bon vieux temps, il m'arrivait parfois à moi aussi de ne pas manger. Mes parents me sermonnaient gentiment et me disaient: « Un jour tu seras peut-être content d'avoir ce que tu ne veux pas manger aujourd'hui. » Paroles prophétiques. Je me souviens qu'un jour je*

---

10. Atteinte au moral de l'armée.

> ne voulais pas manger de pain noir. Aujourd'hui, c'est avec délice que je le dévorerais. A l'époque, j'étais trop jeune pour comprendre les paroles de mes parents. Entretemps, j'ai appris ce que cela signifie: avoir faim.

Il est intéressant de noter que Raoul Martin a particulièrement mal supporté les périodes de fêtes qui sont des fêtes de famille en Alsace, telles que Pâques ou Noël. Lui-même, à peine sorti de l'enfance et ayant mal pris le virage de l'adolescence du fait de la guerre (il avait tout juste 11 ans au début des hostilités), se réfugie dans la rêverie qu'il essaye de retenir le plus longtemps possible, lui donnant un semblant de réalité en l'écrivant dans son journal.

Le 25-3-1945.

> *Nous sommes aujourd'hui le dimanche des Rameaux. Quelle différence avec les Rameaux que j'ai connus chez nous à la maison il y a deux ans. L'année dernière, j'étais déjà Luftwaffenhelfer à Strasbourg. Cette fois-là, nous n'avions déjà pas obtenu de permission pour Pâques. Maintenant, cela fait neuf mois que je n'étais plus à la maison. C'est long, surtout quand on n'a plus de courrier des siens.*
>
> *Avec l'aide de Dieu, cela passera.*

Mais la révolte n'est jamais bien loin ; elle alterne avec la résignation et des sentiments contradictoires agitent Raoul Martin.

> *Je dois m'empêcher de réfléchir à cette situation sinon je fais une colère monumentale. Pourquoi suis-je ici, en définitive ? Quel mal ai-je fait pour devoir subir un tel destin ?*
>
> *Je ne trouve pas de réponse.*

Et le scripteur s'en remet de nouveau à son destin et accepte son sort :

> *Les Arabes disent « El Mektoub ». C'est écrit et on ne peut rien y changer. Je dois me contenter de cela.*

Le 30-3-1945

> *Vendredi-Saint — A la maison, mes parents doivent préparer la fête de Pâques. Mon petit frère Josely doit attendre avec impatience ses cadeaux et moi — si loin des miens — je n'ai même pas la possibilité de me transporter en rêve à la maison pour être en communion avec eux. Il y a trop de bruit dans la baraque pour se concentrer.*
>
> *Un seul espoir : que je puisse passer les prochaines Pâques à la maison !*

Le 31-3-1945

> *Samedi avant Pâques. Demain, dimanche de Pâques, nous sommes autorisés à sortir en ville. mais j'ai décidé de renoncer à cette sortie. Que puis-je déjà y faire ? Je n'ai plus d'argent et, de toute manière, on ne peut plus rien acheter. Il paraît qu'à Eschenbach on ne trouve même plus un demi de bière.*

Et c'est à nouveau la vague de tristesse qui submerge tout puisqu'il continue par ces lignes :

> *C'est la triste réalité. Je ne peux être à la maison pour Pâques 1945. J'espère que le destin m'accordera tout de même la faveur de me laisser rentrer chez les miens...mes parents et mon petit frère José...oublier tout et reprendre la vie comme avant.*
>
> *Que peuvent faire mes parents en ce moment? Sont-ils encore en bonne santé? Sont-ils vivants? José doit avoir grandi et doit attendre le retour de son grand frère pour jouer avec lui.*

Soldat par contrainte, l'enfant qui est encore en lui attend le retour chez les siens pour jouer avec son petit frère. La séquence suivante, relative au dimanche de Pâques, traduit bien le traumatisme subi par Raoul Martin et donne raison au ministre de l'Education Rust et au ministre de l'Intérieur Frick quand tous deux disaient qu'il fallait éviter d'incorporer des éléments trop jeunes, en plein développement mental, qui risquaient d'être fortement perturbés. Raoul Martin, qui est un être d'une grande sensibilité, avec un sens de la famille très développé, est de ceux qui ont subi le choc de plein fouet. Combien de Raoul Martin y avait-il parmi les *LwHelfer*?

Le 01-04-1945

> *Dimanche de Pâques. Quelle journée a toujours été Pâques à la maison! Tout le monde était gai et enjoué dans l'attente du lièvre de Pâques. J'espère qu'il est encore venu cette année chez mon petit frère José. Avec un peu de chance, il viendra l'année prochaine à nouveau chez moi. Dans cette perspective, je ne veux pas trop me plaindre.*

Devant sa misère actuelle, Raoul Martin retourne à nouveau au temps de l'enfant heureux qu'il a été, avec l'espoir que lorsqu'il aura supporté toutes ses peines, tout redeviendra comme avant.

> *Il est 16 heures alors que j'écris ces lignes. Quelle sensation d'isolement et d'abandon de se trouver en de telles journées si loin de chez soi: c'est à ce moment-là qu'on ressent de manière particulièrement aiguë sa solitude.*

Sa plainte devient celle d'un jeune trop tôt projeté dans un monde qui n'est pas encore le sien, où il se sent perdu et qu'il refuse de tout son être. Et toujours, il cherche refuge dans les souvenirs de son enfance et laisse défiler les images d'un passé heureux.

> *Pâques! Je me souviens quand j'étais encore très jeune; je devais avoir 6 ans. Je me suis levé tôt, plein d'entrain ce jour-là. Maman me dit: « Je crois que le lapin de Pâques était là et t'a apporté quelque chose dans le jardin. »*
>
> *Submergé de joie, j'eus du mal à m'habiller tant j'étais excité. Je courus dans le jardin et que vois-je? Un pupitre. Tout autour, quelques nids avec des œufs de Pâques et des lapins en chocolat.*

> *La joie de mes parents égalait la mienne, puis nous entrâmes dans la maison pour nous préparer pour l'office pascal.*

Ici, Martin interrompt son rêve pour revenir à la réalité par association d'idées.

> *Hier, on nous a informés qu'il est interdit de fréquenter une église en uniforme. Gare à celui qui se fait prendre. Culture!*

Puis il replonge dans ses souvenirs:

> *Après la messe, nous revînmes à la maison parentale. Nous prîmes place dans la salle à manger où nous dégustâmes l'excellent repas de fête préparé par Maman. Mais à l'époque, j'étais encore gâté et je préférais les sucreries, si bien que mon appétit en prenait un rude coup.*

Rapide retour à l'actualité.

> *J'ai déjà mangé tout le pain que j'ai touché pour deux jours. Et dire que si j'étais à la maison, je pourrais manger jusqu'à refus!*

Une nouvelle vague de désespoir monte du fond de son être.

> *Il ne faut pas y penser. C'est à devenir fou. mais je ne peux plus maîtriser mes pensées qui sont en permanence avec mes parents et mon petit José.*

Et comme pour donner plus de poids à son désespoir, Raoul Martin, qui jusqu'ici avait écrit son journal en allemand, continue en français avec toutes les caractéristiques de celui qui n'a plus écrit cette langue depuis presque cinq ans: une traduction littérale de l'allemand mêlée d'alsacianisme, mais du FRANÇAIS.

> *Ah! Si cette guerre serait seulement finie. Çà suffirait maintenant. Je ne peux plus! Je ne peux plus! Je voudrais aller à la maison, chez mes chers parents. Si j'avais seulement des nouvelles d'eux. mais si on sait rien, on a que des folles pensées dans la tête.* [11]

Je ne peux plus! Je ne peux plus! On s'attend à ce qu'il ajoute: «Mon Dieu, pourquoi m'avez-vous abandonné?» Ce cri de désespoir lancé en français montre combien était forte la contrainte subie. On a l'impression que Raoul Martin se débattait dans un cauchemar sans fin dont il aurait voulu se réveiller, mais que le réveil était impossible.

Et pourtant, la fin du cauchemar n'était plus très éloignée. Ces lignes avaient été écrites le 1er avril 1945. Martin donne, dans la suite de son journal, quelques précisions sur la vie au RAD où il a participé à la construction d'un barrage anti-chars. Vers le 20 avril, il s'évada et fut fait prisonnier par les Américains le 25 avril 1945 à 13 h 30.

---

11. Comme je le disais plus haut, le dernier courrier que Martin a reçu portait la mention «*Wehrkraftzersetzung*», c'est-à-dire atteinte au moral de l'armée. Il apprit à son retour que son père avait dit dans cette lettre qu'il devait faire son possible pour rentrer, car il n'y avait plus qu'un ou deux ponts utilisables sur le Rhin. La lettre avait été ouverte par la censure et valut au père de Martin un séjour à la Gestapo à Strasbourg.

Il passa deux mois dans un camp de prisonniers, dont il a rapporté le poème reproduit ci-après, une œuvre collective composée par lui-même et deux ou trois copains, et que l'on pourrait intituler « La complainte du prisonnier ».

Le 22 juin 1945, il était, enfin, de retour chez lui, chez ses parents, chez son frère Josely. Le cauchemar avait pris fin, le réveil était devenu réalité.

La complainte du prisonnier

Ce poème est reproduit en allemand pour lui conserver ses rimes et ses finesses.

So manche Nacht lag ich wach
Im Gefangenenlager bei Bad Kreuznach.
Grosse Sehnsucht und leerer Magen
So mancher konnte es nicht ertragen.
Drei rohe Kartoffel gab es heute
Das war unsere ganze Tagesbeute.
Hat man aber grossen Hunger
Macht auch die rohe Kartoffel keinen Kummer.
Eine Morgens, Mittags, Abends, in Ordnung
Ist das nicht eine ganz prima Einrichtung?
Im freien Feld liegen wir bei Tag und Nacht
Das macht bestimmt die Knochen hart!
Bei gutem Wetter ist es schön und fein.
Bei Regen sieht man aus wie n'Schwein.
Lang wird es aber nicht mehr dauern
Dann gehts zur Lieben die schon lauern
Dann gehts zu Mutti und zum Stern
Denn alle beide hab' ich so gern
Beide sind mir so sehr in Erinnerung
Trotz de langen schweren Trennung.
Drum will ich die Hoffnung nicht aufgeben
Dass alle noch sind am Leben.
Denn nun fühle ich es immer besser
Was es heisst : Heimat — Mutter!

Traduction libre de la « Complainte du prisonnier »

L'estomac vide et me languissant après les miens,
Je passe d'interminables nuits blanches
Au camp de prisonniers de Bad Kreuznach.
Je vois à ce régime à peine supportable
S'étioler et dépérir de nombreux camarades.
Aujourd'hui, j'ai eu de la chance.
J'ai trouvé trois pommes de terre crues
Une pour midi, une ce soir, une pour demain matin
Voilà tout pour calmer ma faim.
Même une pomme de terre crue est délectable
Lorsque la fringale devient insupportable.
Etendu à même la terre jour et nuit,
On dit que c'est bien pour les os que cela durcit.
Quand il fait beau c'est presque du sport,
mais dès qu'il pleut on se transforme en porc.
Je vis avec l'espoir que bientôt viendra le jour
Où je reverrai ceux qui m'aiment d'amour,
Tous ceux que je n'ai pu oublier
Malgré une séparation dure à supporter.
L'angoisse m'étreint lorsque surgit
La folle pensée: sont-ils encore en vie
Ma mère, mon père, la fille que j'aime en silence?
Chaque jour je ressens avec plus de force et d'insistance
Le sens des mots: Mère et Patrie...

CHAPITRE X

Les tribulations des Sarregueminois

Les cours de la 6e classe du Lycée de Sarreguemines, rebaptisé *Kurt Reppich Oberschule*, avaient repris depuis une quinzaine de jours lorsque, le 16 septembre 1943, durant un cours d'allemand, la porte de la classe s'ouvrit et « Buna » entra.

« Buna » était le directeur de l'établissement. Son surnom venait de ce qu'il avait une jambe artificielle laquelle, pour atténuer le bruit, était, pour partie au moins, en caoutchouc synthétique, produit que les Allemands appelaient « Buna-gummi ».

« Buna » entra donc dans la salle de classe, prit une pose avantageuse et d'une voix quasi solennelle annonça aux élèves :

« Garçons, j'ai pour vous une nouvelle qui va vous réjouir ». Et, après avoir laissé planer un peu le suspense, il ajouta « Vous allez avoir un bel uniforme. »

La classe était mixte. Garçons et filles se regardèrent, mi-consternés, mi-intrigués.

« Oui », poursuivit Buna, « Vous allez pouvoir aider le Reich à défendre son ciel contre les attaques des barbares...! C'est un honneur pour vous. Ne croyez pas que, si l'on a recours à vous, c'est parce que l'Allemagne est au bout du rouleau et que vous représentez l'ultime espoir. Non, je le répète, c'est un honneur qui vous est échu. »

Je disais déjà plus haut qu'au fur et à mesure que l'utilisation des *Luftwaffenhelfer* se répandait, la population interprétait leur signe L.H. par *Letzte Hoffnung*, c'est-à-dire « dernier espoir ».

Le directeur remarqua que sa « bonne nouvelle » ne suscita pas la joie délirante à laquelle il s'attendait. Il abrégea et conclut : « Les garçons vont descendre maintenant à la salle des fêtes pour un rapide conseil de révision. Simple formalité. » Et « Buna » quitta la salle de classe.

Et c'est ainsi qu'une vague de 17 garçons du lycée de Sarreguemines partit pour la « Flak ». Elle comprenait René Fallegger, Joseph Wack, Georges Meyer, Lucien Leinen, Alfred Hahn, Georges Gachot, Louis Gabriel, Alfred Hochstrasser, Alfred Fersing, Aloïse Doub, Richard Dorn, Paul Mouzard et les dénommés Meyer Pierre et Wehrung dont les prénoms ont échappé à Louis Gabriel qui m'a raconté cette scène. Il convient de préciser qu'environ 3 semaines plus tôt, deux élèves de la classe 1927, Jean Schaub et Marcel Pax avaient déjà été incorporés. Dieu seul sait pourquoi ils n'ont pas suivi le sort de leur classe. Du fait de leur incorporation plus précoce, ils n'ont pas suivi le même itinéraire que ceux cités précédemment. Leur périple les conduisit à Sarrebruck, Völklingen, Metz-Sablon puis Metz-Frescaty où ils restèrent jusqu'à leur évasion en septembre 1944.

Un autre Sarregueminois de la *Kurt Reppich Oberschule* qui a effectué un périple différent des précédents a été Paul Wagner. Bien qu'étant de la classe 1927, il ne fut incorporé que le 15 janvier 1944, soit quatre mois après les autres et après un passage à la 6e batterie de la 758e *Leichte Flakabteilung*, il passa trois mois de formation sur un crassier près de Hayange avec Théodore Hoffmann de Lixing les Rouhling.

En avril, il fut muté à l'aérodrome de Yutz. Cet aérodrome où il y avait entre autre une école de Stukas, fut attaqué deux fois — et il est curieux de constater que les *LwHelfer* affectés à cet aérodrome étaient en majorité, à quelques exceptions près, des Allemands venant de Idar Oberstein, de Prum et de Wittlich.

Fin juin 1944, Wagner retourna à Hagondange jusqu'à la fin août. Lorsqu'en novembre 1944 il fut incorporé au RAD, il aurait dû se rendre à Saverne. Cette particularité peut s'expliquer par le fait qu'il habitait Sarre-Union — localité bas-rhinoise de l'Alsace Tortue — et pourrait être à l'origine de son incorporation à une date différente des autres.

Mais en novembre, les Alliés étaient à Metz. Wagner ne partit plus, se cacha et, lorsque les Américains arrivèrent et recensèrent les incorporés de force, il se constitua prisonnier. Il fut interné aux camps de Toul, de Stenay et de Compiègne avant d'être libéré.

Parmi les Sarregueminois, il y avait aussi Joseph Rumpler qui, lui, connut un sort très particulier sur lequel je reviendrais plus loin.

1. Une cuvette et trois litres d'eau pour laver 14 paires de pieds

Le gros des Sarregueminois se retrouva donc pour une période de formation en Sarre. D'abord à Schafbrucke à la 976e *Leichte Flakabteilung*, où ils furent accueillis par le capitaine Lehmann: «Je suis Lehmann, et je suis soldat depuis 17 ans», se présenta-t-il, ce qui suscita chez Georges Gachot la réflexion suivante: Si, après 17 ans de métier, il n'est que capitaine, ce ne doit pas être une lumière!

La formation se déroula selon le schéma habituel et, après un passage à Neufeschingen, les *LwHelfer* eurent droit à une gâterie supplémentaire: on les expédia au château de Lulustein pour une formation aux projecteurs.

Soit dit en passant, le château de Lulustein — prononcer Louloustein — doit son nom au prince Eugène Louis, fils de Napoléon III. Il arrivait à ce dernier d'emmener son rejeton sur ces hauteurs d'où la vue portait loin pour lui montrer le territoire germanique qui, un jour, pourrait être conquis.

Les *LwHelfer* furent cependant peu sensibles à l'intérêt historique du lieu, car ils étaient logés, eux, dans des baraques en-dessous de tout. Lamentables, effroyables sont les qualificatifs employés par Georges Gachot. Il n'y avait pas d'eau courante, une sorte de tuyau d'arrosage aboutissait dans la chambre par un trou fait dans le plancher. A certaines heures en hiver, on coupait l'eau pour qu'elle ne gèle pas dans le tuyau. Deuxième inconvénient majeur: on était en novembre et le chauffage était désastreux.

Pas d'eau, pas de chauffage, dans ces conditions on ne se lave pas.

Cette situation attira bientôt l'attention des supérieurs par la vue et par l'odorat.

Un soir que les *LwHelfer* étaient déjà couchés, un sous-officier pénétra dans la baraque et annonça: « Contrôle des pieds — présentez vos pieds ! » Cela faisait des semaines que les *LwHelfer* n'avaient plus lavé leurs pieds...ni le reste d'ailleurs.

Une des premières victimes fut Georges Gachot (dont les Allemands avaient éprouvé le besoin de modifier l'orthographe du nom en ajoutant un « s » avant le « ch »).

Lorsque le gradé vit l'aspect de ses pieds, il s'écria: « C'est pas possible, il y en a un qui s'est couché avec ses chaussettes. »

Les pieds des suivants avaient la même couleur. « Tout le monde se lave les pieds — Exécution ! »

Mais se laver les pieds où? Comment? Dans la baraque, il y avait une unique bassine dans laquelle il y avait un peu d'eau (trois ou quatre litres). Le sous-officier désigna la bassine et obligea les 14 occupants de la chambre à se laver les pieds dans la même cuvette et la même eau.

On avait beau se laver les pieds à 14 dans la même cuvette, cela ne changeait rien aux conditions d'hygiène générale et ce qui devait arriver arriva. Fersing se retrouva à l'hôpital militaire avec une diphtérie, Wehrung attrapa la scarlatine et Gachot fit une angine.

Alors que les malades étaient rétablis et auraient pu bénéficier d'un congé de convalescence, tout le groupe fut muté à Hagondange à la 758e Leichte Flackabteilung où les Sarregueminois, à l'exception de Schaub et de Pax, passèrent l'hiver.

Leur chef, le lieutenant Rœhrig, était un de ces officiers parachutés car il était chef de la propagande pour la Moselle et la Sarre. Imbattable sur les théories nazies mais tout ce qu'il y a d'incompétent sur le plan militaire.

Les *LwHelfer* logèrent à Hagondange dans le bâtiment d'une fabrique de produits en terre réfractaire. Leur chambre était au rez-de-chaussée. Dans le couloir, dont le sol était en béton nu, un sous-officier découvrit un jour une paille et leur fit nettoyer le passage à grande eau. Le gradé n'avait pas vu qu'il y avait des fissures dans le béton du sol. Les *LwHelfer* utilisèrent copieusement l'eau mais, au lieu de la ramasser à la serpillère, la firent disparaître dans les fissures ou raccords disjoints du béton et toute l'eau dégoulina dans le sous-sol sur des moteurs d'avions qui étaient entreposés là.

A Hagondange, il y avait aussi les inévitables prisonniers russes qui, pour améliorer leur ordinaire, fabriquaient de petits jouets en bois qu'ils cédaient en général contre quelque nourriture à qui voulait bien leur en prendre. Particulièrement appréciés par les *LwHelfer* étaient de petits canards sur roulettes qui battaient des ailes quand on les tirait au bout d'une ficelle et, à Noël 1943, tous ceux qui avaient encore des petits frères ou des petites sœurs trouvèrent chez les Russes un cadeau pour eux.

Les Sarregueminois restèrent à Hagondange jusqu'en mai 1944. Le 11 mai 1944, les *LwHelfer* de Sarrebruck eurent de lourdes pertes lors d'une attaque sur la ville et les Sarregueminois, entre autres, durent assurer la relève.

Dans un premier temps, ils furent mutés à l'aérodrome de Sarrebruck-Kieselhumes, à la 2ᵉ batterie de la 631ᵉ *Schwere Flakabteilung* appelée aussi « Tigerbatterie » à laquelle étaient affectés les néophytes en formation.

Commença alors pour les Sarregueminois une période de bombardements intensifs.

Gachot se rappelle qu'un jour une bombe tomba sur le magasin d'habillement des batteries implantées autour du terrain d'aviation. Dans ce magasin, il y avait — entre autre — d'énormes stocks de rouleaux de papier hygiénique qui volèrent en l'air en se déroulant comme de gigantesques serpentins un jour de carnaval. Le souffle et le vent en poussèrent plusieurs vers un proche arbre où ils restèrent accrochés comme des banderoles, transformant l'arbre en un gigantesque « arbre de mai », ces arbres que dans beaucoup de régions on fixe sur le faîte des maisons en construction quand le gros-œuvre est achevé.

Mi-juillet, ce devait être le 16 ou le 19, Sarrebruck fut une fois de plus l'objet d'une attaque. De nombreuses bombes incendiaires tombèrent sur des maisons proches de la batterie. Georges Gachot et quelques copains participèrent à la neutralisation des bombes et à l'extinction des incendies naissants, et parvinrent ainsi à sauver 17 maisons de la destruction par le feu.

Le *Wachtmeister* Heftrich, qui avait été un de mes supérieurs et qui avait été blessé lors de l'attaque du 25 avril sur Metz-Frescaty puis réaffecté à Sarrebruck, passa un savon aux *LwHelfer* pour avoir osé prendre une initiative sans ordre. L'après-midi du même jour, le chef de batterie, le lieutenant Tschech, rassembla les mêmes *LwHelfer* et les félicita pour leur intervention.

Ce jour-là, il y eut aussi quelques morts parmi les *LwHelfer* dans d'autres batteries.

Le 20 juillet 1944, les *LwHelfer* durent se rassembler sur ordre du chef de batterie. Celui-ci — sur un ton où perçait la colère — commença par dire : « Aujourd'hui, une clique de traîtres.. » (Gachot se dit en lui-même « qu'est-ce qu'on a encore fait ? »), mais déjà le lieutenant continuait « ...a essayé d'attenter à la vie de notre Führer. » C'était de l'attentat contre Hitler qu'il s'agissait. Le malentendu était dissipé.

Les Sarregueminois furent mutés ensuite à Gersweiler, à la 4ᵉ batterie de la 631ᵉ.

Le 4 ou le 5 août, m'a raconté Louis Gabriel, il était exactement 8 h 10 lorsque l'alerte fut donnée. Les postes d'observation échelonnés dans le nord de la France avaient signalé d'importantes formations de bombardiers cap vers l'Est. Un peu plus tard tomba le mot-code « Caruso 5 », indiquant qu'un des objectifs possibles des bombardiers était Sarrebruck.

Effectivement, peu après 9 heures, les premières bombes commencèrent à tomber. Vague après vague, les bombardiers tournaient au-dessus de Sarrebruck comme des essaims de gigantesques frelons. Les 6 canons de la batterie de Louis Gabriel tirèrent 1050 coups en moins de 3 heures.

Le 11 août, une nouvelle attaque fit encore 11 morts parmi les *LwHelfer*. Un ras-le-bol général commença à se manifester et chacun songea sérieusement à s'esquiver.

Mais, début septembre, les Sarregueminois qui n'étaient déjà plus que 11, furent dispersés. Georges Gachot fut muté à Francfort où il resta jusqu'à l'arrivée des Américains.

Le 28 mars 1945, ordre fut donné de détruire les canons. Les pièces une fois rendues inutilisables, la retraite commença. Mais au lieu de retraiter, Gachot déserta avec Willy Gros, un copain allemand.

Une nuit, alors qu'ils se trouvaient dans un champ où ils avaient trouvé refuge, ils entendirent des chars progresser sur une proche route. Etant donné la masse des engins, les deux fugitifs se dirent que cela ne pouvait être que des Américains. Se rappelant les instructions diffusées par tracts, ils se débarrassèrent de leur casque, de leur ceinturon, et coururent vers la route en levant bien haut les mains.

Surprise désagréable, une voix cria soudain en allemand « Qui va là ? » (*wer da!*). Les bras leur en tombèrent. Nouvelle manifestation de la voix : « Hands up », cette fois en anglais et les bras remontèrent avec soulagement. Après cette dernière douche écossaise, ils étaient bel et bien prisonniers.

Gachot séjourna d'abord dans un camp près de Francfort sur le Main, où les conditions d'hygiène et de nourriture étaient lamentables. En jouant des coudes et en se poussant, Gachot réussit à se faire évacuer à Stenay, puis à La Flèche.

La faim était toujours le souci majeur des prisonniers. Un jour, il y eut distribution de paquets de la Croix-Rouge aux Alsaciens et Mosellans. Ces colis contenaient des pains de guerre, pains secs qu'il fallait faire tremper avant de les consommer.

Tenaillés par la faim, la majorité des prisonniers se jeta dessus et les mangèrent tels quels, puis burent de l'eau après. Quelques heures plus tard, ils constatèrent avec inquiétude que leur abdomen gonflait et ressentirent d'abominables ballonnements jusqu'à la nausée. Ce jour-là, les seaux des latrines débordèrent.

Gachot était toujours aux mains des Américains. Vint le moment où chacun dut passer devant une commission de type inquisitoire, qui cherchait à détecter si les gens n'avaient rien à se reprocher. Pour un Alsacien ou un Mosellan se disant français, faire partie de l'armée allemande était forcément suspect.

On disait souvent qu'il ne fallait pas attendre d'un Kalmouk ou d'un Cosaque du Don de savoir ce qu'était un Alsacien. Le gardien de vaches du Kansas ou du Nébraska ne le savait pas davantage.

La méthode américaine était parfois simpliste. Le prisonnier devait donner sa date de naissance et sa date d'incorporation. En face de lui, un officier avait un barème avec les classes d'âge et les dates d'incorporation correspondantes. Si âge et incorporation ne collaient pas, vous étiez suspects.

Pour Gachot, le verdict fut le suivant :

Né en 1927, incorporé en 1943 : cas douteux. Et il fut contraint de demeurer dans le camp.

Mais arriva le jour où les Américains en eurent assez de nourrir les cas douteux français et ils les transférèrent dans un centre d'accueil français à Chalon sur Saône. Les Français écoutèrent l'histoire de Gachot mais, ignorant ce qu'était un *Luftwaffenhelfer*, ordonnèrent une enquête.

Ils eurent cependant le bon goût de le laisser partir avec ordre de se présenter à la police de Sarre-Union, sa ville d'origine.

Là-bas, on le connaissait, on savait qu'il n'était pas plus douteux que de Gaulle lui-même, mais qu'il n'avait pas eu de chance. Et l'enquête se termina bien.

Au camp de La Flèche, Georges Gachot avait rencontré Georges Meyer parti avec lui du lycée de Sarreguemines, mais qui avait déserté en septembre 1944 et s'était caché jusqu'à l'arrivée des Américains.

La police allemande l'avait cherché avec application et il avait un souvenir aigu de la situation où, surpris par l'arrivée inopinée de la police, il eut juste le temps de se cacher sommairement à l'étage supérieur d'où il entendait la police cuisiner son père au sujet du fils caché trois mètres plus haut. Une phrase lui est restée en mémoire de manière particulièrement vive : « Monsieur Meyer — disait un policier — vous savez qu'il y va de votre tête ! » mais M. Meyer père tint bon et tout se passa bien.

Lorsque les Américains arrivèrent, Georges Meyer pensa qu'il fallait faire les choses selon les règles et alla leur signaler qu'il avait été *Luftwaffenhelfer*. Incontinent, il fut fait prisonnier et transféré au camp de La Flèche où il rencontra Gachot.

Deux cheminements différents aboutirent ainsi au même résultat.

2. De l'avantage de parler anglais

Louis Gabriel, lui, opéra un peu plus en finesse pour sortir du guêpier et gagna beaucoup de temps.

Il avait obtenu une permission qu'il passa chez lui à Hambach du 29 août au 6 septembre 1944. Le congé écoulé, il simula un départ, équipé de pied en cap, pour tromper les voisins car — dit-il — à cette époque il était prudent de ne se fier à personne. S'étant assuré que quelques voisins l'avaient vu partir, il chemina un moment sur la route et, par un grand détour, revint subrepticement par le jardin à la maison de ses parents et s'installa à la cave.

Une dizaine de jours après le retour prévu à la batterie, les gendarmes apparurent au domicile des parents. Toute la famille avait mis ses talents en commun pour trafiquer une ancienne carte postale que Louis Gabriel avait envoyée précédemment, avec le cachet de l'unité bien visible, mais dont la date était devenue illisible, et portant ces mots : »Tout va bien ; sommes en route pour une nouvelle affectation. A bientôt. Votre Louis.«

Les gendarmes l'examinèrent et se laissèrent abuser ; et cela d'autant plus facilement que l'un ou l'autre voisin, interrogé, confirma le départ de Gabriel.

Les autorités militaires, elles, n'étaient pas satisfaites et ordonnèrent de nouvelles recherches et c'est cette aviation que Louis Gabriel avait été chargé de combattre depuis un an qui vint fort à propos à son aide puisque les chasseurs bombardiers se chargèrent de rendre toute correspondance postale quasi impossible par destruction des trains, wagons postaux compris.

Le 4 décembre, il put observer par le soupirail de sa cave un combat de chars qui se déroulait sur les hauteurs de Noussewiller-Cadenbronn. Plusieurs blindés prirent feu de part et d'autre. Apparemment, ce combat de retardement n'a rien dû apporter aux Allemands car, le lendemain vers midi, ceux-ci firent sauter les ponts du village.

Cela sentait la libération.

Effectivement, vers 16 heures, les premiers Américains pénétrèrent dans le village aussi prudemment que des indiens sur le sentier de la guerre. mais il n'y eut pas de combat, les derniers Allemands s'étaient retirés après la destruction des ponts.

Voilà Louis Gabriel libre.

La première chose qu'il fit, ce fut de peaufiner son anglais, ou plutôt de transformer son anglais scolaire en américain. A 17 ans, au contact des militaires, cela alla vite et, par la suite, lui évita quelques mois de captivité.

Les Américains demandèrent en effet par voie d'affiches que les incorporés de force qui pouvaient se trouver dans le village, se présentent à la mairie avec une couverture et deux jours de vivres. Gabriel fit semblant de ne pas voir ces affiches et demeura dans sa maison devenue depuis quelques jours le P.C. d'une batterie de campagne américaine qui pilonnait le pays de Bitche.

Huit jours passèrent lorsqu'une patrouille américaine conduite par quelques « résistants » vint le cueillir à domicile. Il avait été dénoncé, mais cette fois par les « bons ». Les Américains firent le tour des villages environnants et y ramassèrent tous les incorporés de force qu'ils purent dénicher.

Finalement, quelque vingt-cinq jeunes furent ainsi débusqués et transportés à l'Ecole Pratique de Sarreguemines, devenue centre d'accueil des « Malgré nous ».

Sous le sifflement des obus allemands qui passaient par-dessus les toits, les Américains commencèrent leur interrogatoire.

Lorsque vint le tour de Louis Gabriel, celui-ci répondit en anglais dès les premières questions. Un major lui dit de se mettre de côté et sur le champ, il fut promu traducteur.

Entre l'interrogatoire de deux copains, l'officier s'intéressa à Gabriel et lui posa quelques questions.

... Pourquoi parlez-vous anglais?

... Parce que je suis français!

... Pourquoi portiez-vous l'uniforme allemand?

... Parce que, comme eux — il montra les autres malgré-nous — j'ai été incorporé de force dans l'armée allemande. Nous avons déserté lorsque le moment propice se présenta.

Louis Gabriel continua à traduire questions et réponses des autres et, lentement, gagna la confiance de l'officier américain.

Nouvelle question : Où avez-vous laissé votre arme?

... Nous avions des canons de 88 mm. Il aurait été difficile de les emmener à la maison!

L'officier éclata de rire.

Cela incita Gabriel à lui poser à son tour une question :

Qu'allez-vous faire de nous?

... On va vous emmener à Toul puis à Cherbourg.

... Oh non! Je dois retourner au lycée. J'ai déjà perdu 18 mois!

L'officier réfléchit un instant, puis son visage s'illumina et il dit : « Vous êtes libre. Bonne chance! »

Vous êtes arrêté!

Mais Gabriel n'avait pas compté avec la Résistance. Pour retourner chez lui à pied, il lui fallait traverser l'unique pont de la Sarre, gardé depuis peu par un résistant armé d'un Lebel modèle 1914 et coiffé d'un énorme béret. De plus, le garde connaissait Gabriel et savait qu'il avait été *Luftwaffenhelfer*. Pour lui, qui était venu à la résistance sans doute à midi cinq, cela pouvait être le moment de gloire, celui de réaliser « son » action d'éclat et, qui sait, peut-être gagner une médaille en arrêtant un déserteur de l'armée allemande.

« Vous êtes arrêté » dit-il en brandissant son Lebel d'un geste menaçant.

Un peu décontenancé, Gabriel lui rétorqua « Ne fais pas le con, je viens de me faire libérer. Je retourne à Hambach.

D'ailleurs, on se connaît. Tu sais bien que j'étais au lycée. »

Mais le résistant voulait sa médaille et tenait bon.

« Vous allez me suivre ». Et sans précaution, sûr de lui, prit les devants, entraînant Gabriel à sa suite.

Gabriel avoue qu'au milieu du pont, l'idée l'effleura de le prendre à bras le corps et de le jeter à l'eau. mais il réprima très vite cette tentation née sous l'emprise de la colère.

Les autorités américaines avaient installé leur P.C. au tribunal de la ville. C'est là que le résistant conduisit son « prisonnier ».

Nouvel interrogatoire, cette fois par un colonel.

« Excusez-moi, mon colonel, mais je viens de me faire arrêter alors que je venais d'être libéré par le major installé dans l'école de l'autre côté de la Sarre ».

Le colonel décrocha le téléphone, échangea quelques mots avec le major en question et, avec une voix traduisant l'habitude du commandement, dit à Gabriel : « Come on ! »

En sortant du bureau du colonel, Gabriel vit dans le couloir son voisin de Hambach lequel, après avoir été caché depuis 14 mois et n'avoir pas vu de coiffeur depuis tout ce temps, attendait son tour d'être interrogé.

Gabriel expliqua la situation à l'officier qui, dans la foulée, dit aussi au voisin de le suivre.

Devant la porte de l'immeuble, le résistant attendait. Il fut plutôt ébahi lorsqu'il vit Gabriel sortir avec son voisin et le colonel, et monter dans la jeep de l'officier.

Celui-ci les conduisit personnellement du PC américain à Hambach.

C'est ainsi que Louis Gabriel, définitivement libéré, sans papiers, sans attestation, put reprendre très tôt ses études et devenir ingénieur des Mines aux Houillères du Bassin de Lorraine, alors que certains de ses camarades, qui avaient traîné pendant des mois dans les camps de Toul et de Cherbourg, virent leur goût des études s'estomper considérablement.

Gabriel me dit, en terminant son récit, avoir depuis lors rencontré plusieurs fois « son » résistant, lequel n'a probablement pas eu sa médaille ; mais, vingt ans plus tard, lui, Gabriel, n'avait pas encore totalement perdu l'envie de le flanquer dans la Sarre...

*
* *

Les *LwHelfer* Paul Mouzard et René Fallegger connurent un cheminement différent de celui de leurs camarades. Tous deux restèrent avec le gros des Sarregueminois jusqu'au 31 juillet 1944. A partir de là, ils furent détachés de leur unité et envoyés à un stage de formation électrotechnique en vue d'une spécialisation dans le domaine des hautes fréquences orientées vers la détection d'avions.

Ce stage eut lieu à Daaden, à une cinquantaine de kilomètres au nord de Coblence.

Pour Paul Mouzard, ce changement d'affectation vint fort à propos. Une rivalité s'était en effet développée entre lui et son adjudant Heftrich à propos d'une femme.

Mouzard fut d'abord utilisé par l'adjudant comme « agent de liaison » avec sa belle. Assez rapidement, cette dernière attacha plus d'intérêt au facteur qu'au courrier qu'il apportait.

Un soir, ou plutôt une nuit, la coupe déborda.

L'adjudant avait chargé Mouzard de lui chercher son repas du soir. Le *LwHelfer* en profita pour faire un saut chez la dulcinée de son chef et là, tandis que les sentiments s'échauffaient, le repas du gradé refroidissait. Finalement, Mouzard rentra au baraquement à... quatre heures du matin avec un repas aussi froid que la rage du gradé était brûlante.

Les relations entre l'adjudant et son subordonné se dégradèrent de plusieurs crans.

La mutation intervint juste à point pour éviter une petite guerre privée pour cause de jalousie.

Chacun sait que, dans toutes les armées du monde, une telle situation tourne toujours en défaveur du subordonné, la relation d'autorité jouant forcément en faveur du plus élevé en grade, même et surtout si, sur le plan sentimental, celui-ci tire la courte paille.

Mouzard et Fallegger s'en allèrent donc faire leur stage qui dura jusqu'à fin décembre 1944. Juste avant sa fin, deux nouvelles franchement désagréables pour eux parvinrent aux Sarregueminois.

Ils apprirent que Sarreguemines avait été libéré le 6 décembre et qu'ils étaient coupés de chez eux.

Puis on les informa qu'à la suite du stage, ils ne retourneraient plus à la Flak en tant que *LwHelfer*, mais qu'ils allaient être transférés dans l'armée régulière le 15 janvier 1945.

C'en était trop.

Peu avant Noël, les deux Sarregueminois se mirent en route pour tenter de traverser le front et rentrer chez eux.

Le 23 décembre, Paul Mouzard tenta, seul, une reconnaissance et fit tant et si bien qu'il fut fait prisonnier par les Américains de la 62ᵉ AIB à Phillippsbourg près d'Obersteinbach.

Après l'interrogatoire de rigueur, il fut expédié dans un camp de prisonniers à Sarrebourg.

Fallegger suivit un peu plus tard et réussit son passage qui s'était fait plus en finesse. Le 1er janvier 1945, il était de retour à Sarreguemines. Il alla informer les parents de Mouzard que tout était OK pour leur fils, prisonnier des Américains.

Quant à Paul Mouzard, il fut transféré au Centre d'accueil de Châlon sur Saône où les Français remarquèrent ses talents linguistiques et lui proposèrent la fonction d'interprète.

Après avoir porté l'uniforme allemand, il s'engagea dans l'armée française pour la durée de la guerre et fut affecté comme premier interprète à l'état-major français de Mannheim où il demeura jusqu'à la fin des hostilités.

CHAPITRE XI

Conflits ouverts avec les Allemands

1. Mort pour avoir été trop confiant

Je disais plus haut que, parmi les élèves du lycée de Sarreguemines incorporés le 16 septembre 1943, il y avait Joseph Rumpler de Remelfing.

Pris au dépourvu par la rapidité du conseil de révision, il s'y soumit mais, le soir, il raconta tout à ses parents en précisant: «Ils ne m'auront pas». Son père était cheminot et ses collègues avaient mis au point une filière de passage en France, filière qui allait jusqu'à Avricourt, près de Lunéville. «Fais-moi partir» dit-il à son père. Et celui-ci lui donna satisfaction. Peut-être un peu hâtivement, sans préparation suffisante.

Arrivé dans la région d'Avricourt, voilà Joseph Rumpler livré à lui-même et contraint à se débrouiller seul. Pour aller où? En fait, nul ne le sait. La «France Libre» n'était plus qu'un mot car, depuis le débarquement des Alliés en Afrique du Nord, tout le pays était peu ou prou occupé.

Il alla chez des gens, comme ça, au hasard, ignorant les convulsions qui agitaient le pays et, naïvement, se croyant en sécurité en France, leur raconta son histoire et ses intentions.

«On va vous aider» lui dirent deux hommes, «et tout d'abord, nous allons vous cacher. Venez avec nous.» Les deux personnages l'emmenèrent en voiture droit ... chez les Allemands auxquels ils le livrèrent. Rumpler était tombé sur des miliciens.

Et voici qu'une dizaine de jours après le départ de leur fils, les époux Rumpler reçurent un cercueil, plombé, avec une lettre d'accompagnement précisant que leur fils était mort d'un arrêt cardiaque. Malgré le plombage, les parents ouvrirent le cercueil et y trouvèrent le corps de leur fils criblé de balles.

Que s'était-il passé? Nul n'a su établir l'exacte vérité. Certains ont affirmé que Rumpler aurait été fusillé par les autorités militaires comme déserteur. Cela est peu probable. Ce serait le seul *Luftwaffenhelfer*, alsacien, mosellan ou allemand, qui, à ma connaissance, aurait été fusillé. D'autres déserteurs furent rattrapés et aucun ne fut fusillé. On verra plus loin le cas de deux Alsaciens qui furent, eux aussi, repris et s'en tirèrent avec une peine légère parce qu'au moment des faits, ils n'avaient pas encore prêté serment. Cela était aussi le cas de Rumpler qui n'avait même pas porté l'uniforme.

Une autre version paraît plus plausible. Rumpler aurait été livré à la Gestapo et non aux autorités militaires. Celle-ci s'intéressait à la filière d'évasion empruntée par le fugitif et cherchait à remonter celle-ci. Les méthodes de la Gestapo sont connues et, au cours de l'interrogatoire, Rumpler a peut-être rué dans les brancards, ou a-t-il même tenté de fuir, et la Gestapo l'aurait abattu. Cette version me paraît plus probable. Quoi qu'il en soit, Rumpler est le seul de ses 17 camarades Sarregueminois à ne plus être rentré. Mort pour avoir été trop confiant.

Tous ses camarades qui passèrent le conseil de révision avec lui sont revenus, soit qu'ils s'évadèrent au moment propice en septembre 1944, soit qu'ils furent faits prisonniers par les Américains.

2. Six ans de réclusion parce qu'ils avaient faim

François Burrus avait faim. Au fur et à mesure que la guerre avançait et que la situation de l'Allemagne se dégradait, cette faim devenait de plus en plus taraudante.

François Burrus venait du *Jakob Sturm Gymnasium* de Strasbourg où il avait été incorporé le 14 janvier 1944 avec ses camarades Raymond Seemann, Jean Kuhn, Georges Hellemann, Raymond Lamble, Zimmer qui venait du Petit Séminaire interdit par les Allemands, Huck, Rosenberger surnommé « Batschel » et Kocher dit « Schwurtz ». Par la suite, son itinéraire croisa à Munich celui de Théo Wolf, Roger Fourneau, Roger Seiter, Albert Steiner — qui devint en religion Frère Martin — Ernest Dutel, Bohn, Martin, Strohl, Speiser, Heintz et Kœniger.

La première affectation fut Auenheim, près de Kehl. C'est de là qu'une partie des élèves du Jakob Sturm Gymnasium participèrent à la défense de Strasbourg lors des attaques du 11 avril et du 25 septembre 1944. Le 11 août, une forteresse volante abattue fut attribuée à la batterie de François Burrus et un chasseur d'accompagnement du type Lightning fut touché. Le pilote put sauter en parachute et se posa à proximité de la batterie.

Le fait que le pilote était blessé et souffrait de sérieuses brûlures n'empêcha pas le chef de batterie, le lieutenant Lohmayer, de se précipiter sur lui et de le rudoyer en le traitant de gangster et de terroriste. Lohmayer était le type de l'officier nazi qui devait son grade plus à des appuis politiques qu'à ses qualités de soldat. Plus tard, lorsque la batterie fut transférée à Munich et eut à faire face aux lourdes attaques sur cette ville, il fut destitué pour insuffisance flagrante de ses connaissances en matière d'artillerie antiaérienne.

C'est en octobre 1944 que François Burrus et ses camarades furent, en effet, mutés à Munich après un passage obligé à Pforzheim, aux redoutés canons russes de 85 transformés en 88, dans lesquels les obus restaient fréquemment coincés.

Pforzheim n'était qu'une étape, car trop près du Rhin, et les Allemands redoutaient les désertions des *LwHelfer* alsaciens.

Leur affectation finale fut Munich. D'abord l'aérodrome d'Oberpfaffenhoffen près d'Unterbrunn qui venait d'être bombardé quelques jours plus tôt. Il y eut parmi la Flak de sérieuses pertes que les Alsaciens durent combler.

Burrus et ses camarades restèrent à cet aérodrome jusqu'à la fin de 1944. Il se rappelle que le menu du réveillon de Noël 1944 était composé de salade de pommes de terre et d'une paire de saucisses. Toujours selon Burrus, ce fut le menu le plus minable de toutes les batteries.

Début 1945, l'équipe fut mutée à Planegg, à proximité immédiate de Munich. Juste à temps pour subir l'attaque meurtrière du 7-8 janvier 1945 après laquelle le lieutenant Lohmayer fut destitué et envoyé au front. Son remplaçant était un chef de bon sens et soucieux de la vie de ses subordonnés. Il décréta entre autre qu'en cas de passage direct de vagues de bombardiers au-dessus de la batterie, celle-ci devait cesser le tir lorsque les tubes atteignaient 70° pour éviter de se faire repérer et de se faire prendre pour cible. Ce comportement est à mettre en parallèle avec celui des chefs de batterie de Sarrebruck, par exemple, cité par François Oulerich. La différence fut qu'à Sarrebruck, il y eut 33 *LwHelfer* tués et à Planegg aucun.

Mais il y avait toujours cette faim qui tordait l'estomac des jeunes. Continuellement à l'affût d'un coup permettant d'améliorer l'ordinaire, Burrus apprit que, dans une batterie voisine, on avait festoyé avec du gibier, un chevreuil tiré par les *LwHelfer* eux-mêmes [12]. Il y avait une forêt non loin de la batterie, mais il y avait aussi une maison forestière.

On était courant mars 1945, à deux mois de l'armistice, en pleine débâcle militaire. La nourriture était plus désastreuse que jamais.

François Burrus parla du gibier à son ami Zimmer et tous deux décidèrent de jouer les Nemrod à leur tour. A la batterie, il y avait des armes pour monter la garde et défendre éventuellement celle-ci contre une attaque terrestre ou aéroportée. François Burrus subtilisa un Lebel et trois cartouches. Les munitions étaient rigoureusement comptabilisées.

Cachant le Lebel sous sa capote, Burrus, accompagné de Zimmer, se rendit, vers la fin d'une après-midi, dans les parages de la batterie où l'on mangeait du chevreuil et tous deux se mirent à l'affût à l'orée de la forêt.

Burrus fit passer une balle dans le canon et tous deux se couchèrent contre un petit talus, à une trentaine de mètres du bois, pour attendre un éventuel gibier.

Après une vingtaine de minutes d'attente, ils entendirent un craquement dans la forêt. C'était peut-être le rôti qui s'annonçait.

Burrus prépara son Lebel et vit sortir par un sentier... le garde forestier poussant une bicyclette au guidon de laquelle pendait un fusil !

---

12. J'ai appris par la suite que les « chasseurs » n'étaient autres que René Speiser et Albert Heintz, dont on lira l'évasion mouvementée plus loin.

Pressentant des difficultés si le garde les voyait, le *LwHelfer* hésita sur la conduite à tenir. On ne tue quand même pas un homme pour un chevreuil.

Et voici que l'irréparable arriva. Le garde forestier vit les deux apprentis braconniers.

« Que faites-vous ici, garnements ? »

Le garde devait être persuadé de tenir les responsables de la disparition des chevreuils précédents.

« Où est votre batterie ? Bon, suivez-moi ! ». Et tous deux se laissèrent docilement emmener. Sûr de lui et de son autorité, le garde forestier ne se préoccupa pas une seconde du fusil des deux *LwHelfer* qu'il précédait d'un pas décidé !

Burrus profita de ce qu'il marchait derrière le garde pour décharger subrepticement le fusil et jeter les 3 balles dans l'herbe au bord du chemin, à un endroit repérable par un poteau afin qu'il puisse les récupérer par la suite.

Le trio arriva à la batterie où le garde forestier les dénonça au premier gradé venu qui, lui, en informa le chef de batterie.

Plainte fut officiellement déposée par le représentant des Eaux et Forêts.

Mais les *LwHelfer* nièrent :

« Nous n'avions pas de mauvaises intentions. La preuve, nous n'avions pas de munitions... »

Cela jeta un doute.

Comme la nuit tombait, la suite de l'affaire fut remise au lendemain et les *LwHelfer* frappés d'arrêt de rigueur dans leur chambre.

Malgré cette mesure, François Burrus quitta le baraquement et se rendit sur le chemin où il avait jeté les balles. Le poteau-repère lui permit de les retrouver rapidement. Il les ramassa et retourna à la batterie où il les remit en place.

Le lendemain matin, une des premières choses que fit le chef de batterie fut de compter les cartouches. Curieusement, le compte y était. Mais le garde forestier avait officiellement porté plainte et l'avait maintenue en précisant que d'autres chevreuils avaient déjà été tués. Le chef de batterie fut obligé de transmettre la plainte à l'autorité supérieure. Quelques jours plus tard, un officier arriva de Munich et, après avoir entendu les différents témoignages, conclut à la culpabilité des deux *LwHelfer* et les déclara passibles de la cour martiale pour atteinte aux intérêts du peuple ce qui, en bon allemand, s'appelait à l'époque un « Volkschädling ».

L'affaire fut menée rondement et la sentence tomba quelques jours plus tard : six ans de réclusion pour les deux affamés. A accomplir après la guerre.

On était dans la deuxième quinzaine de mars 1945. Le 30 mars, les deux *LwHelfer* furent mutés au RAD. Ils avaient secrètement espéré que leur dossier ne les suivrait pas. mais, en arrivant au camp du RAD, ils y furent accueillis par le commandant avec ces paroles : « Ha ! Voilà nos Volkschädlinge. Si cela ne dépendait que de moi, je les abattrais sur place» ajouta-t-il en tirant son pistolet.

Leur dossier les avait précédés.

Heureusement pour Burrus et Zimmer, on était à cinq semaines de la fin de la guerre. Le 1er mai, ils apprirent que les Américains étaient tout proches. Burrus et Zimmer se mirent en route à leur recherche et ils les rencontrèrent près de Murnau le 3 mai 1945. Ils passèrent encore deux mois dans un camp de prisonniers américain où ils continuèrent à souffrir de la faim malgré les montagnes de rations K stockées hors du camp. Elles étaient pour l'armée américaine et non pour les prisonniers.

Comme la faim fait sortir le loup du bois, elle poussa Burrus à sortir du camp. N'y tenant plus, il essaya une nuit de franchir les limites du camp malgré les projecteurs allumés en permanence et les gardes armés. Une sentinelle remarqua quelque chose d'insolite mais, providentiellement, son attention fut détournée par des Américains qui faisaient du bruit dans une tente, et il réussit à chaparder quelques boîtes qu'il partagea avec des copains.

Burrus et Zimmer purent de nouveau manger à leur faim à partir du 2 juillet 1945, jour où ils rentrèrent définitivement chez eux.

Ils voulurent traverser le lac de Constance en radeau pneumatique

Roger Burckel fréquentait le lycée Kléber derrière le Palais du Rhin à Strasbourg, baptisé par les Allemands Bismark-Schule, lorsqu'il fut incorporé une première fois à la Flak en mars 1944 avec Gérard Baechler, René Kauffmann et Marcel Grandidier. Il bénéficia d'un congé de recyclage qui l'obligea à retourner au lycée. Son père en profita pour le retirer du lycée et le mettre en apprentissage chez un artisan, croyant ainsi le soustraire au cauchemar de la Flak. mais la police veillait. Dans les derniers mois de la guerre, le besoin en hommes pour la Flak était tellement grand que les Allemands incorporèrent aussi des apprentis. Burckel était en tête de liste et dut repartir dès le mois d'août. Jusqu'en octobre, il fut affecté à la 3e batterie de la 357e *Schwere Flakabteilung* à Strasbourg-Robertsau.

Lorsque les Alliés approchèrent de Strasbourg, la batterie fut brutalement mutée vers l'Est. Le transfert devait se faire en quelques heures, sans que les *LwHelfer* soient autorisés à prendre congé de leurs parents. Burckel s'éclipsa tout de même pour informer sa famille. Il me dit avoir hésité un instant entre la désertion et le départ mais, devant la menace qui pesait sur ses parents à cause de sa première incartade, il opta pour le départ, pensant trouver ultérieurement un moyen pour s'éclipser.

Ce n'est qu'au cours du transfert par chemin de fer qu'il apprit que la nouvelle destination était Mährisch Ostrau, en Tchécoslovaquie.

Strasbourg ayant été libéré le 23 novembre 1944, les *LwHelfer* alsaciens, dont Burckel, furent définitivement coupés de leurs attaches alsaciennes.

Ils étaient depuis six ou sept semaines à Mährisch Ostrau, qui fut d'ailleurs fréquemment attaqué par l'aviation alliée, lorsqu'un plan d'évasion se dessina. Les Allemands étaient devenus tellement méfiants vis-à-vis des Alsaciens et Mosellans qu'ils n'accordaient de permission qu'à ceux qui pouvaient justifier avoir de la famille en Allemagne.

Or, avec Burckel avait été incorporé Armand Lustig de Saverne. Celui-ci connaissait une famille autrichienne habitant dans le Vorarlberg. Les deux compères demandèrent une permission pour visiter cette famille dont ils disaient qu'elle était en parenté avec Lustig. Une permission de quatre jours leur fut accordée.

Ils firent tous deux un bref passage dans cette famille, mais profitèrent des jours de permission restants pour poursuivre leur chemin vers l'ouest jusqu'à Bregenz où ils arrivèrent deux ou trois jours avant Noël 1944.

Dans leur juvénile ardeur doublée d'une naïveté quasi infantile, les deux *LwHelfer* pensèrent pouvoir traverser le lac de Constance le soir de Noël pour se rendre en Suisse, croyant que, ce soir-là, la surveillance serait relâchée.

Illusion de lycéens inexpérimentés, qui pensèrent trouver comme ça, sans difficulté, des embarcations au bord du lac de Constance.

Pour commencer, ils ignoraient que les abords du lac étaient zone interdite. De plus, la surveillance n'était pas relâchée. A la recherche d'un esquif quelconque, ils pénétrèrent sans s'en apercevoir dans la zone interdite et il ne fallut pas longtemps pour qu'ils se fassent interpeller par une patrouille. L'examen de leurs papiers révéla que leur permission n'était pas pour Bregenz.

Arrestation... Interrogatoire musclé!... aveux... Retour à Mährisch-Ostrau entre deux gendarmes. Le rêve était fini.

De Mährisch-Ostrau, ils furent expédiés à Vienne où on les enferma dans une prison militaire en attendant de comparaître devant une cour martiale. Leur défenseur obtint une sentence relativement clémente qui les condamna à six mois de prison.

A Pâques, alors qu'ils avaient accompli la moitié environ de leur peine, ils furent libérés à l'approche des troupes soviétiques, et avisés qu'ils devaient aller construire des fortifications sur le front russe dans une unité du RAD. On remit à chacun d'eux une lettre avec accusé de réception et qui contenait un exemplaire de leur condamnation avec le motif.

Le transfert se fit en wagon-tombereau. Lors d'un arrêt, Burckel sortit du train pour satisfaire un besoin naturel. mais le train repartit sans prévenir avant qu'il n'ait fini. Il courut pour rattraper son wagon. Comme il n'y avait pas de marchepied, il dut se hisser à bord par l'une des extrémités et, comme il prenait appui sur un des tampons du wagon, il eut le pouce coincé. Il essaya encore de faire un effort pour monter dans le wagon, mais la douleur était telle qu'il se sentit mal et, au bord de l'évanouissement, lâcha tout, tomba entre deux wagons et roula sous le train en marche.

Par une chance inouïe, il tomba entre les roues du wagon suivant et resta couché sur les traverses entre les deux rails.

Ses camarades, ayant assisté à la scène, firent arrêter le train aussi vite qu'ils purent et le dégagèrent de sa fâcheuse situation. En dehors du pouce écrasé et de quelques contusions, tout alla bien.

Il fut transporté à l'hôpital militaire de Gmünden, dans le sud de l'Autriche, à une soixantaine de kilomètres de Klagenfurt. Là, on remit son pouce tant bien que mal en état et, après une quinzaine de jours, il fut expédié au camp RAD de Natternbach. Il y retrouva Lustig. Vers la mi-avril, ils furent réveillés en pleine nuit. Ordre leur fut donné de se rendre à pied vers le front russe qui approchait.

Mais Roger Burckel et Armand Lustig étaient des coriaces. Ils profitèrent de la nuit pour s'enfuir une fois de plus et, au lieu de marcher vers l'Est, ils prirent la direction ouest pour aller à la rencontre des Américains.

Ils marchèrent ainsi plusieurs jours. Roger Burckel me dit avoir acquis pendant cette période le goût de la marche à pied, ne voulant voir, malgré la situation dramatique, que la beauté du paysage alpestre qu'ils traversaient.

Après quatre jours de progression parfois pénible, toute une série de signes leur indiquèrent qu'ils n'étaient plus loin du front germano-américain, ou de ce qui, à cette époque, devait tenir lieu de front.

Il restait un gros effort à accomplir :
— Traverser les lignes allemandes sans se faire prendre
— Pénétrer dans les lignes américaines sans se faire tuer, puisqu'ils portaient toujours l'uniforme allemand.

Prudemment, ils commencèrent à traverser la zone de combat, se cachant quand ils l'estimaient utile. Fort heureusement pour eux, le front n'avait plus de densité réelle et il existait des trous. Après avoir traversé ou contourné trois ou quatre villages en flammes, ils rencontrèrent les premiers Américains auxquels ils se rendirent.

C'était le 3 mai 1945.

Les Américains les transportèrent à l'arrière où ils rencontrèrent d'autres Français, prisonniers pendant toute la guerre. Après leur avoir exposé leur situation, ces P.G. de 1940 leur donnèrent des uniformes français bleu horizon.

Gros problème lorsque les Américains leur demandèrent leurs papiers. Les deux fugitifs s'en étaient débarrassés.

Les Américains ne se compliquèrent pas la vie et les mirent dans un camp de prisonniers allemands à Tittling près de Passau.

Les deux ex-*LwHelfer* firent leur entrée dans ce camp le 8 mai 1945, jour de l'armistice.

Il s'y trouvait déjà quelque cinquante mille prisonniers. Les conditions d'hygiène étaient désastreuses. Les gens mouraient de dysenterie, la nourriture était quasi inexistante et, hormis ce qu'ils avaient sur le dos, ils n'avaient rien, même pas une couverture, pour se protéger contre la fraîcheur des nuits alpestres. Comme pour compliquer la situation, la pluie se mit à tomber. Pour se protéger contre les douches célestes, Roger Burckel réédita par nécessité ce que Diogène avait fait par sagesse il y a 2300 ans : il trouva un tonneau. Il y coucha deux nuits. On se disputait ce tonneau et, un beau jour, il avait disparu.

Mais, à 17 ans on a des ressources. Burckel et Lustig surmontèrent tous les problèmes tant et si bien que, le 1er juin 1945, ils rentrèrent chez eux.

Roger Burckel devint médecin. Cette période l'a marqué. Depuis cette époque — me dit-il à la fin de notre entretien — je me demande qu'est-ce que la vie et sa finalité s'il y en a une. Moi, en tant que médecin, je fais mon possible pour prolonger de quelques mois la vie d'un vieillard arrivé au terme de sa route alors qu'à l'époque on ne se souciait pas le moins du monde des jeunes de 15 ans que nous étions et qui avions la vie devant nous. Un vrai gâchis ! et pourquoi ? pour rien...

CHAPITRE XII

Quand les Luftwaffenhelfer se défoulent

La discipline militaire qui avait assez brutalement fait irruption dans la vie de lycéens de 16 ans d'une part, la tension suscitée par les continuelles alertes et attaques d'autre part, eurent comme corollaires des manifestations de défoulement, soit sous forme de vengeance — comme ce fut le cas de Bilger qui mouillait les amorces des cartouches de 88 en crachant dans leur logement — soit sous forme d'autres moyens aboutissant à des effets tantôt cocasses, tantôt spectaculaires.

1. Une odeur... d'explosifs

J'avais parlé dans le premier chapitre de Raymond Freidinger, de son évasion et de ses démêlés avec la police allemande. Devenu respectable proviseur de lycée, il doit, je pense, manifester une compréhension et une mansuétude toutes particulières à l'égard des farces de ses lycéens car lui-même, étant *LwHelfer*, a été l'auteur de deux blagues qui valent leur pesant de cagade.

Lorsque Freidinger fut muté avec son unité de Trèves à Völklingen, ils mirent leurs pièces en batterie sur les toits de blockhaus de la ligne Siegfried, qui constituaient d'excellentes plateformes.

Une fois achevés les travaux d'installation, Freidinger descendit dans le bunker sur lequel il y avait sa pièce pour inspecter celui-ci. Il était vide. Seule une caisse de bois, qui semblait être une caisse de munitions, traînait dans un coin comme si elle avait été abandonnée là. mais en soulevant le couvercle, Freidinger vit qu'elle contenait des grenades à main. Il pensa qu'elle avait été oubliée là par les Allemands lorsqu'en 1940 ils occupaient les lieux. Il referma le couvercle et s'en alla.

Quelque temps après, au cours d'une séance d'instruction d'infanterie, on apprit aux *Luftwaffenhelfer* à faire des «charges renforcées» appelées «Geballte Ladungen». Cela consistait à dévisser le manche de quatre grenades et de lier les pots contenant l'explosif à l'aide d'un fil de fer autour du pot d'une cinquième grenade ayant, elle, conservé son manche. On obtenait ainsi une grenade ayant une puissance explosive cinq fois plus grande que celle d'une grenade simple et le manche permettait de la manipuler.

Voyant l'engin, Freidinger fit la réflexion à son voisin «qu'un truc comme cela serait idéal pour faire sauter les chiottes.»

Tous les *LwHelfer* qui ont été en batterie en plein champ ou en territoire non habité connaissent les latrines de la Flak. Un trou circulaire de 70 cm de diamètre et un édicule sans fond posé par-dessus. Une planche SOLIDEMENT fixée aux parois de la maisonnette permettait de s'asseoir. Quand le trou était aux deux-tiers plein, on le remplissait de terre et on transportait la cabane sur un autre trou.

Parfois, il n'y avait pas de trou. On plaçait sous la planche un seau ou une bassine que l'on vidait périodiquement.

Quelques jours après le cours édifiant sur les charges renforcées, il y eut pendant le repas du soir des *LwHelfer* une violente explosion. Tout le monde sortit pour voir de quoi il retournait, et l'on constata que les latrines avaient disparu. Plus de maisonnette, juste quelques planches et le contenu du trou dispersé à une dizaine de mètres alentour. Dans l'air flottait une odeur d'explosif mêlée d'un parfum de purin fraîchement répandu.

Grand remue-ménage. Un attentat à l'explosif dans une batterie, cela ne s'était jamais vu. Il est vrai que, chez les Allemands, tout usage d'explosif ou de projectiles devait être justifié et comptabilisé.

Un sous-officier se montra particulièrement actif et envenima à plaisir l'incident, de telle manière que le chef de batterie s'en saisit et demanda en personne à la troupe réunie que l'auteur du coup se dénonce. A défaut, il se verrait obligé de sévir contre l'ensemble de l'unité.

Il se trouva que les grenades utilisées par Freidinger n'avaient pas été oubliées par de précédents occupants du fortin, mais faisaient partie du potentiel de défense de la batterie et, si nécessaire, devaient servir à rendre les pièces inutilisables.

Pour ne pas mettre ses camarades en difficulté, Raymond Freidinger se dénonça. L'affaire monta alors plus haut et aboutit chez le commandant du régiment. Freidinger dut se rendre au rapport chez le chef du régiment. Il mit donc sa plus belle tenue, son casque, fit briller ses chaussures et prit le tramway.

Lorsqu'il frappa à la porte du bureau du lieutenant-colonel, son cœur battit plus vite qu'à l'ordinaire.

Il entra, se mit au garde-à-vous à cinq pas de son supérieur et attendit. Pendant un instant, celui-ci regarda le *LwHelfer* d'un air qui ne laissait rien présager de bon puis...éclata de rire. Freidinger se sentit tout de suite un peu mieux.

« Je pense — lui dit le lieutenant-colonel — qu'il s'agissait d'une farce d'étudiant et qu'il ne faut pas voir autre chose derrière votre exploit ? »

« Oui, mon colonel. »

« Une fois cela peut passer, mais pas deux. Est-ce clair ? »

« Oui, mon colonel. »

Et l'affaire en resta là.

Ce fut un Freidinger soulagé qui reprit le chemin de sa batterie.

Je disais plus haut qu'un des sous-officiers de Freidinger s'était montré particulièrement excité par l'histoire et fit tout pour l'envenimer.

Il avait ses raisons pour cela.

Quelques semaines auparavant, il avait en effet été, lui aussi, victime d'une blague de Freidinger.

Ce sous-officier avait la détestable habitude d'ordonner des exercices punitifs à propos de tout et de rien. Et pendant que les *LwHelfer* crapahutaient en s'essoufflant ou faisaient des pompes jusqu'à épuisement, lui s'occupait de ses poules. Il avait en effet cinq poules qu'il chouchoutait, qu'il dorlotait, et auxquelles il avait construit un petit poulailler avec des caisses où, tous les matins, il allait récolter les œufs que les bestioles pondaient pour leur maître.

Cette manie de s'occuper de ses poules pendant que les *LwHelfer* peinaient avait exaspéré Freidinger et, comme Alfred Bilger, il se dit en son for intérieur « Je me vengerai ! »

Et un beau jour, l'occasion d'assouvir sa vengeance se présenta. Les *LwHelfer* durent vérifier l'étanchéité et le bon fonctionnement de leurs masques à gaz. Pour cela, ils devaient tourner en rond pendant un certain temps dans une chambre hermétiquement close dans laquelle on avait fait éclater deux ou trois cartouches de gaz lacrymogène.

En tournant en rond dans la pièce, Freidinger vit dans un coin sur une table la boîte qui contenait les cartouches de gaz lacrymogène et, en passant à proximité, il en mit trois dans sa poche.

Quelques jours plus tard, également à l'heure du repas, il y eut subitement un caquètement affolé dans le poulailler, comme si un renard y avait pénétré. Lorsque le sous-officier propriétaire des poules arriva sur place, deux poules avaient déjà cessé de vivre et les trois autres sortirent de leur caisse en titubant, pour s'affaler un peu plus loin et expirer.

Le sous-officier était fou. Mes poules... mes poules... mes œufs ! Il se doutait bien que le coup venait des *LwHelfer* mais il n'avait aucune preuve. Il exigea que le coupable se dénonce... en vain. Il ordonna des exercices punitifs collectifs... en vain.

Les *LwHelfer* savaient pour la plupart que c'était Freidinger qui avait fait le coup, mais étaient solidaires pour se venger du sous-officier sadique.

Celui-ci n'ayant aucune preuve ne put qu'encaisser le coup, bien qu'il eut de forts soupçons quant à son auteur. Il espérait pouvoir prendre sa revanche avec l'affaire des latrines... en vain.

2. Opération saucisses

L'opération Saucisses s'est déroulée en avril 1944 sur l'aérodrome de Metz-Frescaty. Je la connais dans ses moindres détails pour y avoir moi-même participé.

Lorsque mes camarades et moi-même furent mutés des usines Hobus à l'aérodrome de Metz-Frescaty, les baraquements qui devaient nous abriter n'étaient pas encore prêts, ou encore occupés par nos prédécesseurs.

On nous logea dans le bâtiment de l'intendance du terrain, qui disposait d'une chambre où nous passâmes deux ou trois nuits avant d'occuper la baraque qui nous était destinée. C'était une pièce vide, nue, sans lumière, et nous dormions à même le sol sur une paillasse.

Le deuxième jour au soir, alors que les dernières lampes de poche venaient de s'éteindre, René Dosdert, qui dormait à ma gauche, me souffla dans l'oreille: « T'as faim ? »

Quelle question ! J'étais à 15 jours de mon 17ᵉ anniversaire, un âge où on a toujours faim.

Il me glissa quelque chose dans la main. Au toucher, je constatais que c'était cylindrique, avait 5 à 6 cm de long et un diamètre à peu près identique. A l'odorat, j'identifiais la bonne odeur du saucisson sec.

« T'as eu un paquet » lui demandais-je ?

« Je t'expliquerai » fut sa réponse.

Je mangeais et je m'endormis.

Le lendemain au réveil, quelqu'un avait déjà été au jus et je remarquais qu'au moins la moitié de mes copains saucissonnaient pour le petit déjeuner.

« J'aimerais bien comprendre » dis-je. « Il y a peut-être un arbre à saucisse dans les parages ».

Dosdert m'expliqua que, la veille, alors qu'il secouait sa couverture par la fenêtre, celle-ci lui échappa et tomba à l'extérieur. Il alla la chercher et, comme il se baissait pour la ramasser, il vit qu'il se trouvait devant un soupirail muni de barreaux. mais les deux battants de la petite fenêtre étaient entrouverts. Regardant à l'intérieur, Dosdert n'en crut pas ses yeux. Pendus en rangs serrés au plafond de la cave, cent cinquante saucissons au moins semblaient attendre qu'on vienne les cueillir. Après avoir jeté un coup d'œil autour de lui, il n'eut qu'à allonger le bras à travers les barreaux et prendre le premier saucisson à sa portée. Dosdert raconta sa découverte à deux ou trois copains et voilà comment nous en sommes arrivés à saucissonner ce matin-là.

Nos baraquements situés à une centaine de mètres de l'intendance étant devenus disponibles, nous déménageâmes le lendemain.

Bien que la nourriture sur le terrain d'aviation était supportable pour cette époque, les saucissons restants dans la cave de l'intendance continuaient à nous travailler, d'autant plus qu'en regardant bien, nous vîmes encore d'autres victuailles, rares à l'époque: du lait en boîtes, des conserves de fruits, des biscuits etc..

Et ce qui devait arriver arriva.

Un soir, Dosdert rassembla la chambrée, y compris les trois Allemands sur lesquels nous savions pouvoir compter, et nous soumit un plan.

Avec une épuisette et un crochet fixé au bout d'un bâton d'environ deux mètres, on devait pouvoir atteindre non seulement les saucissons éloignés de la fenêtre mais aussi les boîtes posées sur des rayonnages comme dans une épicerie.

Les saucissons étaient enfilés par des ficelles dans des bâtons, lesquels reposaient sur des crochets fixés au plafond, mais, dans chaque rangée, une dizaine de saucissons étaient enfilés avant les crochets, de sorte qu'il suffisait de tirer dessus pour les faire glisser hors de leur support qui était perpendiculaire à la fenêtre. Il faudrait choisir une nuit tranquille, sans alerte (ce qui était rare) pour opérer. Passer crochet et épuisette à travers les barreaux, avec le crochet faire basculer saucissons et boîtes de conserves dans l'épuisette et ramener le butin vers les barreaux où on pouvait le prendre avec la main.

Une paillasse vide servirait à transporter le produit de notre rapine en lieu sûr.

Le plan recueillit l'unanimité et décision fut prise de le mettre à exécution dès la première occasion. Celle-ci devait se présenter quelques jours plus tard. L'expérience avait montré que, par gros temps couvert ou pluvieux, les alertes étaient plus rares.

Le soir même de la nuit jugée propice, nous confectionnâmes une épuisette avec une paillasse de réserve vide, dont nous coupâmes un coin assez grand pour former le filet. Nous enfilâmes grossièrement en forme de cercle un fil de fer un peu rigide dans le tissu pour donner l'arrondi à l'ouverture de l'épuisette et nous fixâmes les deux extrémités du fil de fer à un bâton d'environ 2 mètres ou 2 mètres 25. A un second bâton, nous fixâmes un crochet, toujours en fil de fer, et, pour le cas où il faudrait couper les fils du saucisson, un couteau fut attaché à l'extrémité d'un troisième bâton.

Une nuit, un camarade qui veillait et avait repéré le terrain nous réveilla vers 2 heures et nous dit que tout était OK pour réussir.

Nous nous habillâmes et, furtivement, nous nous glissâmes dehors. La caverne à saucissons était située à environ 100 mètres de notre baraque. La fenêtre était toujours ouverte et les saucissons étaient là.

Dosdert, un Mosellan, et Junkermann, un Allemand de Cologne, maniaient l'un le filet, l'autre le crochet et moi-même, derrière eux, j'éclairais la scène avec une lampe de poche pour guider la manœuvre de l'épuisette et du crochet. Quelques autres s'étaient dispersés autour du bâtiment pour faire le guet. Il nous fallut approximativement une demi-heure pour décrocher trente saucissons et une cinquantaine de boîtes de conserves diverses.

Le tout se déroulait dans un silence total. Pas une boîte de conserve ne tomba à terre.

La paillasse était presque à moitié pleine et commençait à s'alourdir. Quatre copains la transportèrent jusqu'à une proche tranchée couverte où, à la lumière de quelques lampes de poche, nous partageâmes le butin.

Chacun eut droit à deux saucissons et demi, une boîte de lait, deux boîtes de conserves et un paquet de biscuits.

Le partage fait, nous mîmes au point notre stratégie pour la suite :

1) Ne rien cacher dans la baraque, ne rien y apporter, ne rien laisser traîner pas même une peau de saucisson laquelle, soit dit en passant, était déjà artificielle, ne rien brûler, par exemple l'emballage des biscuits, dans notre fourneau. Ce serait nous trahir.

2) Nous décidâmes de cacher le butin dans le sol en bordure du terrain, à un endroit buissonneux où on ne pouvait pas nous voir, et de manifester la plus grande prudence lorsque nous voudrions nous servir.

Le ciel commençait déjà à pâlir à l'Est lorsque douze ombres armées de pelles militaires se glissèrent entre les buissons pour creuser leur garde-manger. La conservation des boîtes de conserves ne posa pas de problèmes. Quant aux saucissons, pour éviter que les fourmis ne les mangent à notre place, nous les enroulâmes d'abord dans du papier, puis du papier goudronné qui traînait par là à foison. De toutes façons, au bout de 4 ou 5 jours, les saucissons ne seraient plus qu'un souvenir.

C'est le lendemain à midi que le cirque se déclencha.

Nous revenions de la cantine du terrain où nous avions pris notre repas de midi et nous trouvâmes dans notre baraque un aéropage d'officiers : chef de l'intendance, chef de batterie etc..

Le larcin avait été découvert au cours de la matinée. Alors que le vol de trois saucissons sur 150 était passé inaperçu, 30 saucissons manquants cela fait un trou, de même qu'une cinquantaine de boîtes de conserves.

Sans le savoir, nous avions tapé dans la réserve des officiers et des pilotes.

Sur la liste des suspects que ces messieurs avaient établie, nous figurions évidemment en position privilégiée, et ils avaient profité de notre absence à la popote pour faire une perquisition en règle. Les armoires qui, selon le règlement, devaient être fermées avec un cadenas, durent être ouvertes.

Rien ! L'épuisette et le crochet avaient été démantelés immédiatement après l'opération.

On nous interrogea. Réponse unanime et simple : Nous ne savions rien. Ces messieurs durent se rendre à l'évidence, nous semblions être blancs comme neige. N'ayant pas trouvé la moindre miette de biscuit, ils nous quittèrent pour continuer leur enquête ailleurs.

L'affaire fit quelque bruit. Le lendemain, on en parlait à la popote et dans les bureaux.

Puis, cela se calma. Nous restâmes prudents pendant quatre ou cinq jours, nous méfiant d'une surveillance possible, puis nous commençâmes à profiter de notre provende. Tous les déchets étaient immédiatement enterrés. En quelques jours, il ne resta plus trace de notre forfait.

Il faut croire qu'à 16 ou 17 ans, on bénéficie d'une sorte d'état de grâce qui vous gratifie d'une heureuse inconscience.

Après quinze jours/trois semaines, nous évoquions entre nous en termes voilés et avec nostalgie le saucisson et les fruits au sirop.

Et voilà que l'un d'entre nous dit : « Si on allait prendre le reste ? »

La proposition fit son chemin et, le lendemain, nous décidâmes de remettre ça selon le même schéma.

Mais, lorsqu'une des nuits suivantes, nous nous trouvâmes devant le soupirail, ce fut pour constater que la fenêtre était fermée et verrouillée.

Cela aurait été dissuasif pour beaucoup, mais pas pour nous.. Dosdert et Junkermann, qui étaient les chevilles ouvrières de l'opération, tâtèrent la croisée, essayèrent de trouver le point faible, poussèrent... poussèrent plus fort tant et si bien que la totalité du cadre céda et dégringola dans la cave.

A deux heures du matin, sur un aérodrome silencieux, cela fait du bruit ! Nous avions l'impression qu'il avait dû s'entendre jusqu'aux antipodes.

Nous détalâmes comme des lapins, regagnâmes notre chambre et sautâmes dans le lit tout habillés.

Nous restâmes aux aguets pendant un quart d'heure-vingt minutes. Rien ne se produisit. Nous avions trouvé le bruit infernal parce que nous étions aux premières loges mais la fenêtre s'était abîmée au fond d'une cave. Le bruit a dû en être fortement atténué.

Deux ou trois d'entre nous se risquèrent dehors pour tâter le terrain. Tout était calme.

Rien à signaler du côté du bâtiment de l'intendance qui, il faut le préciser, était inoccupé la nuit. Quant au poste de garde, il était à presque un kilomètre de là. Toute une série de bâtiments faisaient écran et il y avait de fortes chances qu'on n'y ait rien entendu.

Dosdert et Junkermann sortirent leur épuisette et leur crochet de dessous leur paillasse où ils les avaient cachés après la débandade.

Et hardi les gars, on remit çà !

Le plus drôle de l'histoire est que cela a marché. Nous sortîmes encore une fois quelques bonnes rations, un peu moins que la première fois, car nous étions tout de même un peu inquiets.

L'administration du terrain ne se présenta même pas chez nous pour nous interroger.

C'était notre manière de faire de la résistance.

Une autre histoire de saucisson m'a été racontée par Laurent Ott. Elle s'est déroulée à Planegg, près de Munich, où Alfred Bilger avait découvert des traces de sang et de contenu d'intestin près d'un canon. Apparemment, on y avait dépecé un animal. Suivant son flair exacerbé par la faim et son sempiternel besoin de vengeance, Bilger apprit que des sous-officiers s'étaient cotisés pour acheter un porc ou un mouton et découvrit où ils faisaient fumer la viande et les saucissons qu'ils avaient fabriqués, pour les conserver. Un jour, il monta sur le toit de la maisonnette où on fumait la marchandise et, avec un crochet, il sortit plusieurs saucissons par le haut de la cheminée et les lança à ses comparses qui attendaient en bas.

CHAPITRE XIII

Dam Buster sur le Rhin

Le barrage de Kembs constituait un des centres de gravité de la défense antiaérienne, sur le Rhin supérieur. C'est à la 721ᵉ *Leichte Flakabteilung* qu'incombait la défense de ce barrage. Environ 80 à 90 *Luftwaffenhelfer* alsaciens essentiellement en provenance de la Karl Roos Oberschule de Strasbourg, du collège de Bischwiller, de la Jakob Wimpheling Oberschule de Sélestat et de la *Hœhere Handelschule* de Colmar et de Mulhouse, avaient été affectés à cette unité répartie le long du Rhin supérieur avec une concentration aux abords du barrage et formant la Kampfgruppe Kembs.

S'étaient retrouvés là Claude Adoneth, Marcel Aeschelmann, Paul Bignet, Désiré Braun, Gérard Clody, Flaesch, Floderer, Lucien Golder, Gilbert Haehnel, Robert Leyenberger, René Luders, Claude Oberlé, Théo Pfitzinger, Fernand Schierer, Gilbert Schmidt, Siegel, J.P. Pohn, Théodore Steck, Richard Strohl, Max Zorn de Bulach, Alphonse Herzog, Fernand Meisterzheim, Marcel Lesser, Fernand Mertz, Charles Buckenmeyer, René Dussourd, A. Ahristner, Paul Wurtz, Lucien Feuerbach, Jean-George Gutekunst, Jean-Jacques Kientz, Paul Martz, Philippe Pfrimmer, Roger Mœgen, Marcel Grandidier, Pierre Kastner, André Wolff, Jean-Paul Muller, Jean-Paul Reibel, Henri Meyer, Paul Schwartz, Jacques Lardinais, Tharsis Kuhn, Raymond Hencky, René Dollé, Jean Kastner, Pierre Leibel, Fernand Wagner, Willy Haegi, Georges Sinniger, Jean Herz et René Schutz.

De Sélestat avaient été affectés à la 721ᵉ François Kieffer, François Beck, Robert Bœsch, René Bortmann, Chauveau, Léon Ehrhart, Ehrhard, Jean-Blaise Fahrner, Paul Frantz, Gerber, Servais Jehl, Antoine Koffel, Armand Kohler, Mangin, Pierre Messmer, Jean Meyer, Antoine Nibel, Gérard Schaeffer, Fernand Wianni, Paul Harnist, Girardin, Roger Gutapfel, Robert Schaeffer, Gilbert Scholler, Jean Sifferlin, Georges Adloff, Georges Baldenweck, André Meyer, Norbert Meyer, Paul Klein et Antoine Spitz.

De la *Hœhere Handelschule* de Colmar, Emile Zippert fit un passage de deux mois à cette unité ainsi que Raymond Wirth, Léon Georgenthum, les dénommés Simmler, Haller et Barbier.

Sur l'îlot formé par la séparation du Rhin et du Canal d'Alsace avaient été installées des pièces de 20 mm, ainsi qu'à proximité de la centrale. Sur les rives du fleuve, des pièces de 37 mm avaient été implantées. Celles de la rive droite étaient desservies par des *LwHelfer* allemands.

De nombreux *LwHelfer* stationnés dans cette zone m'ont dit que, dès la fin septembre, l'activité aérienne s'était intensifiée et les officiers allemands faisaient preuve d'une certaine nervosité. Visiblement, on s'attendait à « quelque chose ».

Le 7 octobre 1944 était un samedi. C'était une agréable journée d'automne et un certain nombre de *LwHelfer* de la région avaient demandé la permission de 48 heures à laquelle ils avaient droit une fois par mois à cette époque. Cela devait être une des dernières. Quelques semaines plus tard, ces « permes » devaient être supprimées.

Claude Oberlé, qui avait été élève de la Karl Roos Oberschule de Strasbourg, était parmi ceux qui devaient rester.

En ce samedi 7 octobre donc, vers 16 heures (17 h d'été) — me raconta Claude Oberlé — une nuée de chasseurs Mustangs envahit le ciel. Oberlé en a dénombré 27. Ils évoluaient entre 4 et 5000 mètres d'altitude, traçant de larges cercles au-dessus du Rhin.

Un peu plus tard apparurent, venant de l'ouest, 12 bombardiers lourds quadrimoteurs du type Lancaster. Ces bombardiers de la RAF avaient la particularité de pouvoir transporter la plus lourde charge de tous les bombardiers alors en action en Europe. Selon la distance, ils pouvaient transporter jusqu'à dix tonnes de bombes...

Ces Lancaster évoluaient entre 150 et 200 mètres d'altitude, mais à une distance trop grande pour que les canons de 20 mm ou de 37 mm aient de réelles chances de les toucher.

L'ordre d'ouvrir le feu fut donné aux canons mais, au début, seules quelques rafales sporadiques de 37 mm purent être tirées chaque fois qu'un des bombardiers cerclant paraissait à portée d'un canon pour un bref instant.

Subitement, rompant le carrousel, un des Lancaster tenta une approche du barrage par le sud-est, toutes les armes de bord en action. Les batteries situées sur la rive allemande du Rhin firent feu et, apparemment, touchèrent le bombardier qui s'éloigna pour ne plus réapparaître. Il avait largué une grosse bombe qui tomba assez loin du barrage.

Puis les Mustangs entrèrent dans la danse. Tombant de leurs 4000 mètres comme des faucons piquant sur une proie, ils survolèrent les positions de Flak, faisant feu de toutes leurs mitrailleuses.

Un second bombardier fit son apparition en provenance du sud, cap au nord. C'est alors que l'adjudant qui commandait le Zug où était affecté Claude Oberlé lança : « Attaque à la bombe — tout le monde dans les trous ».

Selon Oberlé, l'adjudant en question se fit remonter les bretelles par la suite, pour avoir lancé cet ordre de son propre chef sans ordre supérieur.

Quoi qu'il en soit, les *LwHelfer* gagnèrent leurs trous et, quand Oberlé voulu sauter dans le sien, il trouva celui-ci occupé par un camarade. Il revint vers la position et c'est là, protégé tant bien que mal par le terrassement qui entourait son canon, qu'il vécut l'attaque.

Il convient de préciser que Oberlé était aux premières loges car les trois canons de sa section étaient implantés sur la pointe de la langue de terre formée, telle une proue de bateau, par la séparation du Rhin d'une part et le canal d'Alsace d'autre part (voir photo aérienne du bombardement du barrage).

Appuyés par les chasseurs, les bombardiers se succédèrent, leurs armes de bord cherchant la Flak qui s'était progressivement ressaisie. Un second avion fut touché et prit feu. mais au passage du dixième Lancaster, le barrage était toujours intact. Les bombes tombaient plus ou moins loin de la cible. L'attaque durait déjà plus d'une demi-heure lorsque le onzième bombardier décrocha la timbale. Il plaça une bombe de 12 000 livres britanniques, soit 5 443 kg, un «Tall boy», en plein dans la passe un du barrage, celle qui est la plus proche de la langue de terre formée par la séparation du Rhin et du Canal d'Alsace et où, comme je le disais, se situait la position d'Oberlé.

Ce dernier chercha couverture aussi bien qu'il put, car des blocs de béton et des morceaux de poutrelles d'acier pleuvaient alentour en une grêle mortelle.

L'explosion du barrage eut pour effet de laisser libre cours aux eaux de retenue en amont, qui s'écoulèrent vers l'aval, faisant baisser les eaux du Rhin et provoquant la vidange du Canal d'Alsace.

La DCA suisse veillait aussi

Alors que mis à part quelques blessés légers, il n'y eut pas de casse notable chez les *LwHelfer*, les Anglais perdirent deux Lancaster. Le premier avait été touché par la Flak en position sur la rive droite du Rhin et le deuxième, celui qui prit feu, par... la DCA suisse.

En effet, a précisé Claude Oberlé, lorsque l'avion s'est présenté en vue du barrage, venant du sud, il brûlait déjà. Or, il n'y avait pas de Flak au sud vers la frontière suisse qui se trouvait à environ quatre ou cinq kilomètres du barrage. L'un ou l'autre bombardier, en cerclant avant l'attaque, a dû franchir la frontière suisse sans s'en rendre compte, provoquant une réaction immédiate de la DCA helvétique.

Claude Oberlé me donna encore les précisions suivantes. Le deuxième Lancaster abattu réussit à faire un atterrissage de fortune quelques kilomètres en aval du barrage, sur la rive droite du Rhin, donc sur la rive allemande. Cinq des membres de l'équipage encore indemnes réussirent à se dégager et à traverser le Rhin à la nage. Ils se retrouvèrent aux environs de Sierentz en Alsace où ils furent arrêtés par la gendarmerie allemande et...fusillés. Il existait en effet un ordre du Gauleiter Wagner précisant que les pilotes de bombardiers étaient à considérer comme des terroristes et qu'il fallait les abattre sans autre forme de procès. Les autorités locales qui ordonnèrent l'exécution des aviateurs alliés se retranchèrent bien sûr derrière l'ordre de Wagner, ordre qui pesa lourd à son procès et au moment de sa condamnation à mort.

Un autre effet inattendu de l'explosion du barrage et de la baisse du niveau des eaux qui atteignit 15 mètres par endroits fut — me dit Claude Oberlé — que des munitions pour les canons de DCA, qui avaient été jetées dans le Rhin par les *LwHelfer*, réapparurent. Sans perdre de temps, Oberlé descendit dans le lit du fleuve et les jeta encore plus loin dans l'eau, de telle manière qu'elles ne risquaient plus d'être vues.

On peut s'interroger sur les causes de cette opération puisqu'à part une baisse sensible du niveau des eaux provoquant un arrêt de la navigation en amont, c'est-à-dire en Suisse — il n'y eut pas de dégâts comparables à ceux provoqués par la destruction des barrages de l'Eder et de la Möhne dans la Ruhr.

En 1946, la «Schweizer Nationalzeitung» avait fait état d'un plan découvert par les Américains en Tunisie lors du débarquement en Afrique du Nord. Celui-ci étudiait l'utilisation des digues et barrages dans le cadre de la défense du Reich.

Alors que les Alliés approchaient des frontières allemandes, des ingénieurs de l'armée américaine firent exécuter à Grenoble une maquette du cours supérieur du Rhin devant leur permettre d'étudier et d'expérimenter les effets possibles d'ouvertures de barrages ou de leur destruction. La maquette, d'une longueur de 200 mètres, représentait 150 km du cours supérieur du Rhin. Ils purent ainsi préciser les endroits convenant à la construction de passages à pontons ou particulièrement menacés par des inondations ou des raz-de-marée. Autrement dit, il s'agissait d'éviter que les Allemands n'ouvrent les barrages au moment où les Alliés seraient en train de traverser le fleuve en aval par bateaux ou sur pontons.

Mais les sept barrages sur le Rhin de Augst jusqu'à Eglisau étaient propriété collective germano-suisse et on ne pouvait y toucher sans léser la neutralité suisse. Seul le barrage de Kembs était totalement aux mains des Allemands.

Pour éviter une ouverture intempestive par les Allemands, les Américains, adversaires des risques inutiles et conseillés par le colonel du génie Dziuban, préférèrent le détruire. Ce qui fut fait le 7 octobre 1944.

Le 5 septembre 1981, le wing-commander de la RAF James B. Tait qui commanda cette opération exécutée par le 617e groupe de bombardement, revint sur les lieux de ses exploits guerriers. Il y rencontra quelques anciens de la Flak qui, à l'époque, avaient été ses adversaires.

Son jugement sur l'opération était plutôt mitigé:

«L'histoire a montré que notre mission n'était pas absolument nécessaire; par contre, elle nous a coûté cher en hommes et en avions.»

*
* *

Une dernière précision: j'ai retrouvé un communiqué de la RAF du 7 octobre 1944 qui annonce que, ce jour-là, il y eut 7 500 appareils, dont 4 500 bombardiers lourds, en opération au-dessus de l'Europe. A côté d'attaques sur Bremen, Berlin et Dortmund, ville qui fut réduite en cendres ce jour-là, le raid de douze bombardiers sur Kembs passa presque inaperçu.

CHAPITRE XIV

Hagondange, plaque tournante pour les Luftwaffenhelfer mosellans

Le triangle Hagondange — Rombas — Thionville, autrement dit le bassin sidérurgique mosellan, a été une région où les Allemands concentrèrent de nombreux *LwHelfer*. Quatre unités étaient implantées dans cette zone: les 758e, 784e, 973e et 976e *Leichte Flakabteilung*en. Il s'agissait uniquement d'unités de DCA légère ou moyenne, équipées soit de canons de 20 mm, soit de 37 mm.

Aucune DCA lourde ne protégeait le bassin industriel mosellan, contrairement à ce qui se passait en Sarre, toute proche.

Nous admettions que c'est parce que les Allemands manquaient de canons lourds qu'ils n'en avaient pas implanté là.

Au cours de mon enquête, j'ai pourtant eu d'autres échos, y compris au Luxembourg où la situation était la même, des échos dis-je que j'ai peine à croire. On m'a rapporté que les Allemands estimaient qu'une DCA lourde n'était pas nécessaire pour protéger la sidérurgie proprement dite et que la situation de 1914-18 où la sidérurgie mosellane ne fut pas touchée allait se reproduire et cela grâce aux particularités de la répartition internationale du capital de ces entreprises.

Des personnes apparemment bien informées et compétentes m'ont dit que, pendant plus de cinquante ans, on a débattu sur la question de savoir pourquoi, en 1914-18, la sidérurgie mosellane, alors aux mains des Allemands, ne fut pas attaquée. Les commissions secrètes de l'Assemblée Nationale furent amenées à se pencher dès 1916 sur la question et, paraît-il, procédèrent à l'audition de maîtres de forge, membres du grand état-major français, et du généralissime commandant en chef en personne. Le fait est qu'en 1918 et en 1945, la sidérurgie mosellane sortit pratiquement indemne de la tourmente malgré des moyens nettement supérieurs durant la seconde guerre mondiale.

Mais cela n'est pas mon sujet et on ne peut que se louer de cette situation. En effet, la sidérurgie intacte permit à la France de se redresser plus rapidement après 1945.

Revenons-en aux *LwHelfer*. Aux cinq unités implantées dans le triangle sidérurgique furent affectés, au moins transitoirement, des élèves des écoles de Sierck-les-Bains, Thionville, Metz, St. Avold, Forbach, Sarreguemines et Sarrebourg. Certains furent mutés par la suite à Metz-Frescaty, autre centre de gravité, en Sarre ou encore dans le Palatinat. Des élèves de St. Avold se retrouvèrent à Coblence et au-delà.

De Forbach furent incorporés entre autres: Achille Adolf, Roger Ahr, Rémy Botz, Jean-Marie Darey, Constant Hoffmann, Gaston Lœffler, Edouard Masslot, Alphonse Metzinger, Emile Ney, Jean Woll ainsi que leurs camarades Ballevre, Mentzler, Mehn, Ludwig, Olmscheidt, Porta, Quint, Reif, Ruby, Schaerer, Steininger, Stengel, Thumel, Tragus, Weissdorfer, Zehnacker et Wenner. Passèrent également à Hagondange ou dans le secteur sidérurgique: Louis Schaeffer, René Dub, Rémy Botz, Lucien Klein, Jean Fickinger, Marcel Wehr, Kohlmeyer Alfred, Kohlmeyer Raoul, Raymond Hertzog.

De Sarreguemines: Louis Gabriel, Georges Gachot et leurs camarades déjà cités furent rejoints par les *LwHelfer* Allendorf, Berger, Brunner, Gauer, Douvier, Eckert, Finck, Fischer Alfred et Fischer Georges.

De Saint-Avold arrivèrent notamment: Albert Arthur, Aubertin, Baro, Baroth, Baudinet, Baué, Becker, Berntheisel, Bigel, Bonhomme, Brill, Collmann, Guldner, Grill, Hurth, Kern, Klaub, Klutz, Kraus, Metzinger, Nicolas, Pierrard, Potier, Reinhardt, Reiter, Riff, Schuler, Siebert, Wantz ainsi que Edmond Houllé, Albert Eiselé, François Haser et Julien Reiter.

Pierre Souman, René Schwenck, Philippe Heinz et leur camarade Licht de la Oberschule de Sierck-les-Bains se retrouvèrent d'abord sur un crassier près de Thionville, puis au terrain d'aviation de Yutz et enfin sur un crassier à Terville.

De Sarrebourg furent appelés les *LwHelfer*: Albrecht, Bantz, Demesse, Graf, Heitzmann, Hengel, Humbert, Kolopp, Martinel, Martzloff, Muller, Placial, Hochstrasser, Schivi, Schwaller, Trapp et Wagner. Enfin, il y avait Arthur Schwartz qui a sans doute été le seul et unique *LwHelfer* à terminer sa carrière militaire avec le grade de général de brigade.

Dans le secteur de la sidérurgie, on retrouva aussi passagèrement quelques élèves du lycée de Metz, un groupe de neuf incorporé fin 1943: Paul Frey, Paul Ney, René Baué, Bernard Lutz, Paul Lutz, Guy Sander et leurs camarades Schumacher, Moog et Gerber.

Le 5 mai 1944, une forteresse volante en difficulté survolait la région de Hagondange à basse altitude. Elle avait participé à un raid sur Sarrebruck où elle avait été touchée par la Flak. Le bombardier perdait de l'altitude et l'équipage l'avait abandonné à l'exception du pilote. Lorsqu'il survola Hagondange, l'avion n'était plus qu'à environ 300 mètres d'altitude et toutes les unités de la région ouvrirent le feu pour achever ce que la Flak de Sarrebruck avait commencé. Le pilote dût se résoudre à sauter à son tour.

L'avion sans pilote se dirigeait vers une hauteur appelée la Tour de Dhrens par les gens du pays, lorsque subitement, pour une raison inconnue, il amorça un virage et revint vers une des usines, plus précisément l'UCPMI où, selon toute probabilité, la forteresse allait s'écraser. Alors qu'elle n'était plus qu'à une quinzaine de mètres du sol, elle se prit dans une ligne à haute tension et s'écrasa à l'endroit précis où se trouve aujourd'hui «Le Pays des Schtroumpfs».

Le pilote, quant à lui, avait réussi à se poser indemne et un sous-officier allemand voyant l'occasion de faire un prisonnier à bon compte, s'élança vers lui pour s'en saisir. mais le pilote, armé d'une mitraillette, ouvrit le feu sur l'Allemand et sur ceux qui le suivaient.

Le sous-officier et les autres militaires durent se mettre à l'abri du tir de l'Américain qui en profita pour disparaître. Il ne fut jamais retrouvé. Probablement trouva-t-il refuge dans une des proches maisons et fut-il acheminé par une filière vers une région plus sûre.

Guy Sander, du lycée de Metz, vécut l'incident d'une toute autre manière.

Ce jour-là, il avait pris un jour de « perme » et s'était proposé d'aller faire une promenade en agréable compagnie vers la Tour de Dhrens, espérant y trouver un peu de solitude à deux.

Sander et sa compagne venaient donc d'arriver sur les hauteurs et étaient sur le point de s'installer confortablement lorsque leur tête-à-tête débutant fut subitement troublé par une intense canonnade.

Guy Sander se tourna vers la direction d'où venaient les coups et vit avec stupeur un quadrimoteur entouré de flocons d'éclatement d'obus de Flak arriver droit sur la Tour de Dhrens et quasiment à la même altitude que la colline. Selon sa trajectoire, elle risquait de s'y écraser.

N'écoutant que son courage, Sander planta là la demoiselle et partit en courant à la recherche d'un hypothétique abri.

Mais comme on le sait, le bombardier infléchit sa trajectoire et en un large virage revint en arrière pour aller s'écraser à proximité de l'UCPMI.

Sander m'avoua qu'il n'a plus jamais revu la jeune fille qu'il avait si galamment abandonnée.

Il ne risquait d'ailleurs plus guère de la rencontrer puisque fin mai ou début juin, il fut muté avec ses huit copains du lycée de Metz à une unité de projecteurs implantée en bordure du terrain d'aviation non loin du village d'Augny.

Coïncidence ou conséquence de l'évènement du 5 mai, nul ne saurait le dire, mais quelques jours plus tard une poignée de bombardiers apparut dans le ciel d'Hagondange et prit comme cible le vieux crassier de Terville sur lequel était implanté le canon de 37 mm de Pierre Souman et ses camarades de Sierck. Une douzaine de bombes furent larguées sur le vieux crassier, sans autre résultat que de tuer deux ou trois prisonniers russes.

Il peut paraître curieux que, survolant des kilomètres carrés d'installations sidérurgiques avec haut-fourneaux, laminoirs et autres usines de traitement de l'acier, ces avions n'aient rien trouvé de mieux que de larguer leurs bombes sur un vieux crassier où étaient implantés trois misérables canons de 37 mm.

Guy Sander arriva à Metz à peu près en même temps que les Sarrebourgeois, certains Sarregueminois et des gens de St. Avold. Tout ce monde fut formé aux projecteurs lesquels, par manque d'essence, ne fonctionnèrent jamais. Après trois semaines, le groupe fut à nouveau dispersé. Certains retournèrent à Hagondange, d'autres allèrent en Sarre, d'autres encore furent mutés à Coblence.

Sander, Frey, Ney, Baué, Schumacher, les deux Lutz, Moog et Gerber restèrent à Metz mais furent affectés à une unité de 37 mm.

Tandis que Paul Frey fut muté pour raison disciplinaire au 4ᵉ Zug de la 3ᵉ batterie de la 758ᵉ LFA, Sander, lui, recevait des paquets de sa grand'mère.

Il avait une grand'mère qui aimait bien son petit-fils et lui envoyait régulièrement, c'est-à-dire une fois par semaine, un paquet avec des gâteries et une lettre avec les recommandations que peut faire une grand'mère à son petit-fils dont elle sait qu'il doit tirer sur des avions, lesquels tiraient aussi à l'occasion sur lui.

Un jour, il reçut un paquet dans lequel il y avait un gâteau, quelques bonbons et une curieuse fiole remplie d'un liquide opalescent, mais aucune lettre.

La chambrée fit rapidement un sort au gâteau, mais se perdit en conjectures sur la teneur de la fiole qui semblait scellée.

Subodorant une gâterie particulière, Schumacher incita Sander à ouvrir le flacon. Chacun y mit son nez et, finalement, Schumacher goûta le contenu. Le simple fait de goûter vida à moitié la fiole de son contenu. Appréciation : c'est dégueulasse ! On en resta là.

Quelques jours plus tard arriva une lettre. Elle venait de la grand'mère qui s'excusait d'avoir oublié de la joindre au paquet et précisait que Sander devait prendre bien soin de la fiole qui contenait le « jus » qui s'était écoulé du sarcophage d'un saint dont Sander a oublié le nom, et qui avait la propriété d'assurer la protection de son porteur contre toutes sortes d'accidents et de mésaventures...

Tête de Schumacher !

Sensiblement à la même époque, l'équipe de lycéens messins était en train de faire de l'exercice au canon. La pièce était posée sur une plateforme pivotante située à environ 50 à 60 cm du sol. A un moment donné, Schumacher, toujours lui, se baissa pour ramasser une clé qu'il avait laissé échapper et, ce faisant, il lâcha un pet. Il n'avait pas vu que le sous-officier chef de pièce était juste derrière lui. Le maréchal des logis se fâcha tout rouge. Et sans transition, ce fut l'exercice punitif pour le *LwHelfer* si peu respectueux de la hiérarchie.

A quelques mètres du canon courait un boyau qui devait occasionnellement servir d'abri, mais dans lequel, dès qu'il pleuvait, l'eau s'accumulait. C'est là-dedans que le sous-officier expédia Schumacher et après chaque plongeon dans la gadoue, le *LwHelfer* dut crier haut et fort : « Je ne dois pas péter à la figure de mon supérieur ! ».

CHAPITRE XV

Les cabochards français dans le collimateur

Gaston Landwerlin était à la Albert Leo Schlageter Schule, autrement dit le lycée de Mulhouse, lorsqu'il fut incorporé le 12 janvier 1944. Né en 1928, il avait 15 ans et 9 mois lorsqu'il partit pour la Flak. Par le jeu des changements d'affectation, il se trouva tantôt avec des élèves de la Schlageter Schule, tantôt avec des *LwHelfer* de la Ehrenfried Stöberschule de Thann. Il se souvient de ses camarades Schlundt, Heinrich et de Cromer et Wilhelm qui le rejoignirent plus tard. Paul Burgy, Albert Hartmann, Gérard Hauger, Paul Mislwiecz, Claude Simler, Bernard Soldner, Gérard Walter et Jean Zug ont également fait partie de la même équipe mais furent incorporés dans le RAD plus tôt que Landwerlin. Il y a enfin Raymond Schwartz, François Weiss, Maurice Rœllinger et Théo Mayschein avec lesquels il s'évada en avril 1945.

Gaston Landwerlin a été parmi ceux qui ont vécu le cauchemar jusqu'aux derniers jours, puisqu'il s'est retrouvé en Allemagne Centrale aux environs de Leipzig, Zeitz et Iéna dans ce chaudron infernal formé par les troupes russes progressant de l'Est et les forces américaines venant de l'ouest.

Avant d'en arriver là, il avait été affecté pour sa formation à la 721e *Leichte Flakabteilung* dispersée le long du Rhin supérieur jusqu'à Kembs.

Rapidement, il passa de la DCA légère à une unité lourde, la 458e *Schwere Flakabteilung* stationnée à Sausheim et à Lutterbach. Cette unité fut transférée le 28 juin 1944 dans la région de Leipzig où elle était en position à Geusnitz, Zeitz puis à Profen Predel.

D'emblée, Gaston Landwerlin et ses camarades se firent prendre dans le collimateur de la hiérarchie pour esprit non conforme.

Cela débuta de la manière suivante.

Fin 1944, une jeune fille accompagnée d'un sous-officier de l'unité passa dans les baraquements des *LwHelfer* pour collecter des fonds pour le WHW. Cet organisme, le *WinterHilfsWerk*, réunissait des dons sous toutes formes pour aider ceux qui en avaient besoin pour surmonter les rigueurs de l'hiver. Or, en cet hiver 1944, ceux qui avaient le plus besoin d'aide, c'étaient les soldats sur le front de l'Est.

Lorsque la demoiselle se présenta, les Alsaciens furent catégoriques : « Non, nous ne donnons rien ! »

Plein de dépit, le sous-officier s'en alla avec la jeune fille non sans avoir traité les Alsaciens de « Franzosenköpfe », ce qui peut se traduire par cabochards français.

Ne voulant pas demeurer en reste sur le plan de l'agressivité, les Alsaciens portèrent plainte pour insulte et l'incroyable se produisit : le sous-officier fut muté.

Mais cela ne calma pas pour autant la rogne et la grogne des Alsaciens. Un dimanche matin, dans le but bien établi de les enquiquiner suite à l'affaire du WHW, un adjudant ordonna une séance de nettoyage des armes et des munitions.

Il se heurta à un refus catégorique des Alsaciens avec le motif que, les alertes mises à part, on ne « travaillait » pas le dimanche. L'affaire monta jusqu'au chef de batterie qui leur déclara sans ambages que leur attitude constituait un refus de service en temps de guerre. Toutefois, l'officier leur demanda pourquoi ils refusaient d'obéir. La réponse fusa : parce que la nourriture est trop mauvaise. Avec du chou rouge et des pommes de terre en robe des champs en permanence, la limite du travail possible est vite atteinte.

L'officier les menaça alors de la cour martiale.

L'un des *LwHelfer* éclata de rire.

Furieux, le chef de batterie décréta des représailles et instaura la censure sur la correspondance des *LwHelfer*, à la fois sur les lettres reçues et sur celles expédiées.

De plus, Landwerlin et ses camarades furent mutés à une unité de 128. Cette mutation fut cependant de courte durée. Un obus de 128 pesait en effet, avec sa cartouche, une cinquantaine de kilos et la manipulation, bien que partiellement automatique, se révéla trop pénible pour des gosses de 16 ans. Ils retournèrent donc à une unité de 88 près de Leipzig.

Lors d'une attaque sur une ville allemande de la région — Gaston Landwerlin ne se souvient plus de la date exacte mais estime que c'était fin novembre/début décembre 1944 — les *LwHelfer* eurent à tirer à une cadence telle que les munitions en réserve près des canons furent sur le point d'être épuisées.

Quelques *LwHelfer* dont Gaston Landwerlin furent dépêchés vers un dépôt plus éloigné des pièces pour réapprovisionner le stock.

Tout à coup — raconte Gaston Landwerlin — un avion isolé qui volait dans le sillage des bombardiers se dirigea vers leur batterie et Landwerlin vit distinctement une bombe se détacher de l'appareil et tomber en direction de la position. Landwerlin fit un plat-ventre d'urgence, espérant que l'engin ne tombe pas trop près, et il attendit l'explosion. Celle-ci eut bien lieu, mais elle n'avait rien de commun avec celle, caractéristique, d'une bombe normale qui éclate. Cela ressemblait plutôt à l'explosion d'un gros pétard. Landwerlin leva alors la tête et vit que la bombe avait éclaté à une bonne cinquantaine de mètres au-dessus de la batterie et avait dispersé des feuilles de papier qui se balançaient mollement dans l'air. Ces feuilles se révélèrent être des tracts d'information à l'usage des soldats allemands. Landwerlin ramassa un de ces mini-journaux et c'est ainsi qu'il apprit que Mulhouse venait d'être libéré.

Toute la batterie appelait le cantinier par son surnom de « Bouwi ». Bouwi était caporal-chef, mais la rumeur disait qu'il avait été, dans le civil, juge pour enfants et qu'il était tombé en disgrâce pour non-conformité de ses vues avec celles du gouvernement nazi.

Un jour, Bouwi prit Landwerlin à part et lui dit le plus sérieusement du monde de faire attention à la teneur des lettres qu'il envoyait à sa famille. Gaston mit l'avertissement à profit et, pour un moment, arrêta toute correspondance.

Il devait apprendre beaucoup plus tard qu'un cousin avec lequel il avait des relations épistolaires et qui se trouvait en Yougoslavie a eu de sérieux ennuis à cause d'une lettre adressée à Landwerlin et dans laquelle, en parlant des *LwHelfer*, il se gaussait des nazis qui, disait-il, en étaient réduits à prendre leurs soldats au berceau, signe que la guerre était perdue pour eux.

Cette lettre fut ouverte par la censure, le cousin passa en cour martiale pour atteinte au moral de l'armée et condamné à mort.

Sa condamnation fut toutefois commuée, au cours de la même audience, en « Frontbewährung », c'est-à-dire en « probation au front », mesure destinée à le mettre au pas.

Cette méthode était très utilisée par les Allemands car, avec l'épée de Damoclès d'une condamnation à mort suspendue au-dessus de leur tête, les gens filaient droit.

Landwerlin se demande encore aujourd'hui comment Bouwi, le cantinier, avait pu être au courant de ces faits qui s'étaient déroulés à plus de quatre cents kilomètres de là. Le petit caporal-chef, ancien juge, avait-il gardé des relations dans l'armée à un niveau suffisamment élevé pour être informé de ce qui se tramait dans les coulisses et des manigances policières en cours ?

Gaston Landwerlin ayant arrêté ses relations épistolaires, il n'y eut aucune conséquence directe pour lui.

Par la suite, il trouva un palliatif pour échapper à la censure. Dans une proche localité vivait une veuve de guerre qui proposa à deux ou trois Alsaciens de leur servir de boîte aux lettres. Landwerlin se fit adresser certains de ses courriers sous double enveloppe, la première à son nom, elle-même glissée dans une enveloppe au nom de la dame. mais la prudence continuait à s'imposer quant au contenu des lettres.

Déliquescence de l'armée allemande

Au printemps 1945, Gaston Landwerlin assista à la rapide déliquescence de l'armée allemande qui était à quelques semaines de l'armistice. Même les militaires les plus fanatiques durent admettre qu'avec une distance de 250 km entre les troupes russes à l'Est et les Américains à l'ouest la victoire n'était plus qu'un rêve inaccessible. Chose impensable encore quelques mois plus tôt, les chefs commencèrent à manifester des signes de lassitude et de « je m'enfoutisme ».

Ainsi le chef de pièce du canon où était affecté Landwerlin et qui était traditionnellement un sous-officier, demandait couramment à l'un ou à l'autre *LwHelfer* de le remplacer au commandement de la pièce pendant que lui-même s'absentait deux heures ou plus pour aller prendre du bon temps chez une dame de la proche localité. Peu de temps auparavant, cela eut encore été considéré comme abandon de poste. En mars 1945, personne ne s'en souciait plus.

Ainsi, il arriva un jour que deux chasseurs Mustang d'une escorte de bombardiers avaient pris un Messerschmitt en chasse. L'Allemand attira les Américains à proximité des canons de la Flak, espérant que ceux-ci allaient le soulager et ouvrir le feu sur ses poursuivants. Ce fut le contraire qui se produisit. Les *LwHelfer* alsaciens feignirent une telle maladresse qu'ils tirèrent sur le chasseur allemand lequel n'eut d'autre ressource que de prendre la fuite.

A Pâques 1945, c'est-à-dire 5 ou 6 semaines avant la fin de la guerre, alors que l'armée allemande était en plein effondrement, il s'est trouvé un brave capitaine — peut-être professeur dans le civil — pour se rappeler qu'il avait à faire à des *LwHelfer* et que ceux-ci avaient droit à un enseignement scolaire. Il se crut obligé de rassembler les *Flakhelfer* pour leur faire lui-même un cours improvisé. A la fin du cours, il leur dit qu'étant donné la période difficile qu'ils traversaient, il allait entreprendre des démarches afin qu'il leur soit fait cadeau de l'*Abitur* après un examen symbolique. Paul Burgy se leva alors et, remerciant le capitaine pour son intention et sa marque d'estime, lui dit que cela n'était pas du tout nécessaire car, bientôt, ils allaient faire le Bac français. Le capitaine ne sut que dire.

L'histoire est significative. Les *LwHelfer* allemands se seraient trouvés flattés et auraient vu dans la proposition du capitaine la reconnaissance des efforts et des sacrifices apportés par eux pour leur Patrie. Les Alsaciens, eux, n'ayant pas demandé à venir, estimaient qu'ils n'avaient rien à recevoir. Gardez vos diplômes, nous avons les nôtres. Point final.

L'étau américano-soviétique se resserrant de plus en plus, la situation devint franchement mauvaise pour les Alsaciens dans les premiers jours d'avril. Certains furent incorporés au RAD et ceux qui restaient, dont Landwerlin, devaient être utilisés dans des combats terrestres contre les chars. Pour la forme, on les dépouilla du brassard à croix gammée que les *Flakhelfer* devaient porter mais que de toute manière personne ne portait plus, et on les baptisa militaires.

Gaston Landwerlin devint ainsi un militaire à part entière du 4 avril 1945 au... 8 avril. Lui-même et ses copains furent affectés à la protection de l'autoroute de Iéna contre les chars américains qui, inévitablement, allaient y déferler sous peu.

Cette période est pour Landwerlin pleine de souvenirs pénibles. C'est à cette époque que fut tué un de leurs copains, Gérard Volk. Gaston Landwerlin est sans doute le dernier à avoir eu des nouvelles le concernant. A un sous-officier qui rentrait d'une patrouille, il demanda s'il avait des nouvelles de Gérard Volk. Le sous-officier lui répondit qu'il l'avait vu gisant dans un fossé bordant une route près d'Apolda avec une blessure au ventre et de graves brûlures.

Personne par la suite n'eut plus de nouvelles de Gérard Volck, petit *Luftwaffenhelfer* mort à 16 ans, seul, dans un fossé au bord d'une route d'Allemagne Centrale. Il n'existe même pas une tombe. Son acte de décès porte la mention « Mort pour la France ».

Comme les *LwHelfer* devaient combattre des chars, il fallait changer tout le système de visée des canons de 88. Avec quelques camarades, Landwerlin fut envoyé à Iéna chercher les nouvelles optiques aux usines Zeiss qui les fabriquaient.

J'ai cru, me raconta-t-il, que je me déplaçais dans l'enfer de Dante. La ville était détruite à 70%. A des arbres, des balcons ou des lampadaires étaient pendus des gens avec une pancarte sur la poitrine : « J'ai été un lâche » ou « J'ai pillé » ou encore « J'ai été un parasite nuisible au peuple » etc. Horrible !

Chose curieuse, précise Landwerlin, alors que les deux tiers de la ville étaient transformés en tas de décombres, les destructions s'arrêtaient aux approches des usines Zeiss. La célèbre fabrique d'instruments optiques qui passaient pour les meilleurs du monde, était intacte, comme si une main invisible avait couvert l'usine de sa protection. Pas un carreau n'était cassé, et on y travaillait apparemment en toute quiétude. Les Américains pensaient-ils récupérer quelque secret de fabrication tout comme ils avaient récupéré Werner von Braun, le père des V2, dont personne ne s'est demandé combien de Londoniens il a tué avec ses V2 ?

La guerre a décidément de curieux aspects.

Pendant que Landwerlin était à Iéna, les chars américains avaient fait leur apparition. Deux des six pièces de la batterie avaient été détruites.

Et ce fut l'effondrement.

Ordre fut donné d'amorcer la retraite. En fait de retraite, ce fut la débandade où chacun agissait pour son compte avec le seul objectif : sauver sa peau !

C'est ainsi que le 8 avril, Raymond Schwartz, François Weiss, Maurice Rœllinger, Théo Mayschein et Gaston Landwerlin se mirent en route en fin d'après-midi.

Après quelques heures de marche, ils atteignirent une ferme abandonnée où ils prirent un peu de repos et trouvèrent quelques effets civils.

Au petit matin, il y eut un moment d'émotion. Ils virent en effet arriver, seul, leur adjudant-major appelé dans l'armée allemande « Spiess ». Les

LwHelfer se donnèrent le mot : « S'il fait le con, on le descend ». Et ils se répartirent de façon à parer à toute éventualité.

Mais le « Spiess » n'avait plus envie de faire le con. Dès qu'il vit les *LwHelfer*, il alla vers eux et, à la manière des bandits de western qui se rendent, il ouvrit son ceinturon auquel était accroché l'étui contenant son pistolet, le laissa tomber à terre et dit : « Garçons, pour moi la guerre est finie. Je ne suis plus l'adjudant Baureis mais « Monsieur » Baureis, jardinier de profession. Bonne chance ! » Et il s'éloigna.

Les cinq *LwHelfer* filèrent dans une proche forêt où ils se concertèrent sur la conduite à tenir. Ils décidèrent de chercher quelqu'un qui parle suffisamment bien l'anglais pour pouvoir négocier leur reddition avec les Américains et leur expliquer qu'ils n'étaient pas Allemands. Dans la forêt, ils tombèrent sur un château et, comme ils s'en approchaient, apparut sur le perron un officier qui portait les insignes de médecin-major.

« Que faites-vous ici » demanda-t-il ?

« Nous rentrons chez nous » fut la réponse.

« Traîtres ! » jeta-t-il, et il tourna les talons pour disparaître à l'intérieur. Inutile d'insister.

Les Alsaciens décidèrent de se diriger sur Eisenach. Les Américains progressaient essentiellement sur les axes routiers et, à un moment donné, les *LwHelfer* arrivèrent sur un de ces axes sur lequel progressaient des flots de véhicules. Ils empruntèrent cette route, mais dans le sens inverse du flot principal. Ils croisèrent des Américains sur des véhicules ou à pied, sans qu'aucun ne se soucie d'eux. Par moment, des camions chargés de prisonniers circulant dans le même sens qu'eux les dépassèrent. Sur l'un d'eux, ils reconnurent même des copains et leur firent signe. Par la suite, ils arrêtèrent ce petit jeu, craignant qu'un camion ne s'arrête et qu'ils soient, eux aussi, faits prisonniers. S'écartant de nouveau de cet axe de progression américain, ils rencontrèrent d'autres Alsaciens qui leur apprirent qu'à Eisenach il y avait des Français et un centre d'accueil, anciennement camp de prisonniers pour les Français de 1940.

Lorsqu'ils finirent par arriver à Eisenach, ils trouvèrent effectivement le camp et quelques Français, mais le camp était vide. Un transport de prisonniers français venait de partir la veille. Il leur aurait fallu attendre la constitution d'un nouveau convoi.

Les Alsaciens étaient maintenant pressés et avaient hâte de rentrer au pays. Les Français les orientèrent vers des Canadiens qui acceptèrent de les transporter jusqu'à Mayence. Là, ils purent prendre un train qui les mena à Longuyon. Jusqu'à présent, tout s'était passé sans contrôle véritable.

A Longuyon eut lieu un premier contrôle sérieux. Pour éviter le camp de prisonniers et compte tenu de leur jeune âge, les Alsaciens se firent passer pour des ouvriers contraints au travail en Allemagne. Et ce fut la surprise. L'un des officiers présents s'adressa à un des jeunes et lui dit sans ambages en alsacien: «Toi, tu as été *Luftwaffenhelfer*». L'interpelé ne perdit pas le nord et nia.

Et voilà nos Alsaciens considérés comme suspects. Ils durent passer devant le commandant du bureau de contrôle et n'eurent d'autre alternative que de lui expliquer leur situation. Beau joueur, le commandant se montra compréhensif et leur donna les papiers nécessaires pour continuer leur route.

De Longuyon via Langres, ils atteignirent enfin Mulhouse le 22 avril 1945. Deux jours plus tard, Gaston Landwerlin fêtait son 17e anniversaire.

*
* *

Mon interlocuteur termina son récit par une note triste qui montre, si besoin était, qu'on n'échappe pas à son destin.

En août 1944, les trois *LwHelfer* Cromer, Wilhelm et Landwerlin avaient obtenu une permission. Au moment de regagner leur unité, Wilhelm fit remarquer qu'au train où allaient les choses, ils ne manqueront pas de se trouver dans une panade où ils auront toutes les chances de laisser leur peau.

Il annonça à ses copains que, lui, Wilhelm, avait décidé de ne plus rejoindre son unité. Cromer et Landwerlin repartirent sans Wilhelm et ils vécurent les tribulations relatées plus haut, échappant chaque jour x fois à la mort.

Pendant ce temps, Wilhelm, qui était considéré comme déserteur, se cacha pendant trois mois à Mulhouse et réussit à échapper aux recherches policières jusqu'à l'arrivée des Français. Le jour de la libération de Mulhouse, il put enfin quitter sa cachette pour assister, libre, à l'entrée des forces françaises dans la ville.

Debout sur un trottoir, il regardait la joyeuse animation lorsque le chauffeur d'une jeep perdit le contrôle de son véhicule, monta sur le trottoir et le tua.

CHAPITRE XVI

Chance et malchance

Lorsque le 1er avril 1944 mes camarades et moi fûmes mutés de la 784e à la 758e *Leichte Flakabteilung* et transférés des usines Hobus au terrain d'aviation de Metz-Frescaty à la Vierling-Flak, j'y rencontrais de nombreux *LwHelfer* venus des quatre coins de la région. Frescaty était en effet un des points de convergence où passèrent de nombreux *LwHelfer* qui avaient d'abord été affectés en Sarre, puis transférés à Metz ou à Hagondange, autre point de convergence où furent utilisés de nombreux *Flakhelfer*.

En évoquant nos expériences passées, nous nous rendîmes compte — surtout ceux qui avaient fait auparavant un passage en Sarre — que l'énorme bassin industriel mosellan, tout à fait comparable à la Sarre, n'était protégé par aucune DCA lourde alors que la Sarre, elle, était truffée de Flak de gros calibre.

Les canons qu'il nous incombait de desservir culminaient à 2400 mètres pour la DCA légère et à 4000 mètres pour la DCA moyenne. Finalement, la protection à haute altitude incombait à deux ou trois douzaines de chasseurs stationnés à Metz-Frescaty et à Yutz. Or, comme en 1944 les Allemands commençaient déjà à manquer sérieusement de carburant, une telle protection était plutôt aléatoire.

Cette situation semblait indiquer, comme j'ai déjà eu l'occasion de le dire, que les Allemands devaient manquer de manière aiguë de DCA lourde. De nombreux camarades étaient d'ailleurs affectés à des canons pris aux Russes.

Nous pensions que cette absence de DCA lourde en Moselle constituait une véritable incitation pour les Alliés à attaquer les cibles choisies à la bombe par avions volant à haute altitude.

La suite des évènements devait nous donner raison, sauf en ce qui concerne les usines sidérurgiques qui demeurèrent effectivement quasi intactes.

Alors que nous eumes à faire face à quelques attaques à basse altitude de la part de chasseurs américains, tout au plus trois ou quatre entre avril et août 1944, Metz et sa périphérie immédiate fut attaquée pas moins de douze fois par des bombardiers volant par vagues concentrées de 30 à 60 avions, à 5 ou 6 000 mètres d'altitude, et larguant des tapis de bombes sur leur objectif.

Frescaty fut attaqué deux fois (une troisième tentative fut, selon l'expression allemande, un « Fehlwurf » c'est-à-dire un largage à côté de la plaque), les usines Hobus et les installations ferroviaires de Woippy deux fois, la gare de triage de Metz-Sablon trois fois, le pont de Magny, important nœud ferroviaire, une fois, les ateliers de chemin de fer de Montigny-lès-Metz et le dépôt de locomotives trois fois, soit douze attaques pour la seule ville de Metz. Thionville fut attaqué deux fois et l'aérodrome de Yutz deux fois.

A ces bombardements exécutés par des forteresses volantes ou des Liberator de la 8e Air Force américaine, il faut encore ajouter quelques attaques ponctuelles de petite envergure sur des usines ou des points précis de la sidérurgie. Pendant le seul mois d'avril 1944, nous eumes à Frescaty plus de 70 alertes avec survol d'avions, sans compter les alertes au premier degré occasionnées par la présence d'avions isolés ou en petit nombre.

A partir d'août 1944, le haut commandement allié ordonna la cessation des bombardements stratégiques, car l'avance des Américains était telle que la destruction des ponts de chemin de fer et des routes les gênait plus que les Allemands.

De ces multiples attaques dans lesquelles furent impliqués les *LwHelfer* affectés en Moselle, je voudrais en retenir deux qui montrent combien, à la guerre, l'homme est tributaire de la chance et de la malchance, c'est-à-dire du hasard. Parfois, une situation dramatique en soi venait se teinter d'une note humoristique.

1. La chance

Des nuages se traînaient paresseusement dans le ciel, très tôt dans la matinée du 23 mai 1944. Progressivement, ils devinrent plus denses et plus épais pour former une couche uniforme et opaque.

Les *LwHelfer* de l'aérodrome de Metz-Frescaty ignoraient encore à ce moment-là que ces nuages allaient sans doute leur sauver la vie.

Il était environ 9 heures lorsqu'une alerte nous précipita aux canons. Une formation de bombardiers américains était signalée près de Reims avec cap à l'Est. Metz est situé approximativement sur la même latitude que Reims, à environ 200 kilomètres à l'Est à vol d'oiseau. Cela représentait pour les bombardiers de l'époque une petite demi-heure de vol.

Sur le terrain de Frescaty, une dizaine de chasseurs Focke Wulf 190 prirent l'air, direction Reims.

Une demi-heure à peine plus tard, les chasseurs étaient de retour, ayant probablement épuisé leurs munitions, mais, en même temps qu'eux, arrivaient les bombardiers américains.

Par haut-parleurs, le commandement du terrain invita tout le personnel à gagner un abri, un bombardement paraissant imminent.

Instruits par le bombardement du 25 avril dont les traces étaient encore visibles alentour, et ne pouvant de toute manière pas tirer à cause des chasseurs allemands dans le ciel, nous gagnâmes nos trous individuels.

Dans les airs débuta un curieux carrousel. Sous les nuages, les chasseurs allemands tournaient en rond, car le commandement du terrain, craignant un bombardement, leur refusait d'atterrir. Au-dessus des nuages, les bombardiers américains tournaient également, cherchant une faille dans les nuages pour situer le terrain. A cette époque, les Américains utilisaient déjà des appareils de visée permettant des bombardements sans visibilité, qui étaient soit des radars, soit des appareils à infra-rouges. Les avions qui voulaient nous attaquer n'en étaient-ils pas équipés ? Etaient-ils désorientés par l'écran de nuages ou la configuration du terrain ? Toujours est-il que rien ne se passa dans l'immédiat et le carrousel dura une dizaine de minutes.

Et tout à coup, ce fut le craquètement et le grésillement du tapis de bombes qui s'abattit...à côté du terrain, touchant les deux villages voisins de Jussy et de Rozérieulles.

Nous avions eu, une fois encore, de la veine. Mais, c'est bien connu, la chance des uns fait parfois la malchance des autres.

Cinquante quatre bombes tombèrent sur le village de Rozérieulles où, fort heureusement, il ne restait que quatorze familles, les autres ayant été expulsées par les Allemands. Il n'y eut que cinq morts, dont deux prisonniers russes travaillant chez des «colons» allemands. mais les dégâts matériels furent importants dans ce pittoresque village. Une église du XIIIe siècle fut endommagée par le souffle, de nombreuses maisons furent plus ou moins gravement touchées et ce que les habitants appelaient «le château» fut détruit.

Environ 120 bombes tombèrent dans les champs entre Rozérieulles et le village voisin de Jussy, distant de quelques centaines de mètres. 70 à 80 bombes ravagèrent le village de Jussy, y faisant une dizaine de morts. On y découvrit une scène digne du festival du film d'horreur d'Avoriaz. Le cimetière du village avait été littéralement labouré. Les morts avaient été éjectés de leurs tombes et des cadavres projetés sur les arbres du voisinage. Des cercueils, tantôt vides, tantôt avec leurs occupants, étaient dispersés sur la route principale qui passe à proximité du cimetière.

Lors de mon enquête, j'ai rencontré un des habitants qui a vécu ces instants.

Entendant les Américains tourner au-dessus des nuages, il se doutait bien qu'ils cherchaient le terrain et il les encouragea :

« Allez les Américains. Montrez-nous ce que vous savez faire...! »

Et quelques secondes après cet encouragement, ce fut, comme on dit aujourd'hui, «la bavure».

Le sort a parfois de ces ironies.

Ce jour-là, les *LwHelfer* de Frescaty eurent de la chance au détriment des habitants de Rozérieulles et de Jussy, dont une douzaine trouvèrent la mort.

2. La malchance

Mais il arrivait aussi que la malchance s'abatte sur les *LwHelfer*.

Quatre jours après le bombardement manqué de Frescaty, un autre drame se déroula tout près de là.

Le 27 mai était le samedi précédant la Pentecôte. Ce jour-là, contrairement au 23 mai, il faisait beau et le ciel était clair. Approximativement vers la même heure se déroula le même scénario : alerte — Bombardiers à Reims cap vers l'Est. Vers 9 h 30, les avions apparurent au-dessus de Metz. En suivant des yeux l'évolution d'une cinquantaine de bombardiers, les *LwHelfer* stationnés aux Usines Hobus — une usine qui fabriquait des hélices d'avions — comprirent que « cela devait être pour eux ». Parmi ceux qui suivaient avec inquiétude la manœuvre des bombardiers, il y avait Alex Schaeffer du collège de Dieuze, Jean Schaff, Marcel Schmitt de Sarreguemines, Jean-Paul Buchy de Phalsbourg, Marcel Krieger de Sarreguemines et André Imbert de Sarre-Union. Avec les appareils optiques, on pouvait voir les soutes à bombes ouvertes. Et brutalement, ce fut le tapis de bombes. Une partie des projectiles tomba sur les installations ferroviaires qui longeaient l'usine, touchant un train de munitions justement en gare à ce moment-là, et dont les wagons n'en finirent pas d'exploser.

Une petite partie des bombes toucha inévitablement des maisons civiles, occasionnant quelques morts, et une autre partie tomba sur l'usine elle-même, écrasant les bâtiments comme sous un rouleau compresseur en même temps que quelques positions de la Flak, laquelle était installée sur des miradors afin de ne pas être gênée par le remblai du proche chemin de fer et les halls de l'usine. Ce fut la position située près du pont enjambant la ligne de chemin de fer qui fut le plus touchée.

Au total, il y eut quatre morts et vingt blessés graves parmi le personnel de la Flak. Chance ou Malchance... Deux mois plus tôt, alors que mes camarades et moi faisions encore partie de la défense de Hobus, c'est précisément à cette section et au canon le plus touché que nous étions affectés...

Ce jour-là, les *LwHelfer* de Hobus n'eurent pas de chance. Toutefois, le destin a quand même dû faire un clin d'œil aux Mosellans. Les morts étaient tous des Allemands, comme la majorité des blessés.

Il y en avait pourtant un qui, ce jour-là, s'en était tiré à meilleur compte. C'était le *Luftwaffenhelfer* Imbert. Il avait demandé et obtenu le matin même avant l'alerte l'autorisation d'aller prendre un bain, comme on pouvait le faire une fois par semaine. C'est là, aux installations de bains situées à une certaine distance de l'usine, qu'Imbert fut surpris par l'alerte.

Il s'habilla en vitesse et, sur le chemin du retour, fut réquisitionné par les pompiers avec lesquels il participa aux opérations de sauvetage des civils. Quand il se présenta aux alentours de midi à sa batterie, il tenait encore à la main le casque que les pompiers lui avaient prêté. Son uniforme était sale, les mains et le visage barbouillés de poussière et de noir de fumée.

A la question de son lieutenant :

« D'où venez-vous donc Imbert ? »

celui-ci se mit au garde-à-vous et répondit avec le plus grand sérieux :

« Du bain, mon lieutenant ! »

CHAPITRE XVII

Comment les Allemands ont-ils perçu les Luftwaffenhelfer alsaciens et mosellans ?

Emile Zippert m'a raconté une anecdote qui me paraît fournir la réponse juste à cette question.

Lorsqu'après son incorporation, Zippert et sept de ses camarades de l'école supérieure de commerce de Colmar furent envoyés à l'école de tir de Chiemsee pour y faire leurs classes, les huit Alsaciens ainsi que les Allemands du groupe furent accueillis par un lieutenant qui procéda à la répartition des équipes par canons.

A la première question du lieutenant « Qui veut occuper le poste du K1, c'est-à-dire du tireur pointeur », ceux qui se portèrent volontaires furent tous des Allemands.

A la seconde question « Qui veut occuper le poste du chargeur ? », ceux qui s'avancèrent furent tous des Allemands.

Les tâches réparties, il resta encore les huit Alsaciens.

Le lieutenant s'adressa alors à eux et d'un ton ironique leur demanda : « Et vous, vous ne voulez rien faire ? »

Un des Alsaciens répondit alors : « Si, on veut rentrer à la maison. »

Il est clair qu'avec un tel état d'esprit, il ne fallait pas s'attendre à être bien vu par les Allemands. Et je suis persuadé que le lieutenant s'attendait à quelque chose de ce genre à partir du moment où il a su qu'il y avait des Alsaciens dans le groupe à former.

Je disais dans un chapitre précédent que les Allemands avaient subi avant leur incorporation dix années de martelage quotidien de la part de la propagande nazie, martelage qui tendait à faire approuver aveuglément toute décision du parti, y compris la guerre qu'il préparait. Alors que nous, bien qu'à peine sortis de l'enfance, nous étions tout naturellement mieux à même de voir les choses d'une façon non pervertie, plus objective.

Une telle attitude, même venant de gens jeunes, ne pouvait évidemment pas plaire aux Allemands et, très rapidement, ils édictèrent une règle de fer valable dans l'ensemble de l'armée allemande, sur tous les fronts, dans toutes les unités : ne jamais laisser deux Alsaciens, Mosellans ou Luxembourgeois monter la garde ensemble ou exécuter une tâche de quelque importance sans surveillance allemande.

Cela dit tout.

Quoi que nous fassions, nous étions des gens dont il fallait se méfier. Pour la majorité des Allemands, du moins dans la hiérarchie, nous étions l'ancien ennemi vaincu, enrôlé comme personnel d'appoint, peu fiable, à utiliser un peu comme César employa les Gaulois contre Ambiorix.

Cela était la ligne de conduite officielle. Ceci dit, tous les Allemands n'étaient pas des salauds, ni dans la hiérarchie, ni parmi les *LwHelfer*. Je crois que chacun de nous, à un moment ou à un autre, a connu des Allemands corrects et doit une petite chandelle à l'un d'eux pour avoir fermé un œil, voire les deux.

André Walter, qui a commencé son périple à la Flak de Karlsruhe, relate que les Alsaciens ont été bien acceptés par leurs camarades *LwHelfer* allemands. Ceux-ci parlaient leur dialecte régional badois ou wurttembergeois, et les Alsaciens parlaient le leur. Au début, les mots français qui font partie de l'alsacien, tels que vélo, confiture, « parapli », étonnèrent les Badois puis tout rentra dans l'ordre.

Les divergences surgirent quand la conversation portait sur le plan politique. Chez les Allemands, la propagande nazie se manifestait alors que les Alsaciens ne se gênaient pas pour faire valoir que la cause allemande n'était pas la leur. Un *LwHelfer* allemand dit à Walter qu'il méritait qu'on le dénonce pour propos subversifs. Mais cela n'alla pas plus loin et le même *LwHelfer* n'hésita pas à offrir une pomme à Walter quelques jours plus tard alors que ce dernier était malade.

Walter ajoute que, côté politique mis à part, les Allemands auraient pu devenir de bons copains si certains n'avaient pas la détestable manie de péter comme des mulets...

Toujours à Karlsruhe, il y avait le lieutenant Cruse avec un C. A l'occasion, il lui arrivait de s'adresser aux Alsaciens en français. Ainsi un jour, voulant rectifier la position crispée d'un *LwHelfer* alsacien au garde-à-vous devant lui, il lui dit en francais de redresser la tête.

A ce sujet, j'ai eu au cours de mes entretiens pour le présent livre des échanges de vue avec un ancien de la Flak dont l'épouse estima utile d'ajouter une précision au récit de son mari.

« Oui — dit-elle — mon mari n'était pas un *LwHelfer* comme les autres. »

« Ah bon ! dis-je, mais pourquoi ? »

« Parce qu'il était fiché. »

« Intéressant, ai-je répondu. Pourquoi était-il fiché ? »

« Parce qu'il parlait fréquemment le français. »

Le problème de la langue française a effectivement posé quelques questions ici ou là.

Que fallait-il entendre par « fiché » ?

Le règlement du *LwHelfer* prévoyait les sanctions suivantes :

Le blâme tel que cela est arrivé à Oulerich pour négligence au combat

Travaux pénibles hors service avec un maximum de trois jours, tel que cela arriva également à Oulerich après sa tentative de désertion manquée. Il convient de préciser que la désertion commençait après 48 heures d'absence du corps. Jusque-là, il s'agissait d'une simple absence non autorisée. La sanction pouvait être accompagnée de dix jours d'arrêt de rigueur.

Toute sanction relevant d'un arrêt de rigueur de plus de cinq jours et d'une interdiction de sortie de plus de cinq jours devait être prononcée par un officier ayant rang de commandant. Le paragraphe 6 du règlement disciplinaire des *LwHelfer* précisait que, pour ces peines, il n'existait pas de registre des sanctions. Elles ne figuraient pas non plus au dossier de l'intéressé et ne le suivaient pas lorsqu'il quittait la Flak pour le RAD ou l'armée.

Par contre, les sanctions supérieures à celles définies ci-dessus devaient être obligatoirement prononcées par un colonel ou, s'il y a lieu, selon la gravité, par un tribunal militaire ou une cour martiale. La peine figurait alors au dossier et suivait le *LwHelfer*.

Il s'agissait de crimes — de délits tels que vols — de désertion — trahison — nuisance aux intérêts du peuple allemand etc.

Les sanctions prononcées dans ce contexte étaient inscrites au registre des peines. Mais je n'ai jamais entendu qu'il existat un registre où étaient inscrits ceux qui parlaient le français.

Par contre étaient fichés des gens comme François Burrus, condamné à six ans de réclusion. Son dossier l'avait précédé au RAD. Les *LwHelfer* Burckel et Lustig étaient fichés. Ils traînaient avec eux, attaché au cou, un exemplaire du jugement les ayant condamnés pour désertion manquée, de même Speiser et Heintz. Etait aussi fiché Georges Strohl dont la mère était emprisonnée à Haguenau pour fait de résistance et dont le père était déporté dans une mine de sel près de Ludwigsburg. Tous deux avaient fait partie d'un réseau qui faisait passer des prisonniers français d'Allemagne en France et qui fut dénoncé par un des prisonniers capturé et torturé. Le courrier de Georges Strohl passait systématiquement à la censure.

Voilà pour ce qui était du côté règlement officiel.

Une autre surveillance plus sournoise menaçait les *LwHelfer*, surveillance qui, parfois, ne convenait même pas aux chefs militaires.

Ainsi, à Karlsruhe, Georges Diehl du collège de Barr fut appelé un jour chez son chef de batterie, le lieutenant Pleuser. Celui-ci lui remit un paquet de lettres dont Diehl croyait qu'elles étaient parties par la poste.

« J'ai intercepté vos lettres écrites en français à vos parents — lui dit son lieutenant. Ici, la Gestapo ouvre le courrier des *LwHelfer* pour surveiller ce qui se dit. Pour ma part, je n'ai rien vu mais désormais, ayez la correction d'écrire en allemand sinon il pourrait y avoir de mauvaises surprises. »

Visiblement, le lieutenant avait sauvé la mise à Diehl et ne tenait aucune rigueur à celui-ci d'avoir écrit ses lettres en français car, lorsqu'une nuit, la Flak de Karlsruhe abattit par erreur un avion allemand, le même lieutenant ne put s'empêcher de lui dire, sarcastique : « Alors, vous êtes satisfait ? ». Il connaissait parfaitement l'état d'esprit du *LwHelfer* alsacien.

C'est pourtant Achille Barth de la *Wirtschaftsoberschule* de Colmar qui semble avoir décroché le coquetier dans le domaine de la langue française.

Lui aussi était à Karlsruhe et s'est fait mal voir. Un de ses sous-officiers voulut apprendre le français et demanda à Barth de lui donner des leçons. Barth refusa.

Toujours en ce qui concerne le français, j'ai fait moi aussi une expérience dans ce domaine.

A nos moments de loisirs, nous jouions à la bonne vieille belote et utilisions tout naturellement les termes français. Ce jeu suscitait la curiosité des militaires adultes, surtout des sarrois. Certains même voulurent que nous leur apprenions à jouer à la « Bella ». En contrepartie, ils nous apprirent le Skat, jeu typiquement allemand.

Nous avions cependant un sous-officier plutôt fruste — il était ouvrier meunier dans le civil — le MDL Lœsel, qui n'aimait pas entendre parler le français. Mais la raison était toute personnelle et subjective. Il ne comprenait pas, cela le mettait en état d'infériorité et l'irritait.

Or, dans certaines unités, des *LwHelfer* allemands utilisaient cette même particularité pour manifester leur supériorité intellectuelle sur les sous-officiers qui représentaient l'autorité brute. En Allemagne, le français était peu enseigné dans les écoles. Par contre, l'anglais l'était beaucoup plus et j'ai eu plusieurs échos indiquant que des *LwHelfer* allemands parlaient entre eux l'anglais dans le seul but de faire enrager leurs sous-officiers.

Mais cela n'alla jamais plus loin qu'un bal masqué.

Victor Muller, l'actuel curé de la paroisse Ste Thérèse de Metz, lisait couramment des livres à caractère religieux et en français tel que « L'introduction à la vie dévote de St. François de Saales ». Cela se savait et il ne se sentait pas plus menacé pour cela.

Laurent Ott, vicaire de La Wantzenau, m'a raconté qu'un dimanche matin, leur capitaine les interpela et leur dit que des séminaristes devaient se trouver à cette heure à la messe. Il les envoya à l'église.

Je répète que la hiérarchie militaire était moins dangereuse, malgré des sensibilités politiques très variables, que la police qui travaillait, elle, dans l'ombre.

Là aussi j'ai fait moi-même une expérience, en toute innocence si je puis dire, et sans arrière-pensée, mais qui m'a montré combien nous étions surveillés.

Début 1942, mon père qui travaillait au chemin de fer, tomba gravement malade et dut prendre sa retraite anticipée. Il fut contraint de ce fait de quitter son logement de fonction. Ma famille fut obligée de déménager et, dans la foulée, je changeais d'établissement scolaire deux fois en neuf mois. J'ignorais début 1943 que les Allemands, pour échapper à la Flak, quittaient les écoles ou changeaient de domicile. J'ignorais aussi que Gœring avait donné ordre à la Gestapo de poursuivre les « fuyards » et de les ramener à la Flak.

Or, les élèves de l'école où j'étais précédemment ayant été incorporés peu après mon départ, la police se présenta chez mes parents et demanda à me voir. Ma mère expliqua que j'étais en classe.

130

Il fallut que mes parents fournissent la preuve du départ à la retraite de mon père justifiant le changement de domicile, et moi je dus me présenter à la police avec un certificat d'inscription de ma nouvelle école. Car on admettait tout de même à cette époque qu'en cas de force majeure, un adolescent de 16 ans suive ses parents.

Lorsqu'un peu plus tard je fus incorporé à la Flak, je dus me rendre à la mairie où un gendarme me remit mon ordre d'incorporation en présence du maire et de ma mère remplaçant mon père malade.

J'ai longtemps pensé figurer dans le fichier de la police mais, finalement, alors que j'étais à la Flak et que je fus autorisé à passer en classe de 7e, je pus considérer que je n'étais pas fiché.

Ce lieutenant de Karlsruhe qui a retenu le courrier de Diehl savait ce qu'il faisait et connaissait parfaitement le service qu'il rendait au *LwHelfer*.

Les relations avec les *LwHelfer* allemands étaient en général correctes, car nous étions des rameurs sur la même galère. Parfois, elles étaient nuancées par la sensibilité, la susceptibilité et les convictions de chacun et donnaient lieu à de petits accrochages tels que Walter en a relaté, mais ces accrochages restaient sans lendemain, si ce n'est que parfois des clans se formaient.

Ces mêmes sensibilités personnelles jouaient quant aux relations avec la hiérarchie. Il fallait bien sûr être prudent face à un officier issu du parti, pur et dur. Mais d'une manière générale, si votre attitude n'était pas tout à fait orthodoxe (c'était le cas de la plupart d'entre nous), on ne vous en tenait pas spécialement rigueur à condition de ne pas entrer ouvertement en conflit avec le règlement et les intérêts de l'armée. Refuser de nettoyer les canons un dimanche matin était bien sûr un « casus belli ».

André Walter, qui s'était juré de ne jamais tirer sur un avion allié, refusa le poste de K1 à la Flak légère (sauf une fois par concours de circonstances) et quand il fut muté à la DCA lourde, il demanda à faire partie de l'équipe du télémètre. On ne lui en tint apparemment pas une rigueur particulière.

Mais à travers tous ces cas individuels il ne faut pas perdre de vue que le simple fait d'avoir dans nos dossiers la mention « Elsässer », « Lothringer » ou « Luxemburger » était suffisant pour que l'on se méfie de nous et, sauf exception dont j'ai relaté quelques exemples, point n'était besoin d'un fichage spécial.

D'ailleurs, les Allemands avaient sur nous un moyen de pression autrement plus efficace : si nous nous rebiffions, on s'en prenait aux parents.

A cet égard, le cas de Charles Keller, dont des documents nous sont restés, est très parlant.

La Gestapo veut transplanter la famille d'un *LwHelfer*

Charles Keller — aujourd'hui aumônier au collège de Guebwiller — était en 1944 élève au lycée Bartholdi de Colmar lorsqu'il fut incorporé avec ses camarades Jean Kientz, Paul Herzog et Jean-Pierre Hoog.

Après un passage à la Flak légère à Karlsruhe, Keller fut muté à Pforzheim, puis à Strasbourg à la 233ᵉ *Schwere Flakabteilung* stationnée au Murhof, entre Lingolsheim et Ostwald où il resta durant tout l'été jusqu'en octobre 1944.

Son père était garde forestier à la maison Forestière de St. Gilles près de Colmar.

Il avait une grand'mère qui habitait Graffenstaden, localité assez proche de sa batterie et, à l'occasion de ses brèves permissions, il allait chez sa grand'mère plutôt que de rentrer à la maison paternelle.

Pourtant, en ce 8 octobre 1944, il bénéficia d'une permission de 48 heures, et décida de rentrer à St. Gilles. Car la veille il avait, au cours de la nuit, entendu pour la première fois le canon tonner dans les Vosges.

Les Alliés approchaient et son père lui avait toujours dit « Tu ne traverseras pas le Rhin. »

Charles Keller et son père parlèrent de la situation militaire et le fils lui annonça son intention de déserter. Prudent, le père lui dit qu'à son avis c'était prématuré et lui demanda de repartir jusqu'à ce que les Alliés soient plus près de Colmar, car il se méfiait de la police allemande. La suite des évènements montrera qu'il avait vu juste.

Alors que Charles Keller était en train de préparer son sac pour regagner son unité, son père lui conseilla d'emmener des effets civils. Puis, accompagné de son jeune frère, le *LwHelfer* repartit à bicyclette jusqu'à Colmar où il prit le train pour Strasbourg.

Le train s'attarda en gare de Sélestat parce que des avions alliés — des chasseurs — avaient été signalés dans la région. Après 45 minutes d'arrêt, le convoi repartit pour freiner brutalement à proximité de Kogenheim en même temps qu'éclatait une intense mitraillade. Les chasseurs avaient repéré le train dans lequel se trouvait Keller. Les voyageurs cherchèrent refuge dans une forêt proche de la voie. Keller, qui s'était abrité derrière un arbre, vit des balles traçantes traverser la forêt et, tout près de lui, un voyageur fut blessé au bras.

Lorsque les avions se furent éloignés, Keller sortit du bois et vit que le train avait été sérieusement touché. Quelques wagons brûlaient et, manifestement, il ne pouvait pas repartir.

C'est alors que Charles Keller prit la décision de ne plus retourner à son unité.

Il repartit à pied, direction Colmar. A l'entrée de Sélestat, dans une maison partiellement détruite, il se débarrassa de son uniforme et endossa les effets civils qu'il avait dans son sac.

A Sélestat, il prit un train en partance vers Wettolsheim où il passa chez des amis. Il demanda à ceux-ci de prévenir son père que son train avait été mitraillé et qu'il était de retour.

La nuit venue, il se mit en route un peu après 20 heures vers la maison forestière de St. Gilles.

Son père n'avait pas perdu de temps et lui avait déjà trouvé une cachette chez la famille Auguste Lipp à Husseren le Chateau près d'Eguisheim.

Or, en ce début octobre, on était en pleine période de vendanges et le hasard voulut qu'une personne venue de Wintzenheim pour aider à cueillir le raisin vit le jeune déserteur. A son retour à Wintzenheim, elle ne trouva rien de mieux à faire que de raconter qu'elle avait vu le fils Keller.

Keller n'était pas le seul à s'être échappé et un certain nombre de réfractaires se cachaient dans les environs où la police s'apprêtait à faire une rafle.

Auguste Lipp apprit ainsi que le village risquait d'être encerclé et fouillé. Il fit parvenir au père de Keller par une personne de passage un message personnel convenu pour le cas où il y aurait un danger. La phrase codée était : « Le bois est prêt » et le père de Keller vint chercher son fils pour l'emmener à Wintzenheim où un ancien légionnaire le cacha.

Entretemps, un Allemand, un certain Hoffmann, qui avait participé à la construction du mur de l'Atlantique et qui s'était retiré près de Wintzenheim, était parti à la cueillette de champignons. Ce faisant, il aperçut par le plus grand des hasards quelques-uns des réfractaires qui se cachaient dans des grottes près d'une chapelle que le langage populaire appelait « Waldkapallele », la chapelle du bois.

Hoffmann se rendit à la police et y raconta ce qu'il avait découvert. Il servit de guide à deux gendarmes qui surprirent les réfractaires. Après leur avoir mis les menottes, ils s'apprêtaient à les conduire à Colmar lorsque l'un d'eux, profita d'un moment d'inattention d'un gendarme pour s'emparer de sa mitraillette et l'abattre en même temps que leur guide Hoffmann. Le deuxième gendarme ne fut que blessé.

Les réfractaires prirent la fuite.

La réaction de la police fut, on s'en doute, violente. Aidés par des militaires, les policiers fouillèrent toute la région, y compris la maison forestière St. Gilles, proche des lieux où s'était déroulée la fusillade.

La police pensait en effet que le jeune Keller faisait partie du groupe qui avait tué le gendarme et Hoffmann.

Ce que Charles Keller et son père ignoraient à l'époque, c'est que le chef de batterie avait signalé la défection de Keller à ses supérieurs lesquels avaient chargé la Gestapo de le retrouver. Celle-ci supposait qu'il devait se cacher dans les parages de la maison forestière et notamment dans les grottes près de la chapelle. Et, aux yeux de la police, Keller était impliqué dans la fusillade. Mais, on l'a vu, cela n'était pas le cas. Keller était isolé et ne faisait partie d'aucun groupe.

Ce que Charles Keller ignorait aussi, c'est que la Gestapo avait mis sur pied un plan diabolique. Ne pouvant trouver le jeune *LwHelfer* évadé, elle envisageait de s'en prendre à ses parents et de les transplanter, en guise de sanction, en territoire allemand, probablement en Silésie, en Prusse ou en Saxe.

Le document publié en annexe est la photocopie d'un des documents émis par le bureau de Colmar de la Gestapo en date du 24 octobre qui date donc de 15 jours après l'évasion de Keller et qui est adressé à «l'*Einsatzkommando*», autrement dit aux «chasseurs» de la Gestapo.

Ce document (qui en est un parmi d'autres et choisi parce qu'il résume la situation) dit ceci :

Concerne: Eloignement non autorisé de Charles Keller, Célibataire, LwHelfer *Alsacien, né le 22 janvier 1928 à St. Gilles — Maison forestière.*

La Gendarmerie de Wintzenheim nous a fait savoir que le Luftwaffenhelfer *Charles Keller a quitté sans permission son unité, la 233/VII de DCA lourde. Les recherches pour le retrouver sont demeurées vaines à ce jour.*

Il avait été envisagé de transplanter les membres de la famille K (eller) dans le territoire du vieux Reich. Il convient cependant de renoncer à cette mesure, un frère de l'intéressé ayant trouvé la mort en août 1944 sur le front de l'Est.

Voici donc un des rares documents qui nous soit parvenu (je dirai un peu plus loin comment) sur les manières de procéder de la police allemande à l'égard des *LwHelfer* réfractaires.

Et dans le cas présent, ce ne fut qu'au fait que le frère de Charles Keller avait été tué sur le front russe que la famille dut de ne pas avoir été transplantée.

Mais au moment des évènements, la famille de Keller ignorait les projets de la police. La Gestapo s'était jusque là limitée à interroger longuement le père, sans plus. Celui-ci avait tenu bon.

La police donc rôdait autour de la maison forestière dans l'espoir de trouver un indice sur la présence de Charles Keller lequel était caché, comme on le sait, chez le légionnaire Meyer qui assurait sa sauvegarde.

A l'approche du front, les troupes allemandes firent de la maison forestière une antenne sanitaire. Par ailleurs, non loin de là, ils installèrent une batterie de campagne qui permettait de prendre la route de Kaysersberg sous le feu de ses canons.

Quant aux policiers qui n'étaient pas du bois dont on fait les héros, mais plutôt de celui dont on fait les tortionnaires, ils disparurent.

Charles Keller put ainsi quitter la cachette chez le légionnaire Meyer et réintégrer la maison forestière. Car les militaires allemands avaient désormais d'autres chats à fouetter et n'étaient plus dangereux. A un soldat qui lui demandait un jour son âge, il répondit : 15 ans. Cela pouvait passer.

Mais les Allemands semblaient vouloir faire de la maison forestière située un peu en hauteur un point de résistance. Ils creusèrent des tranchées le long d'un chemin appelé chemin du panorama, d'où ils pouvaient surveiller la plaine, et posèrent des mines aux approches de la maison.

Et un beau jour, le 3 ou le 4 février, ils disparurent. Les Américains arrivèrent peu après.

Après la libération, Charles Keller apprit que la Gestapo surveillait aussi la maison de sa grand'mère à Graffenstaden où le *LwHelfer* s'était souvent rendu pendant ses courtes permissions. A la grand'mère, qui fut interrogée plusieurs fois mais qui ignorait tout de la désertion de son petit-fils, la police déclara que si elle voyait le jeune *LwHelfer* elle devait lui dire qu'il pouvait venir en toute confiance et qu'aucun mal ne lui serait fait.

Je disais qu'il est étonnant qu'un document authentique de la Gestapo ait pu parvenir jusqu'à nous. En fait, ce n'est pas seulement le document reproduit dans ce livre que Keller retrouva, mais tout son dossier de police.

Et voici comment:

Le père de Charles Keller avait un ami qui gérait une entreprise de récupération de vieux papiers. Un jour, en chargeant son camion, celui-ci vit au passage un dossier portant le nom de Keller, nom qui évidemment lui disait quelque chose. Il le prit, l'ouvrit et constata qu'il s'agissait bien du garde forestier de St. Gilles et de son fils. C'est ainsi que la famille Keller entra en possession de son dossier «Gestapo».

CHAPITRE XVIII

Trois cents compagnons d'infortune luxembourgeois

Dans la foulée de leur victoire fulgurante à l'ouest en 1940, les Allemands ne se contentèrent pas d'annexer les trois départements de l'Est, mais aussi le Luxembourg. Ce petit pays de 350 000 habitants fut envahi au matin du 10 mai 1940 alors qu'il était neutre et n'était en aucune manière concerné par le conflit en cours. A part une garde d'honneur pour le palais grand'ducal, il ne possédait aucune force armée. Les Allemands se chargèrent de faire en sorte qu'il fut désormais concerné. Au mépris du droit des gens, le Luxembourg fut occupé en quelques heures et, comme l'Alsace et la Moselle, rattaché au territoire du Reich. Définitivement, pensaient les nazis.

Or, le Luxembourgeois a un sens profond de sa particularité ethnique et déteste par-dessus tout qu'un autre pays cherche à l'accaparer sous prétexte qu'il est sans défense.

« Le Luxembourgeois ne veut pas être l'enfant d'une autre mère », dit fort bien Marcel Staar dans son excellent livre « Waffenträger wider Willen »[13] qu'il a publié sur le calvaire des jeunes Luxembourgeois incorporés de force dans l'armée allemande. Parmi eux, il y avait aussi 300 *Luftwaffenhelfer*, dont l'auteur du livre précité.

A bien des égards, le sort des *LwHelfer* Luxembourgeois peut être mis en parallèle avec celui des Mosellans, et surtout celui des Alsaciens.

Les *LwHelfer* Luxembourgeois furent incorporés en plusieurs vagues, selon les besoins manifestés par l'armée, à la 857e *Leichte Flakabteilung*.

Une première vague fut incorporée à la mi-octobre 1943 comportant 135 élèves des écoles suivantes :

la Gœthe Schule, la Oberschule de Limpertsberg et l'Athenäum pour la ville de Luxembourg

le collège d'Esch, le collège de Diekirch et le collège d'Echternach pour le reste du pays.

Ces 135 élèves furent affectés, après formation au camp de Lallingen, à trois batteries dont une de 37 mm et deux de 20 mm. Ces dernières eurent pour tâche la protection des usines sidérurgiques de Belval, de Schifflingen et de Differdange. Une partie d'entre eux, dont l'auteur de l'ouvrage précité, fut affectée à une batterie de projecteurs implantée à proximité de l'usine de Schifflingen.

---

13. « Soldat contraint et forcé »

En janvier et en mars 1944, une deuxième et une troisième vagues de 176 élèves furent appelées, en provenance des mêmes écoles. Je disais plus haut que le Luxembourgeois tolère mal que l'on touche à sa neutralité et les élèves de la 6e de Limpertsberg firent quelque chose d'unique dans les annales des *LwH*-Malgré Nous : ils firent la grève.

Les Allemands réagirent avec brutalité et condamnèrent les grévistes à trois mois de camp de redressement. Ce camp, qui avait été aménagé au château de Stahleck près de Bacharach sur le Rhin, était dirigé par des responsables de la Jeunesse Hitlérienne. Ceux-ci devaient inculquer l'esprit nazi aux Luxembourgeois récalcitrants et les amener à de meilleurs sentiments.

Voyant la réaction de l'occupant à l'égard d'élèves à peine sortis de l'enfance, les parents des collégiens rédigèrent une pétition contresignée par le directeur du collège concerné, pour demander au Gauleiter de faire preuve de mansuétude et de clémence. Le Gauleiter laissa traîner les choses et, quand un mois fut écoulé, il ramena la peine de trois à un mois. Les « grévistes » furent libérés à la mi-novembre 1943. Ils furent affectés aux diverses batteries précitées et firent leur service comme les autres.

Cette histoire montre si besoin en était que chercher à échapper à un ordre d'incorporation, que ce soit au Luxembourg ou ailleurs, n'était pas une petite affaire.

A propos de l'incorporation, Marcel Staar m'a raconté l'anecdote suivante : Un élève, excellent footballeur qui devait par la suite devenir gardien de but dans l'équipe nationale, ne figurait pas sur la liste des élèves à incorporer en tant que *LwHelfer*. Le maire de sa commune l'avait fait exempter en raison de ses qualités sportives.

Or, le jeune footballeur voulait faire preuve de solidarité avec ses camarades de classe et renonça à la faveur qui lui avait été faite. Lorsqu'il annonça sa décision au maire, celui-ci le récompensa par une gifle magistrale.

A lire ce qui précède, on peut se douter que les relations entre les *LwHelfer* Luxembourgeois et la hiérarchie militaire ne devaient pas être des meilleures. Toute une série de faits devait par la suite confirmer les tensions existantes.

Vers la mi-août 1944, les *LwHelfer* de la région d'Esch étaient en état d'alerte lorsqu'une formation de neuf avions, visiblement des chasseurs, apparut dans le ciel, venant du sud. Des chasseurs américains avaient d'ailleurs été signalés au sud, au-dessus de la Moselle.

Le chef de la 2e batterie, frais émoulu de l'école de guerre, la tête pleine de théories mais peu aguerri par la pratique, voulut sans doute faire des étincelles... et prit pour des Thunderbolts américains ce qui, en fait, étaient des Focke Wulf 190 allemands. Il ordonna aux canons de sa batterie d'ouvrir le feu, ce que les Luxembourgeois firent avec plaisir car, eux, avaient reconnu les avions allemands au premier coup d'œil. Les *LwHelfer* du 1er Zug n'hésitèrent pas et firent cracher à leurs canons de 20 mm leur maximum. Ils firent tant et si bien qu'ils touchèrent un Focke Wulf 190 qui prit plusieurs obus dans l'aile droite et commença à prendre feu. L'avion malmené parvint de justesse à se poser sur l'aérodrome d'Esch tout proche.

Le fait que la formation ne s'était pas annoncée conformément aux directives en cours évita au chef de batterie des suites désagréables. Quant aux *LwHelfer* Luxembourgeois, ils ne purent être inquiétés bien qu'ils avaient remarqué l'erreur de leur chef. Ils n'avaient fait qu'exécuter un ordre. Et un ordre ne se discute pas!

Marcel Staar, ai-je dit, avait été affecté à une unité de projecteurs de 60 cm. Chaque projecteur disposait d'un miroir de rechange pour le cas où celui qui était en service serait hors d'usage. Pour jouer un tour aux Allemands, le *LwHelfer* O.F. n'hésita pas à vendre le miroir de réserve... à un coiffeur, améliorant par la même occasion sa solde et son argent de poche.

Mon interlocuteur m'a affirmé que cette histoire est tout ce qu'il y a d'authentique.

Les *LwHelfer* du 4e Zug de la 1ère batterie de 37 mm stationnés à Schifflingen étaient un jour occupés à faire de l'exercice au canon avec des munitions réelles et voilà que tout à coup un obus partit, provoquant un trou dans la tour de refroidissement de l'usine de l'Arbed. Pour la petite histoire, il n'est pas inintéressant de savoir qu'après la guerre, lorsque l'Arbed fit l'inventaire des dommages causés par l'occupant allemand, elle n'y fit pas figurer le trou occasionné par les *LwHelfer* Luxembourgeois.

Dans l'ensemble, la nourriture laissait plutôt à désirer en quantité et en qualité. Lorsque les limites inférieures de la qualité étaient atteintes, le *LwHelfer* Bové confectionnait pendant la nuit un panneau peint avec des couleurs bleu, blanc et rouge, et portant la mention «On recherche nouveau cuisinier» et apposa ce panonceau à la porte de la cuisine de telle manière qu'il fut visible de tous.

Comme partout, il y avait aussi des Allemands raisonnables dans l'entourage des *LwHelfer*. Lorsqu'après l'attentat du 20 juillet 1944 contre Hitler le salut hitlérien remplaça obligatoirement le salut militaire dans toute l'armée allemande, le lieutenant von Bargen dit aux *LwHelfer* Luxembourgeois de sa batterie: «A partir de maintenant, si nous devons nous rencontrer dans une rue en ville, nous ne nous voyons plus». Par ailleurs, de nombreux vieux briscards de la Wehrmacht ne croyaient plus en la victoire. Ils avaient surnommé le quart-d'heure des informations diffusées matin, midi et soir à la radio: «*Klumpfüschens Märchenstunde*», ce qui peut se traduire par «L'heure des fables du conteur Pied-Bot» (le ministre de la Propagande Gœbbels avait un pied-bot).

Le père d'un des *LwHelfer* était professeur et, à ce titre, avait été requis pour donner des cours aux *LwHelfer* et ce à la section où se trouvait son propre fils. Lorsque le père professeur se présentait à la position alors que les *LwHelfer* venaient de passer une nuit blanche, son fils l'accueillait par ces paroles: «*Papp geh heem; mir si nach mitt*», ce qui signifie «Papa, retourne à la maison, nous sommes encore fatigués». Ce n'était pas une boutade, car l'obligation d'assister à des cours après les nuits d'alerte amena aussi les *LwHelfer* Luxembourgeois à la limite de la résistance au point qu'il y eut quelques effondrements nerveux.

A la Noël 1943, les *LwHelfer* du 2e Zug de la 2e batterie de Belval furent transférés pour quinze jours à la troisième batterie de Schifflingen afin de permettre une révision en profondeur de leurs canons. Les *LwHelfer* de la 3e batterie de Schifflingen étaient pendant ce temps en permission et avaient laissé sur place un électrophone et quelques disques. Les nouveaux occupants des lieux profitèrent largement du tourne-disques et, pendant quinze jours, une mélodie eut tout particulièrement les faveurs des soldats allemands de la batterie. Elle fut demandée et redemandée. Il s'agissait de l'hymne national luxembourgeois...

En ce qui concerne la défense antiaérienne, les Luxembourgeois eurent à subir des attaques du même type que les Mosellans. Les Américains n'attaquaient pratiquement pas les industries lourdes, aciéries et autres, mais procédaient plutôt à des attaques ponctuelles d'aérodromes, de ponts et d'installations ferroviaires et, comme à Mulhouse, Strasbourg, Metz ou Sarreguemines, il y eut des bavures. Chaque fois, une partie de la cargaison mortelle des avions tomba sur des habitations civiles.

Ainsi, Luxembourg fut attaqué le 9 mai 1944 par des forteresses volantes accompagnées de chasseurs. Ils visèrent la gare de triage mais touchèrent aussi des quartiers d'habitations.

Cette attaque fut suivie d'une seconde, le 11 mai, provoquant une centaine de morts parmi la population civile. Les *LwHelfer* se rendirent compte qu'ils risquaient moins au beau milieu des installations industrielles lourdes demeurées pratiquement intactes que leurs parents dans les villes. Ils commencèrent à craindre plus pour les leurs que pour eux-mêmes.

A partir du printemps 1944, les premiers *LwHelfer* furent libérés de la Flak pour être incorporés au RAD. En été et en automne, d'autres camarades suivirent. Du RAD, les *LwHelfer* allaient passer directement dans la Wehrmacht. Alors qu'ils avaient été affectés jusqu'alors sur le sol luxembourgeois même, le RAD allait les mener en Allemagne.

Dans son livre «Waffenträger wider Willen», Marcel Staar retrace les états d'âme et les sentiments qui l'agitèrent lorsqu'il sut qu'il devait se rendre dans un pays où l'individu était propriété de l'Etat, lequel en faisait littéralement un esclave corvéable jusqu'à la mort. Il lui répugnait de servir un pays qui avait fait de ses dirigeants des divinités païennes, à l'instar de celles que l'on rencontre dans la mythologie germanique.

La rapide avance des Alliés fit que les *LwHelfer* Luxembourgeois incorporés au RAD ne purent plus rentrer chez eux. Leur Patrie ayant été libérée, ils furent obligés de vivre la débâcle allemande jusqu'à la fin, comme cela arriva à de nombreux Alsaciens et Mosellans.

Au moment où se posa pour les *LwHelfer* Luxembourgeois le problème de la reconnaissance comme incorporés de force dans la Wehrmacht, ils durent, comme en France, livrer quelques batailles juridiques. Mais finalement, l'administration dut s'incliner devant l'évidence que les *LwHelfer* avaient été des combattants « de facto » car, sur les 300 *Flakhelfer* Luxembourgeois qui avaient été incorporés en 1943 et 1944, 14 furent tués au combat.

CHAPITRE XIX

Après les collégiens, les apprentis

Le lecteur se souvient de Roger Burckel qui avait réussi à échapper temporairement à la Flak en tant qu'élève du lycée Kléber de Strasbourg, mais qui fut incorporé en tant qu'apprenti. Il n'était pas le seul dans ce cas, car le besoin des Allemands en matériel humain était tel qu'après avoir épuisé le potentiel disponible sur les bancs des écoles, ils commencèrent à mobiliser les apprentis de la classe 1928, les classes plus âgées étant déjà incorporées au RAD ou dans la Wehrmacht.

C'est ainsi que Joseph Lapp, apprenti forgeron à La Wantzenau, fut incorporé en tant que *LwHelfer* le 1er novembre 1944, c'est-à-dire 22 jours avant la libération de Strasbourg. Il fut affecté à la 233e *Schwere Flakabteilung* stationnée au Murhof, où il rencontra une douzaine d'autres apprentis.

Pour justifier l'incorporation des apprentis, on leur dit qu'ils avaient été appelés pour remplacer des *LwHelfer* déserteurs.

Cela est possible, mais il convient de préciser deux points :
— de peur que les *LwHelfer* alsaciens déjà incorporés ne désertent en trop grand nombre, les Allemands les avaient transférés dès la mi-octobre en Saxe, en Thuringe et même en Tchécoslovaquie
— un certain nombre de *LwHelfer* allemands avaient été affectés en Alsace, et notamment à Strasbourg, et les historiens allemands reconnaissaient volontiers que beaucoup d'entre eux se sont débandés et ont filé au pays de Bade à l'approche des troupes françaises.

On s'est donc trouvé devant une curieuse manœuvre de la part des Allemands, manifestement débordés et à court d'hommes. Pour éviter que les Alsaciens ne désertent, on les transfère vers le centre de l'Allemagne et on les remplace par des Allemands. Ceux-ci se débandent en partie et filent, et on les remplace à nouveau par des Alsaciens pris sur place.

C'est donc ainsi que Lapp et douze camarades furent affectés à une batterie implantée après le pont qui enjambe la route allant de la Montagne Verte à Ostwald, approximativement à l'endroit où se trouve aujourd'hui l'église catholique, à droite de la route en allant vers Ostwald.

Incorporés le 1er novembre 1944, il n'était plus question pour ces jeunes d'une formation en règle. Il s'agissait de parer au plus pressé et leur rôle consistait surtout à approvisionner les militaires en munitions. A ce propos, Lapp se souvient que, le 22 novembre, les munitions antiaériennes furent échangées contre des munitions antichars et, dès le 23 au matin, la batterie effectua un tir de barrage contre les premiers chars français qui firent leur apparition dans ce secteur.

Vers 11 heures — raconte Joseph Lapp — le tir cessa et vers 13 heures, un half-track français arborant un drapeau blanc s'approcha de la batterie, venant de Lingolsheim, dans le but de négocier la reddition de ce qui était un des derniers bastions de résistance dans la périphérie de Strasbourg.

Joseph Lapp assista alors — dit-il — à un de ces actes de traîtrise auxquels le fanatisme pouvait acculer certains hommes qui ne pouvaient admettre que le nazisme était arrivé en bout de course.

Un des chefs de pièce, plein de rage, fit pivoter son canon vers le half-track et, au moment où celui-ci obliqua vers la batterie, il régla et déclencha personnellement le tir sur le véhicule qui se trouvait à un peu plus d'une centaine de mètres du canon.

L'obus pénétra de biais dans la cabine à la base du capot moteur, traversa de part en part l'abdomen du conducteur, ressortit par le côté gauche du half-track et alla exploser contre une maison située sur le bord de la route, à une dizaine de mètres de là.

Les deux autres occupants du half-track, indemnes, réussirent à évacuer le véhicule et à se mettre à l'abri derrière les maisons, puis disparurent.

Pendant une bonne heure, il ne se passa rien. Puis la position allemande fut prise sous le feu nourri de l'artillerie française.

Un autre *LwHelfer*-apprenti du nom de Danner et originaire de Duppigheim s'approcha de Lapp et lui dit : « Je crois que c'est le moment de filer ; ça va tourner au vinaigre. »

Tous deux sautèrent dans le fossé longeant la route et se mirent à courir vers Ostwald. mais, sous le couvert du tir d'artillerie, les Français s'étaient approchés de la position allemande et, voyant deux individus en uniforme allemand courir dans le fossé, les prirent sous le feu d'une mitrailleuse. Un mortier léger se joignit bientôt à l'arme automatique.

Fort heureusement pour eux, les deux fugitifs réussirent à se mettre hors de la vue des Français et le tir cessa. Ils continuèrent à courir jusqu'à Ostwald où ils pénétrèrent dans un poulailler. Ils se débarrassèrent de l'essentiel du trop voyant uniforme allemand, ne gardant que le strict nécessaire. Alors qu'au loin la fusillade faisait rage, ils prirent un peu de repos puis s'éloignèrent du village pour pénétrer dans la forêt d'Ostwald où ils passèrent la nuit.

En fin d'après-midi, les tirs s'étaient arrêtés et le calme semblait revenu dans leur entourage immédiat.

Le lendemain matin, explorant prudemment les environs, ils constatèrent que les Allemands avaient disparu.

Avec précaution, ils se dirigèrent à nouveau vers Lingolsheim. En passant près de leur ancienne batterie, ils virent un spectacle de désolation. La plupart, sinon la totalité des servants des pièces étaient morts. Les Français n'avaient pas apprécié que l'on tire sur un parlementaire portant un drapeau blanc.

Arrivés place d'Ostwald au carrefour de l'actuelle route de Schirmeck, Danner prit à gauche pour se diriger vers Duppigheim, et Lapp se dirigea vers la droite pour rentrer chez lui à La Wantzenau.

Ainsi s'acheva la période de 23 jours que Joseph Lapp, apprenti forgeron, passa à la Flak.

CHAPITRE XX

Evasions en chaîne

Il est à peu près certain que plus de la moitié des *LwHelfer*, peut-être même les deux tiers, désertèrent de leur unité ou tentèrent de s'évader dès qu'ils jugèrent le moment opportun sans faire courir trop de risques à leurs parents.

Les méthodes utilisées et les circonstances exploitées pour prendre la clé des champs mériteraient à elles seules un livre, un livre d'or. Car les qualités d'improvisation déployées, l'esprit de décision manifesté à ces occasions par des gamins de 16 et 17 ans, leur courage et leur endurance sont dignes de tous les éloges. Bien sûr, la chance, elle aussi, était déterminante, car sans un minimum de chance, surtout à la guerre, rien n'était possible.

Et pourtant, si certains *LwHelfer* réussirent leur évasion du premier coup, d'autres se heurtèrent à des difficultés et des embûches insoupçonnées. Il y eut aussi des échecs. Mais la plupart du temps, les *LwHelfer* ne se laissèrent pas abattre par l'adversité et tentèrent une seconde, voire une troisième évasion.

J'ai déjà relaté l'évasion quasi improvisée de Charles Keller, évasion qui finit bien malgré une meute de policiers lâchée à ses trousses. Une infrastructure logistique mise en place par son père lui avait permis de traverser les mailles du filet. J'ai également évoqué la double évasion de Roger Burckel et de son copain Armand Lustig. Six mois de prison ne les empêchèrent pas de recommencer sitôt libres.

Il n'est malheureusement pas possible de relater toutes les tentatives faites par les *LwHelfer* pour échapper au triste sort qui était le leur.

Pour ce livre, j'en ai retenu quelques-unes parmi les plus spectaculaires, où le courage ou l'inconscience des acteurs, leur endurance, la chance ou la malchance ont fait basculer leur destin.

1. Une évasion menée rondement

Une des évasions menée le plus rondement fut celle d'Emile Zippert.

Incorporé le 21 août 1944, il a déserté le 14 octobre suivant, c'est-à-dire moins de deux mois après son incorporation.

Il était parti pour ne pas nuire à ses parents, et avec la certitude que la guerre était perdue pour les Allemands.

Pendant qu'il faisait ses classes à l'école de tir de Chieming, il était bloqué, mais la réponse donnée au lieutenant responsable de la formation et que j'ai relatée dans un chapitre précédent, montre bien quel était l'état d'esprit qui animait Zippert et ses camarades.

Affecté ensuite à une unité de DCA moyenne de la 721ᵉ *Leichte Flakabteilung*, il était en position sur le Rhin supérieur près du pont de Chalampé.

Il profita de sa première permission pour ne plus revenir.

Tandis que la police le recherchait, il était caché dans les environs de Wintzenheim, dans une des grottes où — comme je le raconte dans le cas Keller — des réfractaires avaient trouvé refuge. Mais Zippert ne s'était associé à aucun groupe. Il était resté isolé, estimant qu'un groupe présentait un trop grand facteur de risque. De plus, il changeait souvent de cachette, surtout après la fusillade au cours de laquelle furent tués un gendarme et le dénommé Hoffmann. Ce furent tantôt son oncle, tantôt sa grand'mère qui l'abritèrent. Sa cachette était fonction de l'activité des gendarmes qui sont venus trois fois interroger son père. Emile Zippert « voyagea » ainsi du 15 octobre 1944, premier jour de son évasion, jusqu'au 2 février 1945, jour de la libération de Wintzenheim.

Zippert semblait d'ailleurs avoir la baraka car, quelques jours après son évasion, le *LwHelfer* qui l'avait remplacé, Gert Rehrinck, fils de général, fut tué à son poste de transmission par une bombe larguée par un chasseur bombardier.

2. Une évasion rondement ratée

Beaucoup moins bien réussit la tentative entreprise par Gilbert Scherer et André Huck de l'école supérieure de commerce de Strasbourg.

Lorsque fin septembre 1944 les gens affectés à la 357ᵉ *Schwere Flakabteilung* à la Robertsau furent mutés à Pforzheim, les deux compères Scherer et Huck, tous deux originaires d'Erstein, décidèrent de profiter du tumulte qui accompagne l'embarquement d'une unité militaire dans un train pour disparaître.

Encore présents à Strasbourg, ils avaient disparu à l'arrivée à Pforzheim.

Le mécanisme habituel se mit en marche. Les parents des intéressés furent prévenus que leurs fils avaient abandonné leur unité et que si les deux fugitifs ne se présentaient pas à leur corps sous 48 heures, ils seraient arrêtés et internés dans un camp de concentration.

Ce furent donc les parents qui, parallèlement à la police, se mirent à leur recherche. Ils se doutaient bien que les deux jeunes gens n'avaient pas quitté Strasbourg avec le convoi et certains indices provenant de conversations antérieures laissaient supposer que les deux *LwHelfer* en fuite s'étaient dirigés vers le nord où ils avaient de la famille.

Ce fut effectivement à Bischwiller que les parents les retrouvèrent dans une grange où ils s'étaient aménagé une cachette dans le foin.

A la demande des parents, ils se présentèrent à leur unité où on commença par les mettre en état d'arrestation.

Une cour martiale réunie d'urgence les condamna à 15 jours de camp de redressement où ils subirent un régime qui fut aussi pénible qu'il fut bref.

Puis ils furent réintégrés dans leur unité.

L'échec de cette tentative d'évasion est à rechercher dans le fait qu'elle a été entreprise sans préparation, sur un coup de tête. A cette époque, l'armée allemande était encore loin d'être désorganisée. Quatre ou cinq mois plus tard, la chance aidant, une évasion de ce type aurait pu réussir.

3. Au pas cadencé à travers les lignes allemandes

Une évasion qui mérite un grand coup de chapeau fut celle de huit copains de la classe 1928 : Paul Burgy, Albert Hartmann, Gérard Hauger, Paul Mysliwicz, Claude Simler, Bernard Soldner, Gérard Walter et Jean Zug. Certains de ce groupe venaient du lycée de Mulhouse, la Albert Leo Schlageter Schule, d'autres du collège de Thann, la Ehrenfried Stöber Oberschule. Ils avaient été affectés à la même unité où nous avions trouvé Raoul Martin et Gaston Landwerlin dont j'ai raconté l'histoire plus haut.

Fin mars 1945, ces huit *LwHelfer* furent mutés au RAD dans un camp situé à Eschenbach, près de Bayreuth.

Le 7 avril, ils furent embarqués dans un train à destination de Juteborg, au sud de Berlin, où ils devaient prendre position contre les Russes en train d'investir la capitale.

Les huit estimèrent qu'il était grand temps de s'éclipser. Ce jour 7 avril, à la nuit tombante, ils décidèrent de quitter le train à l'arrêt suivant. Celui-ci eut lieu en rase campagne par suite d'un bombardement de la proche gare de Plauen.

Les huit compagnons sautèrent du wagon et se dirigèrent vers la queue du convoi. Quelques coups de feu retentirent, mais ils ignoraient si c'était sur eux qu'on tirait.

Toutefois, lorsqu'il fallut se regrouper, Soldner et Zug manquaient.

Ils étaient convenus qu'en cas de pépin ils se retrouveraient en gare de Plauen. Leur objectif était de tourner le dos aux Russes et de se diriger vers les Américains.

Les fugitifs avaient décidé — et cela devait s'avérer payant — de marcher toujours en formation. Et c'est ainsi qu'ils se mirent en route, direction Plauen. Arrivés à la gare de cette ville, ils eurent l'heureuse surprise d'y retrouver les deux manquants, Soldner et Zug. Les six redevinrent à nouveau huit.

Ils se fixèrent comme but suivant la ville de Saalfeld située à une centaine de kilomètres de là, vers l'ouest.

Ils marchèrent de nuit (et en formation) jusqu'à Pausa où... ils prirent le train après avoir acheté chacun un billet pour 3,40 R.M.

Le train ne les emmena cependant pas jusqu'à Saalfeld. Il dut s'arrêter avant, car les Américains n'étaient plus très loin.

Cette nouvelle remplit les fugitifs de joie. Ils continuèrent à pied et de nuit. Ils arrivèrent à Saalfeld le 11 avril. Certains avaient les pieds en sang. mais on entendait le canon. Le front était proche.

Cette joie fut toutefois tempérée lors de la traversée d'un village où deux déserteurs avaient été pendus par les Feldgendarmen. Chacun portait une pancarte accrochée sur la poitrine. Sur l'une était écrit « Deserteur », sur l'autre « Verräter »[14].

Partant à la recherche des Américains, ils se dirigèrent vers Kœnigsee. Alors qu'eux progressaient vers le front, le gros de l'armée refluait en sens inverse.

A un officier qui leur demandait ce qu'ils voulaient faire à Kœnigsee, ils répondirent qu'ils devaient rejoindre le gros de leur troupe dans cette localité. Il restait encore une vingtaine de kilomètres à parcourir.

Et tandis qu'ils marchaient sur la route, à contre-courant du flux principal, la chance, qui ne les avait pas quittés jusque-là, sembla un moment vaciller.

Ils se trouvèrent subitement face à une unité de *Panzer SS* qui stationnait là, attendant visiblement les Américains. C'est alors que l'esprit de décision et la présence d'esprit jouèrent.

Ils resserrèrent les rangs par deux, rectifièrent le pas et au pas cadencé passèrent devant les officiers SS en les saluant avec l'entrain et la martialité de rigueur. Jamais officiers n'auront été salués plus règlementairement que ceux-ci.

Aucun des SS ne broncha. Etaient-ils sidérés devant le courage de ces huit adolescents « montant au front » ou était-ce du mépris devant leur naïveté? Ils ne posèrent aucune question, ouvrirent le barrage anti-chars qu'ils refermèrent dès qu'ils furent passés.

Il restait encore un pont à franchir. Quelques minutes après le passage des huit Alsaciens, les SS le firent sauter.

Sans doute avaient-ils attendu qu'ils soient assez loin afin que les projections ne les atteignent pas.

Ces SS ne pouvaient pas deviner qu'ils avaient devant eux huit Alsaciens engagés dans une fuite en avant. Mais ces derniers avaient eu chaud.

L'uniforme et la discipline ont toujours impressionné les Allemands.

Les huit pénétrèrent alors dans une forêt où ils se proposèrent d'attendre les Américains. Mais ils s'aperçurent que la forêt n'était pas « propre ». Des Allemands, isolés ou par petits groupes, y circulaient encore.

---

14. Traître

Près du village de Gehren, ils rencontrèrent une première patrouille américaine. mais celle-ci se replia car, dans la localité, des gens du Volksturm les avaient accueillis à coups de fusil.

Les huit poursuivirent leur chemin comme des automates, la fatigue commençant à se faire sérieusement sentir. La faim également.

Puis ce jour-là, 12 avril à 16 heures, ils aperçurent sur une route en contrebas un half-track surmonté d'une mitrailleuse. Trente mètres derrière le véhicule à chenilles roulaient deux jeeps. C'étaient bien des Américains. Les Alsaciens cherchèrent à se faire reconnaître et leurs efforts furent, bien entendu, salués par quelques coups de carabine.

Plat ventre — Et nouvelle tentative... «We are Frenchmen»... Un chiffon blanc attaché en hâte à un bâton et agité aussi ostensiblement que possible devait convaincre les Américains de l'absence d'intentions belliqueuses.

Les Américains leur firent signe de descendre... les mains en l'air.

Grâce à leur présence d'esprit, leur endurance, leur culot, à leur esprit d'équipe et à la chance, les Alsaciens avaient réussi leur évasion.

4. A toute vapeur... dans la poche de Colmar

Gaston Wira habitait Brunstatt, un faubourg de Mulhouse, et fréquentait la *Hœhere Handelschule* de Mulhouse. Il cherchait un emploi lorsqu'on lui dit au service de la main-d'œuvre qu'il ne devait pas se donner cette peine car il allait être incessamment incorporé à la Flak.

Effectivement, le 18 août 1944, il dut se rendre à Fribourg avec ses camarades de classe. Deux jours plus tard, des élèves en provenance d'autres écoles et des apprentis les rejoignirent. Au total se retrouvèrent là : Paul Meyer de Brunstatt, Charles Lehr, Pierre Knecht, Pierre Ehrhardt, Claude Ritz, Pierre Rasser, Fernand Boltz, Janot Schermesser, Joseph Buecher, Joseph Lutz, André Stœhr, Paul Reiner, Antoine Martinken, Eugène Engler, Gilbert Muck, Jean Wintzer, Pierre Musch, Martin Schutz, Lucien Wolff, André Litt, Roger Soret, Paul Dro, Paul Ehkirch, Emile Zippert, Georges Sinniger, Raymond Meyer, Raymond Hencky, Léon Georgenthum, Pierre Oddolay, Gilbert Frey, Paul Schwartz, Greiner, Logel, Arnold Viron, Roger Hoffart, Gérard Taglang, Charles Deckert, Gilbert Gœster, Charles Herrmann, Wexler, Adolphe Fuhrer, Lucien Oberdorf, Henry Kachler, Lucien Walter, Armand Heim, Guy Escher, Antoine Karst, Raymond Wirth, Antoine Schacherer, Antoine Schindler, René Artzner, Joseph Muller, Marcel Zeh, Robert Ancel, Jean Jacques Lang, Joseph Schoffit, Fernand Straumann, Jean Jacques Durr, Paul Zimmermann, Armand Miclo, Jean Wolfgang, Marcel Herrbach et Antoine Eglin ainsi qu'un second Paul Meyer de Turckheim.

Le 25 août, tous prirent le train pour l'école de tir de Chiemsee où ils passèrent cinq semaines.

Au retour, une partie des canonniers fraîchement formés furent versés à la 721ᵉ *Leichte Flakabteilung* dont une moitié fut affectée à la défense du barrage de Kembs et l'autre moitié à celle du pont de Chalampé.

Gaston Wira fut affecté à Chalampé à une batterie de canons de 20 mm. Les douze canons de 20 mm étaient appuyés par trois canons russes de 37 mm et trois canons allemands également de 37 mm. C'est à l'un de ces derniers qu'avaient été affectés Emile Zippert et Raymond Wirth du TNS.

Wira était à peine en position depuis trois ou quatre semaines à Chalampé lorsque le pont fut attaqué par un groupe de Marauders.

Un des avions fut abattu.

19 jours plus tard, Gaston Wira et ses copains furent mutés à Fribourg où on leur apprit qu'ils allaient être transférés à Mährisch Ostrau.

Accompagnés d'un sous-officier, les *LwHelfer* prirent donc le chemin de fer vers la Tchécoslovaquie. A Ulm, ils durent changer de train. Quelques uns, dont Gaston Wira, profitèrent de l'escale pour chercher quelque nourriture. Pour cela, on les avait dotés de tickets devant leur permettre de se ravitailler en route. Ils entrèrent dans une sorte de cantine spécialement prévue pour les militaires.

Une affichette indiquait que, moyennant les tickets appropriés, on pouvait y obtenir une espèce de pudding fait de semoule de blé et de sucre. Wira et ses copains commandèrent chacun une portion de ce pudding et donnèrent les tickets exigés.

Tandis qu'ils attendaient qu'on les serve, des militaires entrèrent et demandèrent le même plat. Les soldats furent servis alors que les *LwHelfer* attendaient toujours. Ils firent savoir au cantinier qu'ils avaient un train à prendre et qu'ils aimeraient être servis. mais le gargotier leur répondit qu'il n'y avait plus de pudding.

Ils quittèrent les lieux avec une certaine précipitation et constatèrent, mais un peu tard, qu'on ne leur avait pas rendu leurs tickets.

Gaston Wira fit une colère et se surprit à formuler le pieux souhait qu'une bombe vienne pulvériser la gargote.

Ils prirent donc le train sans avoir mangé et, lorsqu'ils arrivèrent à leur nouvelle batterie, ils y furent accueillis par le chef qui avait plutôt les apparences d'un père tranquille que d'un guerrier pétant le feu.

« Que voulez-vous que je fasse de ces jeunots — dit-il au sous-officier accompagnateur. J'ai demandé des hommes, pas des enfants. Ramenez-les à Fribourg ; je n'en veux pas. »

Le sous-officier ne put faire autre chose que d'obéir aux ordres d'un officier et voilà nos *LwHelfer* à nouveau dans le train pour retourner à Fribourg.

Nouvel arrêt à Ulm. Trois ou quatre jours s'étaient écoulés depuis leur précédent passage et la ville avait reçu la visite des bombardiers alliés. La gare également. Le vœu de Wira avait été exaucé : la cantine où l'on roulait les *LwHelfer* s'était volatilisée !

Bel exemple de justice immanente!

La troupe arriva à Fribourg pour constater que là aussi l'aviation anglaise avait passé depuis leur départ. La ville brûlait encore par endroits.

Au P.C., le sous-officier accompagnateur fit son rapport sur le refus du chef de batterie de Mährisch Ostrau et on décida d'envoyer les *LwHelfer* à Leipzig.

Comme la gare de Fribourg avait été détruite, il fallut se rendre dans une gare de faubourg pour prendre le train.

Les *LwHelfer* attendaient depuis un moment déjà dans une salle d'attente lorsqu'un officier entra, compta huit hommes dont Wira, et leur dit: «Suivez-moi».

Il les entraîna à quelques centaines de mètres de là et s'arrêta devant un trou dans lequel on voyait l'empennage d'une bombe non explosée. Le corps de la bombe était entouré d'une corde longue d'une douzaine de mètres et dont l'autre extrémité reposait sur le sol.

«Prenez la corde et, à mon commandement, tirez» ordonna l'officier. Les huit *LwHelfer* ramassèrent la corde et tirèrent la bombe hors du trou non sans que leur cœur eut quelques accélérations qui n'étaient pas dues à l'effort.

Après cet intermède, on les laissa retourner à la salle d'attente. Ils purent prendre le train pour Leipzig où ils furent hébergés à la *Flakkaserne* de Leipzig-Ost à Taucha.

Avant même que l'on ne parle de Flak, Gaston Wira avait fait une ostéite crânienne et, à peine arrivé à Leipzig, dut se faire hospitaliser pour un abcès qui s'était déclaré.

On était fin novembre 1944.

Il resta à l'hôpital militaire jusqu'en janvier 1945 où une intéressante nouvelle accéléra sa guérison.

La rumeur circulait que les *LwHelfer* allaient avoir droit à un congé libérable avant d'être versés dans l'armée régulière.

Gaston Wira ne voulait pour rien au monde rater cette permission. Pour la suite, on allait voir...

Permission à «Gebweiler»

Il se fit donc porter guéri et rejoignit ses copains Paul Ehkirch et Paul Dro avec lesquels il allait concocter un petit plan d'évasion de derrière les fagots.

Au moment de leur libération, ils durent se présenter au bureau de la batterie et indiquer leur lieu d'origine, car ils devaient se présenter à la Kommandantur de leur lieu d'origine.

Ils ne pouvaient évidemment pas dire qu'ils étaient de Mulhouse. Cela eut éveillé des soupçons.

Ils choisirent donc un nom avec une belle consonnance allemande: Gebweiler.

Le bureaucrate de la batterie n'y vit que du feu et leur délivra les papiers, permission incluse, pour Gebweiler. Il convient de préciser que Ehkirch était de Guebwiller et Dro de Bollwiller.

Et c'est avec une permission tout à fait valable en poche que les trois *LwHelfer* prirent une fois de plus le train vers l'ouest avec la ferme conviction que ce serait la dernière.

Ils arrivèrent à Fribourg, via Ulm et Stuttgart, le 18 janvier 1945.

A Fribourg, une navette qui ravitaillait le front les amena jusqu'à Vieux-Brisach.

Il s'agissait maintenant de franchir le Rhin. Les trois candidats déserteurs profitèrent d'un bac qui assurait la liaison pour l'armée entre les deux rives rhénanes. Sur le bac, un gendarme contrôla leurs papiers qui étaient en règle puisqu'ils avaient ordre de se présenter à la Kommandantur de Gebweiler et c'est coincés entre deux camions qu'ils franchirent le Rhin pour débarquer à Neuf-Brisach.

Près de la gare de Neuf-Brisach, ils virent une locomotive fumante. S'en approchant, ils constatèrent qu'elle était en tête d'un train de marchandises et, accoudé à la portière comme s'il attendait un signal, le mécanicien les regardait venir.

C'était un Alsacien, de même que le chauffeur. «Où voulez-vous aller?» leur demanda le mécanicien en alsacien.

«A Colmar».

«Bon! Mettez-vous chacun dans une guérite de freinage. A l'entrée de Colmar, il y a un virage. Je ralentirai le convoi, vous sauterez et vous filerez. Mais attention aux chasseurs bombardiers».

Le train partit et tout se passa bien. Même les chasseurs bombardiers redoutés n'apparurent pas.

Et c'est ainsi que, sans le savoir, les trois *LwHelfer* foncèrent à toute vapeur dans la poche de Colmar.

19 jours d'errance dans la poche de Colmar

Ils ignoraient tout, en effet, de la situation réelle du front.

A Colmar, le mécanicien fit tant et si bien que les fugitifs sautèrent du train à 500 mètres de la maison d'une tante de Gaston Wira.

La tante les éclaira un peu sur la situation et ce fut plutôt la consternation. Elle leur dit de ne pas rester à Colmar à cause des rafles. A partir de Colmar, chacun voulut rentrer chez lui, mais cela ne fut pas possible pour Wira car Mulhouse était déjà libéré. Par contre, Bollwiller et Guebwiller étaient encore accessibles.

Ils quittèrent la ville en direction de Rouffach. Alors qu'ils marchaient sur la route, une voiture ayant à bord un colonel s'arrêta et l'officier leur demanda quelle était leur destination. Il allait aussi vers Guebwiller mais ne put prendre à bord trois personnes plus leur paquetage.

Ils poursuivirent leur route à pied jusqu'à ce qu'un camion fonctionnant au gazogène s'arrête et le chauffeur les fit monter à bord. Il déposa Dro à Bollwiller et amena les deux autres jusqu'à Guebwiller où s'étaient encore incrustés quelques Allemands. Les Français occupaient la crête des Vosges et tenaient le Markstein.

Mais Wira ne put rester longtemps à Guebwiller car on n'y trouvait plus rien à manger. La famine menaçait.

Commença alors pour le fugitif une longue errance dans la poche de Colmar, ne sachant réellement pas où aller.

Tout d'abord, il retourna chez son copain Dro à Bollwiller. Là, il put se restaurer car ses parents venaient de tuer un cochon.

Mais il ne fallut pas deux jours pour que l'on raconte dans la localité qu'il y avait deux déserteurs cachés chez les Dro.

Que ne fait-on pas pour se rendre intéressant?

Wira dut repartir. Dro lui donna une bicyclette pour faciliter ses déplacements mais, comble de malchance, il se mit à neiger. La bicyclette devint plus encombrante qu'utile.

Le seul endroit qu'il connaissait bien et où il ne passerait pas pour un étranger était Chalampé. Wira décida donc d'orienter ses pas vers Chalampé avec l'espoir que quelqu'un voudra bien le cacher jusqu'à ce que la situation s'éclaircisse.

Dans le No man's land

Il quitta Bollwiller et, par Ensisheim, Battenheim, Munchhouse, Rumersheim, comptait atteindre Chalampé le Bas.

Alors qu'il cheminait à travers le paysage enneigé, Wira entendit soudain un coup sourd à sa droite, un sifflement au-dessus de lui et un peu plus tard un coup sec semblable à un éclatement d'obus loin à sa gauche. Puis ce fut un coup sourd de départ à gauche, sifflement, éclatement à droite. Il était entre Ensisheim et Sausheim et se rendit compte qu'il avait abouti dans le No man's land. Les Français et les Allemands se livraient à des duels d'artillerie.

A Battenheim, il rencontra la famille Charles Wolff de Chalampé le Bas, qui lui dit que Chalampé avait été évacué et que les habitants s'étaient repliés sur Chalampé le Bas.

Le lendemain, il continua son chemin et, comme il s'approchait de Munchhouse, il s'entendit soudain interpeler en allemand : « Où vas-tu, garçon ? » lui dit une voix qui semblait sortir d'un buisson enneigé. Quelques soldats y avaient pris position.

« A Munchhouse » répondit Wira qui portait encore des pièces de son uniforme.

Mais les militaires allemands n'étaient pas curieux et Wira fila sans demander son reste. Par Rumersheim, il atteignit Chalampé le Bas et y rencontra son ami Raymond Hug plutôt surpris de le voir là. Hug l'emmena dans sa famille. Il avait enfin trouvé un refuge.

Malheureusement, les Allemands s'accrochaient encore. Ils avaient creusé des tranchées non loin de la maison des Hug et semblaient disposés à défendre ce moignon de tête de pont sur la rive gauche du Rhin.

Les routes d'accès du pont de chemin de fer de Chalampé étaient devenues insuffisantes pour l'armée allemande en retraite. L'aviation et l'artillerie alliées bombardaient et mitraillaient tout ce qui se dirigeait vers le pont. Charrettes, cadavres de soldats et de chevaux gisaient sur les bas-côtés.

Le dimanche 4 février, un tir intense éclata soudain près de la maison des Hug. Etait-ce l'attaque finale ?

Non ! Ce n'était qu'une harde de sangliers troublée par l'inhabituelle activité militaire dans la région, qui avait quitté la forêt de la Hardt et, affolée, était venue donner tête baissée contre les positions allemandes. Ceux-ci en profitèrent pour améliorer leur ordinaire par du sanglier.

Un voisin des Hug, qui avait jeté un coup d'œil par la fenêtre pour voir ce qui se passait, fut blessé au bras par une balle perdue.

Les Français arrivent !

Les 5, 6 et 7 février, il ne se passa rien de particulier, hormis l'habituel et sporadique tir d'artillerie.

Le 8 février, Gaston Wira, qui avait endossé des affaires civiles dès son arrivée, partit avec un voisin, Henri Schirmer, vers Bantzenheim pour aller au ravitaillement.

Au retour, ils trouvèrent la maison en émoi. Les Allemands étaient venus et avaient arrêté le mari de Mme Hug et le curé du village, les accusant d'avoir sectionné un câble téléphonique de l'armée. Ils revinrent l'après-midi, cherchant un troisième homme, et Madame Hug eut juste le temps de pousser Gaston Wira dans une trappe donnant accès à une petite cave et de glisser le lit de son plus jeune enfant par-dessus. Le seul homme restant encore dans la maison, Henri Schirmer, fut emmené [15].

Le 8 février au soir, le reflux allemand se fit moins dense, plus sporadique, pour s'arrêter complètement.

Puis une forte explosion déchira la nuit : le pont de chemin de fer venait de sauter.

Dans la matinée du 9, le tir de l'artillerie française reprit. En voulant aller se réfugier dans la cave d'une maison voisine plus solide, Gaston Wira et ses amis s'aperçurent que les tranchées étaient vides.

---

15. On devait retrouver les trois personnes arrêtées saines et sauves lorsque les Allemands se furent repliés.

Les derniers Allemands avaient disparu.

Un peu plus tard, le tir d'artillerie cessa et, en sortant de la cave, Gaston Wira vit arriver du côté de Rumersheim des hommes littéralement enrobés de boue.

Il hurla « Les Français arrivent ! »

C'était bien eux.

Chez certains, la boue en séchant commençait à se fendiller et à former comme des écailles.

Après s'être arrêtés un instant dans le village, ils poussèrent jusqu'au pont.

La dernière parcelle de terre alsacienne venait d'être libérée.

Pour Gaston Wira, il s'était écoulé 23 jours depuis qu'il avait pris à Leipzig le chemin de la liberté, chemin parsemé de bien des obstacles, mais qui l'a finalement amené à son but sain et sauf.

5. Porté déserteur par Allemands... soupçonné d'être un saboteur par les Français

Le 5 septembre 1943, le père de François Kieffer trouva dans son courrier l'ordre de mobilisation de son fils pour la Flak. En même temps que François Kieffer une partie de ses camarades de la 6ᵉ classe de la *Jakob Wimpfeling Oberschule* de Sélestat fut mobilisée.

Les collégiens durent se rendre à la *Artillerie-Kaserne* de la Molktestrasse à Karlsruhe où ils reçurent la formation habituelle du *LwHelfer*.

Au conseil de révision, Kieffer fut reconnu « Bedingt K.V. » c'est-à-dire utilisable sous condition pour le service armé, car, avec ses 47 ou 48 kg à 15 ans et 10 mois, François Kieffer ne faisait pas le poids.

Le 29 novembre, Kieffer et ses camarades furent envoyés à l'école de tir de Chieming en Bavière. François Kieffer précise que le voyage s'est fait dans un wagon spécialement réservé aux *LwHelfer*, accroché en queue de train et, à chaque gare importante, il fut décroché et raccroché au train qui convenait, et ce après une attente atteignant quelque fois trois ou quatre heures.

A Chieming, après une séance de tir réel au canon de 20 mm, Kieffer subtilisa un jour un obus qu'il comptait emmener comme souvenir. Il ne connaissait pas la manie sévissant dans toute l'armée allemande de comptabiliser scrupuleusement les munitions.

La disparition de l'obus fut remarquée et provoqua une perquisition en règle pour le retrouver. Les lits furent défaits, les paillasses tâtées, les armoires fouillées, les sacs vidés. Bref, tout fut mis sens dessus dessous, sauf la valise de Kieffer où il avait caché l'obus.

Ouf !

Le 18 décembre, la formation ayant été considérée comme terminée, les canonniers frais émoulus durent prêter serment. La cérémonie eut lieu en grande tenue dans la cour de la caserne de Karlsruhe.

Après une soulographie destinée à fêter l'avènement de l'année 1944, François Kieffer fut affecté à un *Zug* implanté au lieudit Sudend Schule, une école de filles. Il s'agissait du 3e Zug de la 6e batterie de la 721e *Leichte Flakabteilung*. Avec Kieffer avaient été affectés à cette section Servain Jehl, Armand Kohler, Jean Meyer, Antoine Niebel et un certain Choveau, tous de Sélestat. La pièce de Kieffer et de ses copains se trouvait sur le toit de l'école.

Le lundi 10 janvier, la classe devait reprendre, mais à midi Kieffer fut informé qu'il était temporairement muté à Innsbruck avec son camarade Georges Baldenweck.

Kieffer pense que ce transfert avait été provoqué par des *LwHelfer* allemands qui avaient remarqué qu'il écrivait à ses parents en français. Quant à Baldenweg, il ne savait pas quelle raison lui avait valu ce changement.

Arrivés à Innsbruck, ils se rendirent à la Eugen Kaserne où ils apprirent qu'ils seraient affectés à Matrei sur la route du Brenner pour y remplacer des permissionnaires. A Matrei, les canons étaient implantés au-dessus de la route du Brenner, à une altitude de 1200 mètres et dans 80 cm de neige.

Le 20 janvier, c'est-à-dire dix jours après son transfert, Kieffer fut rappelé à Karlsruhe. La sanction pour usage du français avait été de courte durée.

A peine arrivé à Karlsruhe, il découvrit des punaises dans son lit.

Le 31 janvier, huit *LwHelfer* dont Kieffer furent envoyés à Munich pour chercher du matériel.

Dans son journal, François Kieffer fait une remarque intéressante. La solde (journalière) du *LwHelfer* était, on le sait, de 50 pfennigs. En 1944, le coût du timbre-poste usuel était de 12 Pfg, un ticket de tramway coûtait 10 Pfg et un verre de vin, quand on en trouvait, 1 RM 50.

Après un passage à la 8e batterie, à la Stellung appelée « Kühler Krug », Kieffer et ses copains furent affectés à la défense du barrage de Schluchsee en Forêt Noire.

Le 19 avril, nouveau changement d'affectation : le barrage de Kembs.

Le Zug de Kieffer fut implanté près de la centrale électrique.

Le barrage de Kembs, les évènements relatés plus haut l'ont montré, était un des centres de gravité de la défense antiaérienne sur le Rhin supérieur.

Le 14 juin, Kieffer eut un accès de faiblesse et tomba dans les pommes. Il se réveilla à l'infirmerie.

Le 21 juin, il reçut son bulletin scolaire sur lequel était mentionnée son admission en classe de 7e. Kieffer précise qu'en tout et pour tout, il a été deux fois en classe pendant son incorporation à la Flak.

Etant né en 1927, il aurait dû être démobilisé en septembre 1944 en vue de l'incorporation au RAD. Il se fit envoyer des effets civils en vue de cette éventualité mais, contre toute attente, il fut maintenu alors que ses camarades partaient en permission libérable. Kieffer attribue cette particularité au fait qu'il était « utilisable sous condition ».

En début d'automne, l'activité aérienne devint de plus en plus intense. L'attaque du barrage se préparait. A plusieurs reprises, les positions de DCA furent attaquées par des chasseurs bombardiers.

Le 9 septembre, Kieffer notait : Attaque par Jabos (chasseurs bombardiers) Thunderbolts. Incident de tir après 13 coups.

Le 29 octobre, il fut affecté au central téléphonique. Ce fut son jour de chance, comme on le verra. La chance semble d'ailleurs avoir accompagné François Kieffer pendant tout son périple à la Flak car déjà lors de l'attaque du barrage par 12 Lancasters, il était en permission.

Un homme averti en vaut trois

Le 18 novembre, alors que les Français approchaient par le sud et qu'il était au standard, Kieffer reçut un message du P.C. de son unité informant le chef de batterie que François Kieffer devait être muté le mercredi suivant à Mährisch Ostrau. Le message ajoutait qu'il ne fallait pas en informer l'intéressé à l'avance. Or, c'était précisément l'intéressé qui avait enregistré le message. Il se borna à transmettre celui-ci à qui de droit.

Un homme prévenu dans de telles circonstances en vaut trois.

Le lendemain, Kieffer se rendit à Kembs-Lœchle où il rencontra des officiers allemands qui lui demandèrent où l'on pouvait traverser le Rhin. Il apprit ainsi que les Français avaient occupé le proche village de Rosenau.

Pensant que les Français allaient arriver d'un instant à l'autre, il entra au café Meyer à Kembs-Lœchle où il se proposa de les attendre.

Mais ils ne vinrent pas.

Quelque temps auparavant, il avait fait la connaissance d'un ingénieur de la centrale de Kembs du nom d'Ehrhard. Comme Kieffer se destinait à devenir ingénieur électricien, les atomes crochus jouèrent entre l'homme et l'adolescent et il fut convenu qu'en cas de nécessité la famille Ehrhard abriterait et cacherait François Kieffer.

Et comme il s'en retournait à la batterie, déçu par le retard des Français, un plan s'échafauda dans sa tête. Le chef de batterie lui fit savoir que le moment était venu de donner suite aux ordres du P.C. Il le chargea en même temps d'une serviette contenant des documents secrets à remettre lors de son arrivée au P.C. Deux *LwHelfer* allemands l'accompagnaient.

La traversée du Rhin se faisait à l'aide d'un bac qui, en novembre 1944, était plutôt embouteillé.

A un moment donné, sous prétexte d'un besoin urgent à satisfaire, il donna la serviette avec les documents à l'un des deux Allemands, lui disant d'embarquer et qu'il suivrait immédiatement.

Kieffer céda encore sa place à un vieux soldat voulant absolument passer et fila pour satisfaire son besoin. Mais une fois hors de vue du bac, il prit la route de Kembs où il alla trouver la famille Ehrhard qui le cacha.

C'était le 20 novembre.

Et les Français n'arrivaient toujours pas.

Kembs restait tête de pont allemande et les Français se contentaient d'arroser la région avec leur artillerie.

Alors qu'il était en train de dormir dans une pièce du sous-sol de la maison des Ehrhard, un obus toucha l'immeuble et éclata dans la pièce à côté de celle où se trouvait Kieffer.

La situation devint stressante au point que Kieffer se dit que si les Français n'arrivaient pas le lendemain, il essayerait de franchir les lignes pour les rejoindre.

Ils finirent tout de même par arriver après un bombardement d'artillerie de trois heures.

On était le 10 décembre 1944.

François Kieffer était libre.

Le 16, il se présenta aux autorités qui lui remirent un laissez-passer pour Sélestat. Mais la poche de Colmar l'empêcha de prendre la route vers le nord.

Le 21 décembre, il partit avec une bicyclette pour Altkirch mais creva et dut revenir vers Sierentz. Ce fut un tour pour rien.

Cependant François Kieffer ne renonça pas. Il décida de contourner les Vosges par le sud et, en garçon méthodique, il se fabriqua, à défaut de carte routière, un croquis indiquant la voie à suivre.

Le 22 décembre, il se remit en route. Tout alla bien jusqu'à Luxeuil où il fut arrêté par un poste militaire français chargé de la régulation routière... Le policier militaire trouva que son laissez-passer n'était pas en règle. Il manquait une signature ou un cachet et, de suite, la méfiance se manifesta. Six jours plus tôt, le 16 décembre, Von Rundstedt avait en effet lancé 24 divisions contre les Américains dans les Ardennes où les Allemands s'étaient infiltrés sous le couvert d'uniformes américains dans les lignes alliées.

Noël en taule

Il fut emmené, fouillé et on trouva sur lui le croquis avec l'itinéraire à suivre. Maintenant, la méfiance se transforma en suspicion. Il fut arrêté et passa les fêtes de Noël enfermé à Luxeuil.

Au cours des interrogatoires, il eut beau clamer qu'il était Français et évadé de l'armée allemande, rien n'y fit. La suspicion se teinta d'hilarité lorsque, pour justifier son origine, il exhiba une vieille carte des transports en commun de Sélestat avec une photo faite quand il avait 10 ou 11 ans.

Le 26 décembre, il fut enfermé à la citadelle de Montbéliard transformée en camp de prisonniers. Pour toute nourriture, il reçut deux gobelets de soupe.

Le 27, il fut emmené par une escorte, baïonnette au canon, à la sécurité militaire où il subit un nouvel interrogatoire sur sa vie, sa famille, ses relations avec les Allemands.

Le 28, on lui donna des papiers, cette fois en règle, et on le relâcha.

Mais la poche de Colmar existait toujours. Pour aller à Sélestat, il lui fallut contourner les Vosges par Luxeuil, Plombières, Epinal, St. Dié et le col de Ste Marie aux Mines.

Parfois, des véhicules militaires l'emmenaient un bout de chemin, mais il fit une grande partie du trajet à pied.

Le dimanche 31 décembre, il entama la dernière partie de sa route jusqu'à Sélestat par Lièpvre et Châtenois. Lorsqu'il arriva à la maison paternelle, il trouva celle-ci vide. Seule la chienne Mirsa était là et le reconnut. Une voisine lui dit qu'en raison de la proximité de la poche de Colmar, ses parents étaient allés rejoindre une tante habitant une proche localité plus calme.

François Kieffer repéra aussi la bicyclette que son père avait entreposée à son endroit habituel. Pour rejoindre plus vite les siens, il l'enfourcha et pédala vers le village voisin. Mais le calendrier indiquait le 31 décembre. En cours de route, une petite pluie fine transforma la route en patinoire.

A deux kilomètres du but, Kieffer fit une chute et...cassa net une des deux pédales de la bicyclette.

Il continua à pied, poussant son vélo pour le reste du trajet. La perspective de retrouver bientôt les siens et sa joie de les revoir vivants lui donnaient des ailes.

Sa mère laissa effectivement libre cours à sa joie, mais son père... Son père, après avoir vu le fils, vit la pédale cassée de sa bicyclette et, en guise de bienvenue, lui colla une retentissante gifle.

Ainsi fut accueilli François Kieffer à son retour de la Flak. Après avoir été fiché comme déserteur par les Allemands, soupçonné par les Français des pires desseins, il était resté pour son père le même qu'il avait été lors de son départ, quinze mois plus tôt.

6. Les SS aimaient le vin du Rhin.

René Speiser et Albert Heintz avaient été incorporés avec les élèves de la Hermann Gœring Schule de Strasbourg. Tandis qu'une partie de leurs camarades avaient été transférés à Mährisch Ostrau, une autre partie, dont eux deux, furent mutés à une batterie implantée à Unterbrunn près de Munich. Albert Heintz venait juste de quitter l'hôpital militaire lorsque cette même batterie devait être transférée à Planegg, toujours à proximité de Munich. Heintz avait été porté sortant de l'hôpital, mais non encore rentrant à la batterie et il pensa que le tumulte occasionné par le transfert serait propice à une évasion. Il en parla à Speiser qui l'approuva.

Aussitôt décidé, aussitôt exécuté.

Le 15 décembre 1944, alors que Strasbourg et la majorité de l'Alsace étaient déjà libérés, ils se mirent en route.

La première difficulté pour eux était de trouver le moyen de franchir le Rhin. Ils se rendirent compte qu'il leur faudrait monter jusqu'à Mannheim-Ludwigshafen pour traverser le fleuve car, plus au sud, il n'y avait plus de pont praticable.

La deuxième difficulté venait de ce qu'ils ignoraient que, pour aller d'une ville à l'autre, il fallait un laissez-passer. Dans chaque gare, la gendarmerie effectuait de sévères contrôles.

Ils prirent néanmoins le train à Munich pour Mannheim et, pour éviter le contrôle, sautaient du convoi avant l'entrée en gare et le rattrapaient à la sortie avant qu'il ne reprenne de la vitesse.

Ils parvinrent ainsi, la chance aidant, jusqu'à Stuttgart où le train fut pris dans un sévère bombardement.

Le 17 décembre, ils débarquèrent à Mannheim et, après avoir quitté la gare sans difficultés, ils traversèrent le pont du Rhin dont le passage était libre.

A pied, ils entreprirent de refaire le chemin en sens inverse, vers le sud, en longeant la rive gauche du fleuve jusqu'à Spire et, de là, obliquèrent vers la frontière alsacienne.

En cours de route, ils rencontrèrent de nombreux réfugiés et finirent par arriver à Wörth, (en Allemagne), à une vingtaine de kilomètres de Lauterbourg.

Wörth avait été évacué et, apparemment, il n'y avait plus âme qui vive. Au loin, on entendait le canon indiquant que le front approchait.

Plutôt que de se risquer plus avant, les deux fugitifs décidèrent de s'installer dans une maison abandonnée et d'y attendre l'arrivée des Alliés.

C'était le 18 décembre 1944.

Ils choisirent une fermette avec granges et caves, et rassemblèrent le matériel nécessaire pour laisser venir les évènements dans un relatif confort.

Au moment de leur évacuation, les paysans n'avaient évidemment pas pu emmener tout leur bétail et certaines bêtes restées sur place manifestaient bruyamment leur faim.

Albert Heintz chercha l'étable et donna un peu de foin aux bœufs pour les calmer. Ce faisant, il découvrit une lampe à pétrole contenant du combustible, ce qui était fort utile puisque l'électricité avait été coupée.

Ils avaient une lampe mais ni allumettes, ni briquet pour allumer la mèche. Tous deux se mirent à la recherche d'allumettes. En fouillant la maison, ils découvrirent l'entrée d'une autre cave qui semblait être le cellier. Ils s'engagèrent dans les escaliers avec l'espoir d'y trouver un tonneau de vin du Rhin.

Mais au lieu de tonneau, après un dernier tournant des marches, ils tombèrent sur une patrouille de SS laquelle, ayant eu probablement la même idée, avait découvert le vin avant eux. Entendant le bruit que firent les deux *LwHelfer* au cours de leurs recherches, ils se tinrent tranquilles, laissant les Alsaciens littéralement s'enferrer.

La vue des SS provoqua chez eux une sérieuse décharge d'adrénaline. Ils firent demi tour, remontèrent les escaliers à la vitesse grand V et sortirent de la maison comme s'ils y avaient rencontré le diable.

Speiser disparut dans la maison la plus proche mais Heintz s'enfuit dans la rue. Les SS débouchaient à leur tour de la fermette et voyant Heintz s'enfuir ouvrirent le feu sur lui dans l'intention d'arrêter sa fuite. Heintz stoppa net, leva les bras et se constitua prisonnier. Interrogé par eux, il prétendit d'abord être seul, mais l'interrogatoire devenant plus musclé, il avoua avoir un copain dont il ne savait pas où il avait disparu.

Les SS se doutèrent bien qu'il ne devait pas être loin et eurent rapidement fait de débusquer Speiser.

Et voilà les deux compères prisonniers des SS.

Il était 16 heures.

Interrogés, Speiser et Heintz durent avouer qu'ils s'étaient évadés d'une batterie de Flak près de Munich et, le soir même, comparurent devant un conseil de guerre formé par trois officiers.

Les « juges », voyant qu'ils avaient à faire à des gamins, les firent conduire sous escorte à la prison militaire de Germersheim où étaient déjà détenus d'autres déserteurs.

La batterie fut informée que les deux fugitifs avaient été rattrapés et elle demanda leur transfert immédiat à Munich où se trouvait l'état-major de l'unité.

Le 20 décembre, les deux Alsaciens furent retransférés à Munich et de là à Planegg où leur batterie venait d'être implantée entretemps.

Du 20 au 23 décembre, un aspirant fut spécialement chargé de leur faire regretter leur tentative d'évasion. Ils eurent droit à plusieurs séances d'exercices punitifs par jour, dont deux heures de bal masqué jusqu'à épuisement complet.

Le 24 décembre, la veille de Noël, ils passèrent devant un tribunal militaire. Le ministère public proposa trois mois de prison ferme. Mais un jeune lieutenant de la batterie, le lieutenant Schneider, étudiant en droit, avait demandé à prendre leur défense et fit valoir devant le tribunal qu'au moment des faits, les intéressés n'étaient pas encore assermentés et demanda l'application, non d'une sanction pénale, mais d'une sanction disciplinaire.

Quant aux intéressés, ils plaidèrent avoir été victimes du mal du pays.

Le jugement était en délibéré lorsque le bâtiment abritant le tribunal et contenant les archives fut fort opportunément détruit lors du bombardement allié du 7 janvier.

La chance, c'est cela !

La bombe tomba où il fallut, quand il fallut.

Trois mois après ces évènements, Heintz et Speiser furent mutés au RAD. Heintz se retrouva à Gauting et Speiser à Rosenheim. A Rosenheim, il rencontra René Kress et Jean-François Schall, tous deux de Strasbourg, et le même scénario recommença.

Mutés au RAD le 27 mars 1945, les trois Alsaciens s'évadèrent le 25 avril suivant et furent faits prisonniers par la 7e armée américaine à Laindelskirchen.

Ils furent rapatriés le 9 mai 1945.

7. Après s'être évadé de l'armée allemande il s'évade du camp de prisonniers américain

Marcel Schmitt faisait partie du groupe du collège de Thann, la *Ehrenfried Stöber Oberschule*, incorporé avec 18 copains dont Raoul Martin. Il a suivi le même sort que ce dernier, sauf à l'extrême fin.

Lorsque sa batterie fut transférée en juillet 1944 à Geusnitz près de Wildensee en Saxe, les *LwHelfer* durent d'abord moissonner un champ de seigle avant de pouvoir creuser les alvéoles pour les canons. Afin de les aider dans leurs travaux de terrassement, les Allemands firent appel à des prisonniers d'un proche camp de concentration.

Quelle ne fut pas la surprise de Marcel Schmitt quand il vit s'approcher l'un des prisonniers qui s'adressa à lui en alsacien. Il avait entendu les *LwHelfer* parler en dialecte et leur révéla qu'il était de Mulhouse.

La première chose qu'il demanda à Schmitt fut de savoir si le Fantasio existait toujours. Le Fantasio était un pince-fesses de l'époque et Schmitt se dit que le prisonnier devait avoir un solide moral pour se préoccuper de ce genre de problèmes dans sa situation.

L'implantation de la batterie fut achevée vers le 12 ou le 13 août et, à partir du 15, les canons étaient prêts à fonctionner.

Le 16 août eut lieu l'attaque que Raoul Martin a consignée dans son journal en précisant que, ce jour-là, il avait eu 16 ans.

Au cours de cette attaque où la batterie fut créditée de 7 avions abattus, Marcel Schmitt a assisté à une scène très spectaculaire.

Un des bombardiers touché de plein fouet par la Flak en heurta un second, et, en tombant, entraîna celui-ci avec lui. Les deux avions tombèrent sur l'usine d'essence synthétique de Tröglitz. Deux ou trois réservoirs prirent feu et explosèrent. Les flammes se répandirent avec une rapidité telle que l'usine brûla pendant deux jours au moins et qu'une colonne de fumée noire monta jusqu'à 8000 mètres d'altitude.

Schmitt se souvient que, dans l'après-midi de ce 16 août, son seul canon tira 150 coups à la file, au point de le rendre totalement sourd. Après la guerre, il dut subir une intervention aux oreilles pour éliminer les séquelles de cette canonnade.

La région était devenue un des centres de gravité de la guerre aérienne et la batterie, qui comptait à l'origine six canons, s'agrandit progressivement au point de compter en dernier 36 tubes. Les Allemands appelaient cela une Grosskampf-Batterie.

Lors d'une attaque, le culot d'un obus retomba sur la position où se trouvait Schmitt et se ficha en terre à environ trois mètres à côté de lui. Il ramassa comme souvenir le morceau de ferraille qui pesait entre 300 et 400 grammes. Malheureusement, il dut l'abandonner lorsqu'en avril 1945 il s'évada.

Comme beaucoup de *LwHelfer*, il fut incorporé au RAD courant mars. Mais il n'était plus question de faire des travaux de terrassement. Tout leur entraînement était strictement militaire et portait surtout sur la lutte anti-chars.

Lorsque Schmitt apprit que l'on voulait constituer une nouvelle unité de RAD avec *Wehrmachtseinsatz* à Cham, il décida de s'évader à la première occasion.

Marcel Schmitt avait les pieds fragiles et, rapidement, sur la route vers Cham, il eut d'énormes ampoules aux talons. A un moment donné, il fit mine de s'arrêter; aussitôt, son chef, du nom de Feldkirch, se dirigea vers lui, tira son pistolet et lui dit : « Schmitt, si vous ne continuez pas, je vous abats ! »

Schmitt continua.

Ils étaient à Cham lorsqu'on les informa un beau matin que les Américains étaient proches. Schmitt décida de filer avec un copain allemand du nom de Glaser. Celui-ci était de la région. Mais ils n'allèrent pas loin. A peine eurent-ils parcouru quelques kilomètres qu'un officier à cheval s'approcha d'eux et les « réquisitionna » pour creuser des tranchées et des trous afin de former une ligne de résistance contre les Américains.

Marcel Schmitt regrettait déjà d'être tombé de Charybde en Scylla lorsque quelques heures plus tard passa une voiture au volant de laquelle se trouvait le chauffeur du général de Schmitt. Le chauffeur connaissait Schmitt et Glaser. Il s'arrêta et alla trouver l'officier qui les avait réquisitionnés pour lui dire que les deux hommes étaient de son unité et que le général exigeait qu'il les ramène.

Les deux fugitifs retournèrent à leur point de départ. La première tentative avait échoué.

La seconde eut lieu le 23 avril. Les deux copains se mirent de nouveau en route, après avoir enfilé des vêtements civils par-dessus leur uniforme. Et cette fois, cela semblait marcher. Tout en cherchant les Américains, ils s'accordèrent un peu de repos dans un bosquet pour souffler et manger un morceau lorsque subitement arriva une section de SS qui se préparèrent à creuser des tranchées à une vingtaine de mètres d'eux. Pour le moment, les deux compères étaient encore cachés par les arbres...Lorsqu'une deuxième section arriva, Schmitt et Glaser se retirèrent du bosquet en rampant comme des sioux et réussirent à s'éloigner du groupe de SS par trop dangereux. Ils avaient eu chaud.

Les Américains ne devaient plus être très loin, car les maisons du village suivant, qu'ils virent, arboraient pour la plupart des drapeaux blancs aux fenêtres. Et c'est après avoir contourné cette localité qu'ils tombèrent sur les arrières d'une colonne américaine. Ils ne se constituèrent pas prisonniers. Comme Glaser était de la région, il proposa à Schmitt de l'emmener chez lui jusqu'à ce que les évènements se soient clarifiés.

Le lendemain, alors qu'ils cheminaient sur une route parmi des réfugiés arriva un half-track qui s'arrêta à leur hauteur. Un Américain en descendit et demanda à voir leurs papiers.

Schmitt avait encore sur lui un papier de la H.J. qu'il montra à l'Américain. Celui-ci lui fit signe de continuer. L'Américain examina aussi les papiers de Glaser et s'apprêtait à lui laisser le passage lorsqu'il vit les pantalons d'uniforme sous les effets civils.

Et tout bascula.

Il fit monter Glaser sur le véhicule en lui bottant les fesses, puis il demanda à son prisonnier s'il connaissait Schmitt. Glaser dit non et Schmitt put continuer.

Il était désormais seul.

Ses pieds le faisaient souffrir et il réussit à se traîner jusqu'à Arnberg où il rencontra des Français, anciens prisonniers de guerre. Ceux-ci lui dirent que, s'il voulait rentrer, il devait aller au P.C. américain où on lui donnerait les papiers nécessaires.

Hélas ! Le conseil n'était pas bon. On vit tout de suite que Marcel Schmitt n'était pas un combattant de 1940. Il était trop jeune. Et au lieu de lui donner des papiers pour rentrer, ils le déclarèrent prisonnier.

Il fut emmené au camp de prisonniers de Regensburg où il séjourna neuf semaines. C'est dans ce camp qu'il eut 17 ans.

Un jour se présenta un commando de «coiffeurs». Armés de tondeuses, ils eurent tôt fait de faire une boule de billard à tout le monde. Marcel Schmitt pensa que c'était un moyen de prévention contre la vermine. Or, à l'occasion d'une sortie hors du camp pour effectuer une corvée quelconque, il remarqua que les civils de Regensburg avaient eux aussi le crâne tondu et il apprit la raison de cette «tonsure généralisée».

Le maire de Regensburg avant l'arrivée des nazis au pouvoir était juif et il fut bien entendu destitué par les chemises brunes. De plus, ils humilièrent son épouse en la tondant. Une dizaine d'années plus tard, l'ancien maire n'avait pas oublié l'affront et, devenu officier dans l'armée américaine, il répara l'outrage infligé à son épouse en faisant tondre 120 000 Allemands.

Schmitt avait hâte de rentrer. Après s'être évadé de l'armée allemande, il réussit à s'évader du camp de prisonniers américain. Il parvint jusqu'à Sarrebruck, sous le couvert de personne contrainte au travail. Rassemblées dans cette ville, un convoi devait les ramener en France. A Hargarten, point frontière franco-sarrois, eut lieu un premier filtrage. A un colonel américain, il raconta qu'il avait travaillé à Zeitz dans une usine fabriquant des paniers à munitions pour l'artillerie. Il put donner toutes les précisions demandées sur son « activité » grâce à une fille qu'il avait connue alors qu'il était à la Flak et qui avait effectivement travaillé dans une telle usine.

Mais on voyait que l'Américain hésitait. Finalement, il dit à Marcel Schmitt de lui donner sa parole qu'il n'avait pas porté les armes contre les Etats-Unis. Schmitt lui donna sa parole sans vergogne en se disant à lui-même que c'était exact puisqu'il n'a pas pu porter un canon !

Bon prince, le colonel lui fit donner les papiers nécessaires et il put continuer sa route pour Thionville.

Là, sur le quai de la gare, il faillit être fait prisonnier pour la seconde fois par un Américain qui avait remarqué qu'il portait des chaussures allemandes et pensait qu'il était un prisonnier allemand évadé.

Heureusement que sur le quai de la gare il y avait aussi des militaires français que Schmitt appela à la rescousse et, après leur avoir montré ses papiers reçus à Hargarten, tout rentra dans l'ordre.

Marcel Schmitt arriva à Metz où le comité d'accueil était constitué par des FFI, ceux dont le général Pierre Denis a fort bien décrit le rôle dans son livre sur la libération de la ville. Les FFI emmenèrent les rapatriés dans une maison située dans les parages de l'hôpital Bon Secours, raconte Marcel Schmitt, les firent descendre dans la cave de l'immeuble où leurs hôtes leur expliquèrent qu'ils se trouvaient dans un ancien QG de la Gestapo. Après leur avoir annoncé qu'ils seraient interrogés le lendemain, ils enfermèrent Schmitt et sept autres personnes dont une femme dans une des cellules installées dans la cave.

Mais le lendemain, ce furent des militaires qui vinrent chercher les rapatriés et les emmenèrent à un centre d'accueil qui, selon Schmitt, devait être celui de St. Clément.

On leur fit prendre une douche et, après un examen médical, ils furent interrogés par la sécurité militaire.

Un lieutenant-colonel dit à Schmitt : « Si vous êtes de Thann, vous devez connaître la famille Rollin ? »

« Oui, mon colonel »

« Connaissez-vous le prénom des enfants ? »

« Oui, mon colonel », et il les indiqua.

L'affaire était règlée.

Sa carte de rapatrié lui fut délivrée sur le champ et il fut autorisé à continuer sa route.

Il repassa par la maison des FFI pour y prendre ses maigres bagages.

Là, on retardait un peu. On ne voulut pas le laisser partir mais lui faire subir un interrogatoire. Sur quel sujet ? Nul ne le sut jamais car Marcel

Schmitt sortit sa carte de rapatrié qu'il venait d'obtenir, son laissez-passer, et tira sa révérence au grand dam des FFI.

Par Nancy, il se dirigea sur Strasbourg où il fut hébergé et soigné au centre des célibataires de la rue de Lausanne. Il avait en effet souffert de gelures des pieds et avait perdu les ongles des orteils.

Puis un bus vint chercher ceux qui étaient originaires du sud de l'Alsace et, en cours de route, déposa chacun dans son village d'origine.

Marcel Schmitt se rappelle du triste retour d'un Malgré-nous d'Ostheim qui, lorsqu'il arriva dans son village détruit, apprit par un voisin que son père et sa mère avaient été tués pendant la bataille pour la localité et que son frère, pour échapper à l'incorporation par les Allemands, s'était enfui en Suisse où il fut abattu à la frontière par un garde suisse.

Pris d'une subite appréhension, Marcel Schmitt passa d'abord chez un cousin à Colmar pour s'enquérir sur la situation à Thann et dans sa famille. On lui dit que tout allait bien et, le 24 juin, il rentra chez lui.

Schmitt avait cherché à éviter les camps de prisonniers, pensant ainsi rentrer plus tôt. Il fut le dernier du groupe de 19 camarades du collège de Thann à rentrer.

Le jour même, son père, voyant que tous étaient de retour sauf son fils Marcel, se rendit, inquiet, chez Dumel qui venait d'arriver la veille. Celui-ci ne put lui fournir aucun renseignement. La mère de Dumel, dans le souci de lui remonter le moral, lui dit : «Ne vous en faites pas, il viendra. Rentrez chez vous, il est peut-être déjà là». Et lorsque le père rentra chez lui, Marcel était effectivement là.

8. Parce qu'il s'endort dans le train il finit dans les caves de la Gestapo

Lorsque Paul Meyer de la *Wirtschaftsoberschule* de Mulhouse, apprit qu'il devait être transféré à Pilsen, il ne fut pas heureux. Incorporé le 19 août 1944 à la 721e *Leichte Flakabteilung*, il était stationné à Beinheim près de Rastatt lorsque la nouvelle de sa mutation lui parvint.

Sur le moment, il ne restait pas d'autre solution que de suivre le mouvement.

Arrivé en Tchécoslovaquie, il dut se soumettre pendant cinq semaines à une formation d'infanterie poussée dans un *Wehrertüchtigungslager* à Olmouc, appelé Olmütz par les Allemands.

Le 26 janvier 1945, il fut renvoyé à Pilsen avec les copains qui l'accompagnaient. Le voyage de 280 km dura cinq jours.

Arrivé à Pilsen, il apprit que son unité devait être immédiatement transférée à Prague.

C'en était assez. Il décida de s'évader et il fit bien car, pour ses copains, le plus dur restait à venir, comme on le verra au chapitre: « Heureux qui comme Ulysse... ».

Sur ses maigres rations quotidiennes, il avait prélevé une petite réserve de « voyage »: pain noir, saucisson sec et autres denrées pas trop rapidement périssables.

Les Allemands se méfiaient des Alsaciens au point que, pour éviter qu'ils ne prennent la clé des champs, ils devaient, dans le train, remettre leur capote aux gradés qui les accompagnaient. On était en janvier 1945, il ne faut pas l'oublier, et il faisait froid.

C'est sur le trajet entre Pilsen et Prag que Meyer tenta une première évasion. A l'arrêt suivant du train, il descendit sur le quai, se mêla à la foule avec l'intention de quitter la gare. mais il se fit remarquer par des gradés et remonta dans le convoi. Il ne regagna cependant pas sa place mais monta dans le wagon de queue. Le train repartit et, alors qu'il commençait à ralentir pour le prochain arrêt, Paul Meyer sauta en marche avant la gare. Son seul bagage était sa boîte à provisions, le reste il l'avait laissé dans le compartiment. Cela pouvait faire accréditer l'idée, pendant un moment, qu'il avait raté le train à l'occasion d'un arrêt.

Il se dirigea vers la gare toute proche où il prit un train revenant en sens inverse vers Pilsen qu'il avait quitté quelques heures auparavant.

Arrivé dans cette ville, il se cacha dans des bâtiments du chemin de fer, à l'affût du premier convoi en partance vers l'ouest.

Il réussit à sauter dans un train de marchandises se dirigeant vers Munich. mais le convoi fut attaqué par des avions alliés et resta en panne aux abords de cette ville.

Poursuivant son périple à pied en longeant la voie ferrée, il réussit à sauter dans un train de marchandises passant presque au pas et se dirigeant vers Augsbourg.

Comme il portait toujours l'uniforme de la Flak, il parvint à se ravitailler dans une cantine militaire de cette gare.

A Augsbourg, il chercha un moyen pour continuer sa route vers l'ouest et trouva un train allant à Karlsruhe. A Stuttgart, il quitta le train avant l'arrêt. A la faveur de la nuit, il escalada la clôture qui entourait le terrain du chemin de fer et se cacha dans une proche maison en ruines où il souffla un peu.

Tôt le matin, il retourna à la gare de Stuttgart où il découvrit un omnibus en instance de départ pour Constance sur le lac du même nom. Comme toute nourriture, il lui restait un morceau de pain noir moisi et une paire de ces petits saucissons secs appelés « gendarmes ».

Il avait envisagé de changer de train à Donaueschingen, afin de ne pas continuer vers le sud mais d'obliquer vers l'ouest en essayant de trouver un train pour Fribourg.

Cela faisait cinq jours qu'il était en route et il avait très peu dormi, toujours à l'affût pour détecter l'approche d'une patrouille, toujours à la recherche d'un convoi pouvant le mener là où il voulait aller : vers l'ouest. Il sentit la fatigue l'envahir et, pour éviter qu'il ne s'endorme, il resta volontairement debout près de la portière. mais, vaincu par la fatigue, il s'endormit debout.

Quelqu'un a dû avoir pitié de ce gamin et, pendant son sommeil, a dû l'asseoir sur une banquette car Paul Meyer ignore comment il a pu s'endormir debout et se réveiller assis.

Toujours est-il que, lorsqu'il se réveilla, le train était à l'arrêt et vide.

Explorant prudemment son environnement, il dut constater avec consternation qu'il était en gare de Constance sur une voie de garage.

La Suisse n'était pas loin, mais les patrouilles allemandes étaient nombreuses.

A peine descendu du train, il fut arrêté par une patrouille qui lui demanda ses papiers. Il avait sur lui son ancien titre de transport Olmouc-Pilsen et il avait maquillé ce dernier nom avec suffisamment d'adresse pour qu'il puisse passer sans soupçons pour un nom comme Wingen. La patrouille n'y vit que du feu. Il put passer.

Il quitta la gare et la première chose qu'il entreprit fut de chercher quelque chose à se mettre sous la dent.

C'est alors que les choses se gâtèrent.

Cette fois, ce ne fut plus une patrouille qui l'arrêta mais deux policiers en civil, intrigués par le manège de ce militaire sans capote.

Il leur présenta ses papiers mais, eux, ne furent pas dupes.

Ils l'emmenèrent immédiatement à la Gestapo qui le soumit à un interrogatoire plus que musclé.

Ce qui n'arrangea rien, c'est qu'en le fouillant ils découvrirent un de ces tracts-laissez-passer lancés par les avions alliés à l'usage des candidats déserteurs.

Son cas était entendu.

Meyer fut couché sur une table et maintenu aux pieds et aux mains par des gestapistes tandis qu'un cinquième lui administra une de ces bastonnades dont on se souvient longtemps. Ils voulaient le faire avouer qu'il avait déserté avec l'intention de passer en Suisse. Paul Meyer nia puisqu'il ne voulait effectivement pas passer en Suisse et le fait qu'il se soit trouvé à Constance était purement accidentel. Il s'était endormi. Il ne dit évidemment pas qu'il voulait aller vers Fribourg.

Après la séance de tabassage, ils l'enfermèrent pendant 24 heures dans une cellule située dans une cave où il s'effondra sur un bât-flanc barbouillé de sang séché.

Paul Meyer précise avec humour que, lors de l'interrogatoire suivant, son laissez-passer avait disparu de son dossier. Sans doute un Allemand a-t-il dû le récupérer pour son propre compte. Les Alliés n'étaient en effet plus très éloignés.

Des caves de la Gestapo, Paul Meyer fut transféré à la prison militaire de Constance où il devait passer devant un tribunal militaire.

Mais un problème se posa. Le nom de Meyer est très courant et les Allemands n'arrivaient pas à localiser son unité. Paul Meyer profita de cette situation pour les égarer encore un peu plus afin qu'ils ne remontent pas à Pilsen et à son affectation d'origine.

Ainsi, les choses traînèrent.

Meyer aurait finalement dû passer en jugement le 30 avril. Le 26 avril, les Français étaient encore à quelques kilomètres de là. Les policiers et la Gestapo vidèrent les lieux. Seuls restèrent les gardiens de prison. Ceux-ci, pour se dédouaner et se faire bien voir par leurs anciens détenus, allèrent jusqu'à négocier avec les Suisses, qui n'étaient qu'à quelques pas de là, le passage de leurs ex-prisonniers. Meyer se fit refouler une première fois puis les Suisses lui accordèrent le droit de traverser leur pays pour se rendre à Annemasse où avait été aménagé un centre de rapatriement.

C'est ainsi que Paul Meyer se retrouva à Annemasse où les arrivants furent triés selon trois critères : LVF - Travailleurs en territoire ennemi - Alsaciens.

Pour Meyer, aucun problème majeur ne se posa et il put rentrer à Mulhouse le 30 avril, le jour même où il aurait dû passer en jugement devant le tribunal militaire.

Ses copains qu'il avait quittés dans le train entre Pilsen et Prague suivirent, eux, un tout autre itinéraire. André Walter et Pierre Knecht, qui étaient parmi eux, ne rentrèrent que le 20 août suivant, après un périple de 3 000 km.

CHAPITRE XXI

Hitler à Metz

Le 15 juin 1944 dans l'après-midi, nous eumes la surprise de voir le terrain d'aviation de Metz-Frescaty investi par une forte unité de blindés SS. Une cinquantaine de véhicules blindés légers prirent position autour du terrain et sur le terrain lui-même, contrôlant les points névralgiques et les accès.

Nous nous interrogeâmes sur les raisons de cette subite arrivée de SS sans pour autant obtenir la moindre explication.

Les hypothèses allaient bon train et l'explication qui prévalut chez nous était qu'on attendait une attaque du terrain par des troupes aéroportées ou des parachutistes.

Le débarquement allié venait d'avoir lieu dix jours plus tôt et tout était possible, d'autant plus que le statut du *LwHelfer* autorisait son utilisation dans des combats terrestres et que, comme je l'ai relaté plus haut, nous dûmes signer un serment écrit de défendre nos positions jusqu'au dernier et rendre nos pièces inutilisables si besoin était.

Cette nuit-là, entre deux alertes, nous ne dormions pas tranquilles et, pour tout dire, nous fûmes plutôt inquiets.

Le lendemain 16 juin, nous eumes droit de bonne heure à une alerte renforcée et, à partir de 8 heures, nous ne quittâmes plus nos pièces.

De toute manière, l'interdiction de quitter le terrain avait été décrétée et les blindés SS étaient toujours là, bouclant l'aérodrome.

Vers 11 heures, une activité aérienne allemande assez inhabituelle commença à se manifester sur la région.

Il devait être environ 16 heures lorsqu'apparurent deux « Condors » dans le ciel messin. Le Condor était le seul quadrimoteur en usage dans l'armée allemande et servait surtout au transport.

Les avions touchèrent la piste l'un après l'autre au sud du terrain, roulant vers nos positions qui étaient situées à environ 25 mètres du bord nord de la surface d'atterrissage.

Le premier avion s'arrêta à environ 60 mètres du bout de la piste, c'est-à-dire à environ 85 mètres de nos positions. Le second appareil suivit et vint se ranger à côté du premier.

Après quelques minutes, les portes s'ouvrirent et en descendit un aréopage de généraux, de maréchaux — parmi ceux-ci Hermann Gœring lui-même — et finalement Hitler en personne.

C'est alors que nous comprimes les raisons de toute l'agitation. Venant de Berchtesgaden par la voie des airs, Hitler et son état-major au grand complet voulaient se rendre en France où un nouveau front venait de s'ouvrir le 6 juin 1944.

Le Führer devait continuer son voyage par la route en automobile blindée, accompagné de son escorte SS jusqu'à Margival, à 8 km au nord de Soissons où avait été prévue la possibilité d'installer le G.Q.G. de Hitler. Ces locaux souterrains avaient été construits en 1940 pour permettre au Führer de diriger l'invasion de l'Angleterre. Ils n'avaient jamais servi pour les raisons que l'on connaît. En 1943, ils avaient été réaménagés car il devenait de plus en plus évident que les rôles allaient être renversés.

Méfiant, Hitler demeura une petite demi-heure sous l'aile de son appareil, refusant de pénétrer dans un bâtiment du terrain d'aviation jusqu'à ce que tout fut prêt pour la poursuite du voyage.

Pendant cette demi-heure, nous qui étions à moins de 100 mètres, nous eumes tout loisir d'examiner les seigneurs de la guerre allemands. A travers nos jumelles et nos instruments d'optique, nous pumes les voir comme si nous étions mêlés à eux.

Il convient de préciser qu'à cette occasion le siège du canonnier-pointeur-tireur était occupé par le chef de pièce lui-même.

Manque de confiance en nos aptitudes de canonniers ou méfiance générale ?

A 85 mètres de trois canons de 20 mm quadruplés, Hitler et son haut état-major auraient effectivement pu faire une cible de choix.

A un moment donné, son véhicule blindé personnel vint prendre Hitler et une partie de sa suite s'engouffra dans d'autres voitures. Ce qui restait de ses accompagnateurs regagna les Condors qui décollèrent aussitôt.

Les SS de l'escorte précédaient et suivaient la voiture du grand homme. C'était l'époque où par dérision, mais avec prudence, les Allemands commencèrent à désigner leur Führer par le vocable « *Gröfaz* », ce qui est une contraction de « *Grösster Feldherr Aller Zeiten* » et signifie le plus grand stratège de tous les temps.

Pour être à l'abri des attaques aériennes alliées, Gröfaz voyagea le soir et la nuit jusqu'à son PC de Soissons qui portait le code WII. Les locaux souterrains avec salles de conférence, chambres à coucher et salles de bains avaient toutes les caractéristiques d'un grand quartier général et auraient permis un séjour prolongé à Hitler.

Mais ils ne servirent qu'un jour.

Précisément le 17 juin 1944.

Dans l'après-midi, une conférence eut lieu avec Rommel et les autres chefs responsables du front du débarquement.

Peu après la conférence se produisit un curieux incident relaté par les historiens et notamment par le général Speidel, chef d'état-major de Rommel.

Un V1 destiné à l'Angleterre, mais apparemment mal réglé, fit demi-tour et, par un curieux hasard, au lieu de se diriger sur l'Angleterre, vint s'écraser très près du bunker du Führer.

Hitler n'en fut, bien sûr, pas physiquement incommodé mais il repartit la nuit même pour son G.Q.G. de Rastenburg, en Prusse Orientale, où 34 jours plus tard devait avoir lieu l'attentat qui aurait dû l'éliminer mais auquel, une fois encore, il survécut.

Photo Coll. particulière

DES GAMINS COMME CEUX-CI ÉTAIENT CENSÉS ARRÊTER CELA

1. Les LwHelfer étaient censés arrêter cela. A court d'hommes parce que l'armée allemande était saignée à blanc, Hitler, dans sa folie, pensa arrêter les vagues de bombardiers alliés en leur opposant des collégiens. (Photo US Air Force)

2.

Le 16 juillet 1944, quelque 410 quadrimoteurs B 24 Liberator attaquaient Sarrebruck (ci-dessus). Au sol, une partie des 14 batteries de DCA était desservie par des LwHelfer mosellans du lycée de Sarreguemines et du collège de Phalsbourg. Les 19 et 21 juillet suivants, 51, respectivement 90 Liberators revinrent et s'en prirent à la Flak. Ci-dessous, le résultat du bombardement des 2e et 4e batteries de la 631e. Deux canons et le PC furent touchés et il y eut de nombreux morts parmi les LwHelfer. (Photos US Air Force)

3.

4. Au sol, pendant une pause de tir entre deux vagues. Sur huit servants de ce canon de 88, six étaient des LwHelfer (photographe compris). On reconnaît au premier plan le chargeur avec son gant devant protéger sa main en enfournant les obus de 16 kg. Parmi les LwHelfer, on reconnaît au deuxième plan à gauche du tube Arthur Muller et, à droite du canon, François Oulerich. (Photo Oulerich)

5. Les bombes ne sont pas tombées loin de ce canon. (Photo Oulerich)

6. Des LwHelfer phalsbourgeois dans leur baraquement en agréable compagnie. A l'extrême-droite, on reconnaît Roger Kalsch qui, environ quatre mois après cette photo, devait être décapité par les Allemands. (Photo Oulerich)

A Sarrebuck, un bombardier américain touché par la Flak a dû être abandonné par son équipage. Le pilote blessé a atterri près des positions des Phalsbourgeois. (Photo Oulerich)
Son appareil s'est écrasé un peu plus loin. Un LwHelfer monte la garde près des débris. (Photo Oulerich)

7.

8.

9. Le LwHelfer François Oulerich fait une démonstration de chargement d'un 88.

10.

Le télémètre de la 4e batterie 631 avant et après l'attaque du 11 ~~août~~ 1944 : ~~11~~ LwHelfer tués. (Photos Gabriel-Schütz-Eckel)
Mai   16

11.

12. Eté 1944 — Les Phalsbourgeois à Gersweiler.

13. 15 élèves de la 6e du lycée de Sarreguemines. De gauche à droite : au premier plan : Georges Meyer, Gachot, Meyer, Doub, Gabriel. Au second plan : Fallegger, Wack, Leinen, Hahn, Hochstrasser, Fersing, Pierre, Dorn, Mouzard, Wehrung et quatre militaires adultes. (Coll. Gabriel)

14. Neuf Sarregueminois à Hagondange. De gauche à droite : Hahn, Flitsch (un Allemand), Mouzard, Gabriel, Pierre, Fallegger, Gachot, Dorn et Georges Meyer. (Coll. Gabriel)

15. Joseph Rumpler mort à 16 ans. Son corps supplicié fut renvoyé à ses parents dans un cercueil plombé. (Photo Mouzard)

5 mai 1944
HAGONDANGE

16. Les débris de la forteresse volante abattue le 5 mai 1944 à Hagondange. (Coll. Gabriel)

B-17 G   KY ✱ U
*   1. BD / 305 Gr / 366 Sqdn*
MACR # 4870 / fiche 1738
Text. S. 112/113

17. Une position de 20 mm à Hagondange. A droite, Louis Gabriel; derrière le siège du pointeur Georges Gachot. (Coll. Gabriel)

18. La chambre des Sarregueminois à Hagondange a été décorée par Paul Mouzard. Au beau milieu un écusson avec la Croix de Lorraine ne provoqua aucune réaction de la part des Allemands. (Photo Mouzard)

19. La flèche indique la position des Sarregueminois après leur transfert à Gersweiler.
Photo US Air Force

20. Trop petit, mon ami ! Matériel trop grand pour le soldat ou soldat trop petit pour le matériel ? (Photo Feuer frei, Kinder Repro Eckel)

21.

Malgré le jeune âge des exécutants, ceci n'est pas un jeu. Grenades, fusil et mitrailleuses sont réels. Le LwHelfer recevait aussi une formation d'infanterie. (Coll. particulière)

22.

23.

En 1944, les Allemands avaient mis en œuvre 3 481 batteries de DCA dont 45 % étaient desservies par des LwHelfer : 2 710 batteries lourdes (à gauche en haut), 1 311 batteries légères et moyennes. Vierling (à gauche en bas) : à droite : en haut : un canon de 20 mm 30 (Photos Bundesarchiv) en bas : un canon de 37 mm

24.

25.   Collection particulière

26.   Photo Risacher

27.

28.

Tir de nuit groupé d'une batterie de 88. Ci-dessous : touchée par la Flak, cette forteresse a réussi un atterrissage forcé. L'équipage s'en est tiré sans trop de mal, ce qui n'a pas été le cas de la forteresse à droite touchée de plein fouet. L'appareil du 91e groupe de bombardement a été abattu en avril 1945 dans les tous derniers jours de la guerre. Marcel Schmitt du collège de Thann et ses camarades ont assisté à une scène analogue au-dessus de l'usine d'essence synthétique de Tröglitz. Les débris de l'appareil ont incendié l'usine qui a brûlé pendant trois jours. (Photos Bundesarchiv)

Photo US Air Force

30. Un uniforme sur mesure pour le LwHelfer Georges Gachot. (Coll. Gachot)

31. Six ans de réclusion pour le LwHelfer François Burrus parce qu'il avait faim. (Photo Burrus)

32. Le LwHelfer Bohn monte la garde près de son canon dans les environs de Munich. (Coll. Speiser)

33. Henri Berntheisel fut fait prisonnier par les Américains dans un combat de rues près de Leipzig. Un abcès à la jambe l'avait empêché de s'évader au moment opportun. (Photo Berntheisel)

34. LwHelfer haut-rhinois en position à Lindenberg-Wildensee (au sud de Leipzig). De gauche à droite, les LwH Burgy, Roellinger, Mislywitz, Heinrich, Schwerz, Ziegler, Simler, Volck et Landwerlin. Gérard Volck est mort au combat entre Iéna et Apolda. (Coll. Simler)

35. Quelques LwHelfer de la Grosskampfbatterie Wildensee, méconnaissables sous leur camouflage pendant un exercice d'infanterie. (Coll. A. Hartmann)

36.

Toujours à Wildensee une autre batterie. Les LwH posent devant le télémètre (ci-dessus); de gauche à droite : Edouard Discher, Gaston Sutter, Gérard Anderhuber, Raymond Bohl, Bernard Soldner, Claude Roth, Gérard Walter et Raoul Martin. Ci-dessous, devant le canon : Gérard Walter, Marcel Schmitt, Claude Roth, Gaston Sutter, Raymond Bohl, Raoul Martin, Bernard Soldner et Gérard Anderhuber. (Coll. Raoul Martin)

37.

38. LwHelfer bas-rhinois et haut-rhinois devant leur pièce de la 357e, schwere Flakabteilung, à Strasbourg-Robertsau. (Coll. J. Breisach)

39. Les LwHelfer de la 240/VII devant leur baraquement. (Coll. Georges Schweitzer)

40. Les servants d'une pièce de la 240/VII stationnés sur les hauteur de l'Illberg près de Mulhouse posent pour la postérité. Par la suite, les LwHelfer de cette unité furent transférés à Augsbourg au lieudit «Hammerschmiede». A l'arrière plan une tente finlandaise dans laquelle ils logeaient. (Coll. Georges Schweitzer)

41. Parmi les corvées du LwHelfer : monter la garde. Pour cela on lui donnait en général, comme ici, un Lebel ou un mousqueton. (Coll. particulière)

42. De gauche à droite : André Walter, Frédéric Meyer et Pierre Knecht à Naples. Leur odysée de 3000 km touche à sa fin. (Coll. Walter)

43. LwHelfer alsaciens à Pforzheim manœuvrant une pièce de 37 mm. (Coll. F. Tretz)

44. Un cours dans une position à Pforzheim. (Coll. F. Tretz)

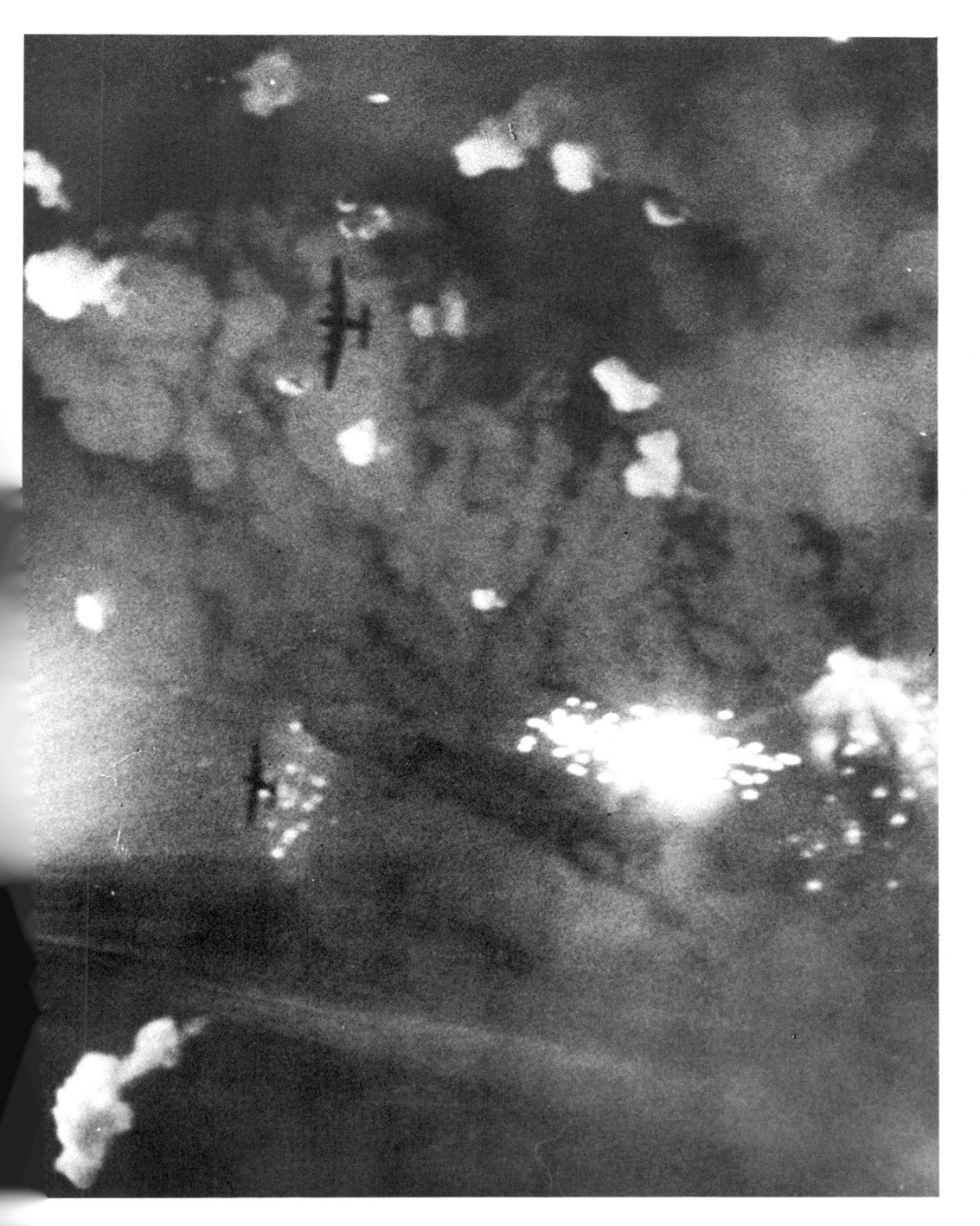

5. Dans la nuit du 23 au 24 février 1945, la RAF lança contre Pforzheim (à 80 km de Strasbourg) une des plus lourdes attaques dirigée contre une ville allemande. Cette photo prise par un observateur durant le raid montre à droite au centre la ville qui brûle, et les épaisses volutes de fumée. Au-dessus de la ville en feu, on peut voir une grappe de fusées marqueuses appelées «Sapins de Noël» descendant vers le sol. On aperçoit la silhouette d'un Lancaster larguant le début d'un second «sapin». Un deuxième Lancaster est entouré des flocons provoqués par l'éclatement de la Flak. De très nombreux LwHelfer avaient transité par Pforzheim avant leur affectation à Munich ou en Tchécoslovaquie. (© I.W.M.)

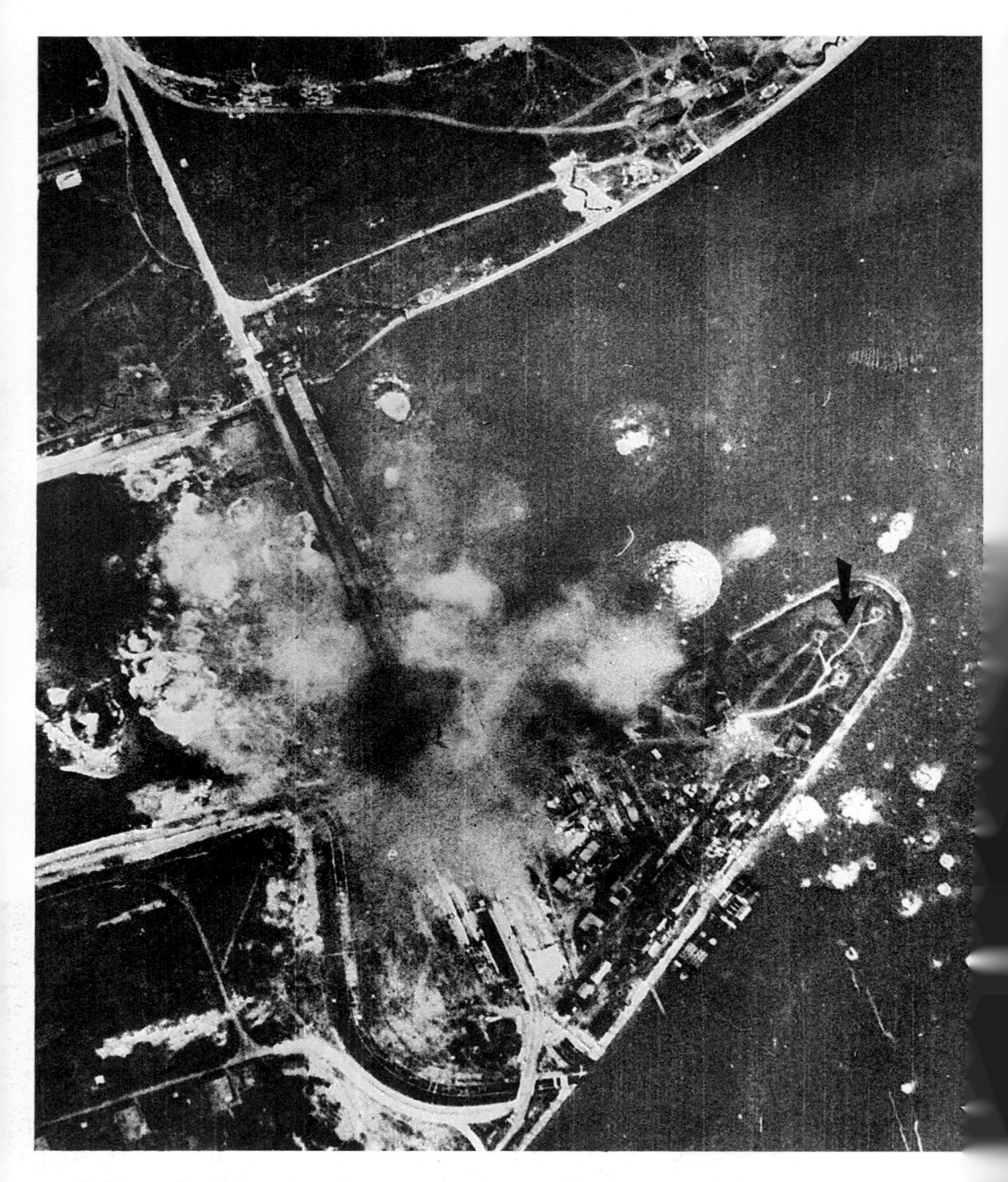

46. Photo prise le 7 octobre 1944 par un observateur de la RAF sur le barrage de Kembs, défendu p... environ 50 à 60 LwHelfer. On distingue nettement la langue de terre qui sépare le Rhin (en haut) et le can... d'Alsace. Sur le Rhin, on aperçoit le barrage au moment où il saute, touché par une bombe de 12 000 l... soit 5 443 kg. Sur la pointe de terre, on aperçoit distinctement (flèche) les positions de trois canons ... DCA. Claude Oberlé a vécu l'attaque à l'un d'eux. (© I.W.M.)

47. Photo prise au sol après destruction du barrage. Les dégâts visibles sur cette photo ont été occasionnés par une seule bombe. (Coll. particulière)

48. Au cours du raid, deux ou trois bombes de 12 000 lb tombèrent sur la berge du canal d'Alsace, provoquant des cratères d'une trentaine de mètres de diamètre. (Coll. particulière)

49. Le Group Captain Jaimes Tait qui dirigea le raid des Lancaster sur Kembs photographié en 1944, approximativement au moment de l'attaque. Environ cinq semaines plus tard, il devait attaquer et couler le croiseur allemand Tirpitz ancré dans le fjord norvégien d'Alta. (© I.W.M.)

50. En 1981, le Group Captain Jaimes Tait revint à Kembs où il rencontra quelques anciens adversaires. De gauche à droite : Georges Floderer, le Group Captain Tait, Claude Oberlé, Francis Oesterlé et Gaston Wira. (Photo WICKERT-Colmar)

51. Craignant une attaque nocturne du barrage, les Allemands avaient installé une batterie de projecteurs à proximité. Inutilement. (Coll. particulière)

Des LwHelfer affectés à la défense du barrage de Kembs devant leur baraquement. (Coll. particulière)

53. Voici la panoplie des bombes utilisées pendant la guerre par la RAF contre l'Allemange. L'avant-dernière à droite, derrière le militaire vu de dos, est le «Tall boy» employé pour détruire le barrage de Kembs. (© I.W.M.)

Jacques Risacher et ses camarades à canon de 37 mm près de Rombas. (Ph. Risacher)

54. LwHelfer bas-rhinois à Planegg près de Munich. Au premier plan, on reconnaît de gauche à droite : Paul Heckler, René Speiser introduisant un obus dans la culasse, et à droite de la culasse, Richard Strohl. Derrière Speiser, Gilbert Scherer, Albert Heintz et Ernest Dutel. (Coll. Speiser)

55. Un B24 Liberator, touché par la Flak, a fait un atterrissage forcé au retour d'un raid sur Munich. (Bundesarchiv)

56.57. Exercice au 37 mm russe à Rombas. A gauche : Edmond Bohn — à droite : Jean Kaspar. (Photo J. Risacher)

Jacques Risacher et ses camarades à l'exercice à un 37 mm. (Photo Risacher)

58. Jacques Risacher et ses camarades LwHelfer devant leur cantonnement à Rombas — été 1944. (Photo J. Risacher).

59. Gondrange 1944. Jacques Risacher et Jean Rebeck à un F.M. français. Au fond, une usine de Wendel. (Photo J. Risacher)

Photo Oulerich

L'aventure commençait par la réception du barda. Sa fin était hélas parfois aléatoire. Le nombre exact de LwHelfer tués n'a jamais été connu. Le seul document précis que l'on possède est celui de la 6ᵉ flotte aérienne qui utilisait entre 35000 et 40000 LwHelfer. Un état du 9 février 1945 mentionne 5400 LwHelfer tués ou disparus.

Tombe de LwHelfer au Cimetière militaire de Strasbourg Cronenbourg

CHAPITRE XXII

Luftwaffenhelfer, il termine la guerre dans un combat de rues près de Leipzig

Au courant du mois de mai 1944, j'ai rencontré sur le terrain d'aviation de Metz-Frescaty Henri Berntheisel et, par la suite, nous devinmes de bons copains. Henri Berntheisel est aujourd'hui chirurgien-dentiste à Rombas près de Metz. C'est son histoire que je voudrais raconter maintenant. Il a été l'un des *LwHelfer* qui a été le plus longtemps à la Flak. Par malchance.

Berntheisel fréquentait le collège de St. Avold lorsqu'il fut incorporé à la Flak durant l'été 1943, en même temps que les élèves de la 6e classe de cet établissement.

Il fit sa formation dans la région de Sarrebruck, puis fut envoyé à Hagondange et affecté à une unité de 37 mm qui devait défendre l'UCPMI. Il fit partie du groupe envoyé à Metz-Frescaty à une batterie de projecteurs, et c'est là que je le rencontrais pour la première fois.

Courant juin, il fut muté à Coblence avec une partie de ses camarades de classe dont Emile Grill, Armand Blum et son copain Schuler.

Leur unité, composée de canons de 20 mm, fut implantée aux environs de Neuwied, près de Remagen, sur le Rhin. Elle fut divisée en deux groupes. Un tiers prit position sur la rive gauche du Rhin, et deux tiers sur la rive droite.

Le dispositif de Flak légère de 20 mm fit partie de la défense du pont de Remagen, entré plus tard dans les annales juridiques de l'armée allemande lorsque le pont, qui aurait dû sauter à l'approche des Américains, ne fut pas détruit. Apprenant cela, Hitler plein de fureur chercha des boucs émissaires et les trouva sous forme de quelques officiers de DCA qu'il fit froidement assassiner par une balle dans la nuque.

Berntheisel avait été affecté à un autre pont situé non loin de là, le pont de Enders, à une quinzaine de kilomètres de Coblence.

Pour protéger les ponts d'Enders et de Remagen, les Allemands utilisaient des ballons captifs et des brouillards artificiels.

Un jour, un avion se pointa à proximité du pont et Berntheisel dû procéder à sa reconnaissance. Il annonça : «Mustang» et le lieutenant ordonna d'ouvrir le feu. Il s'aperçut un peu tard que ce que Berntheisel avait pris pour un Mustang était en fait un Messerschmitt 109. Celui-ci disparut aussi vite qu'il put. Berntheisel était à ce moment avec ses deux copains Blum et Schuler. Les Allemands pensant sans doute à une «erreur» volontaire, séparèrent les trois camarades dont chacun fut affecté à une pièce différente, noyés parmi les Allemands.

Certains jours, ils purent observer de longues traînées blanches s'élevant verticalement depuis une proche forêt. On leur dit qu'il s'agissait de V2 avec lesquelles les Allemands avaient commencé à bombarder Londres.

Courant septembre, Berntheisel eut subitement un énorme abcès au creux du genou gauche. Il fut évacué à l'hôpital militaire de Coblence où on l'opéra. Au grand dam du *LwHelfer*, la guérison se fit mal et c'est à cette même époque que les Américains commencèrent les bombardements tactiques de la ville. L'hôpital fut touché par des bombes et les malades durent être évacués par train sur Cologne, puis à Magdebourg, enfin à Schirke am Brocken dans le massif du Harz. Le mois de décembre était déjà bien entamé lorsque Berntheisel fut enfin guéri. Il aurait pu bénéficier d'une permission de convalescence, mais où aller? St. Avold était occupé par les Américains et, en fin de compte, il ne bénéficia de rien du tout et fut renvoyé à son unité.

Il fit une partie du voyage assis sur un camion-citerne, une cible de choix pour les chasseurs bombardiers qui sillonnaient en permanence le ciel.

Et l'inévitable arriva. Trois chasseurs bombardiers Thunderbolt attaquèrent le camion à la bombe. La première tomba assez loin à côté du véhicule, la seconde tomba derrière une maison et la troisième, une bombe incendiaire de 50 kg, explosa à dix mètres du camion.

Berntheisel sauta du véhicule et courut chercher refuge, aussi loin que possible, dans le fossé bordant la route.

Avait-il été vu? Toujours est-il que, lors d'un nouveau passage, un des avions qui n'avait plus de bombes attaqua à la mitrailleuse. Il manqua le camion mais faillit avoir Berntheisel qui vit l'impact des balles à 50 cm de sa tête.

A partir de là il évita scrupuleusement les camions-citernes.

Après un passage à Nordhausen près de Cassel, où étaient fabriquées les V2, il arriva de nouveau à Enders pour constater que son unité n'existait plus. Celle-ci avait été transférée pendant son absence en totalité sur la rive gauche du Rhin où elle avait été capturée par les Américains.

Berntheisel jouait décidément de malchance. Son abcès le priva d'une permission chez lui puis l'empêcha d'être capturé avec les autres copains pour lesquels la guerre était finie.

En tant qu'isolé, il fut vite repéré et affecté à une unité de Vierling-Flak. Cette dernière devait défendre l'autoroute desservant le pont de Remagen. Elle se situait entre les Américains qui étaient sur le Rhin et l'artillerie allemande qui tirait sur les Américains. Les deux artilleries se livraient à des duels forcenés.

La pagaille atteignit son comble lorsque les Américains eurent franchi le pont.

On était le 7 mars 1945.

Pour Berntheisel et son unité, dont il ne connaissait même pas le numéro, commença une nouvelle retraite vers l'Est.

C'est ce moment que choisit la plaie de sa jambe pour se rouvrir. Il se rendit à une antenne sanitaire où on lui donna quelques soins et on le renvoya à une nouvelle unité de 20 mm avec laquelle il traversa la Thuringe jusque dans la région de Zeitz. La majorité des *LwHelfer* de cette formation étaient originaires de la région et en profitèrent pour déguerpir.

Seul Berntheisel, unique Mosellan, ne savait où aller.

Fin mars, il resta quelques militaires adultes, une poignée de *LwHelfer* et un seul officier.

A un moment donné, le groupe rencontra une unité d'élèves officiers qui venaient d'avoir un engagement avec des chars américains dont trois avaient été détruits. Le commandant de cette unité intégra d'autorité les gens de la DCA dans son groupe.

Au cours de la retraite qui se poursuivait, le groupe d'origine de Berntheisel fondit de jour en jour pour compter encore cinq militaires adultes et cinq *LwHelfer*.

Le commandant des élèves officiers chargea les dix hommes de la FLAK qui, bien sûr, n'avaient plus de canon, de défendre une hauteur boisée dominant une petite localité contre une attaque de chars qui semblait se préparer. C'est ainsi qu'à la place du canon, Berntheisel hérita d'un bazooka.

Le lendemain vers 10 heures, un bruit de chenilles attira l'attention des *LwHelfer* qui virent progresser à travers champs trois ou quatre chars sur lesquels avait pris place de l'infanterie américaine. Ils se dirigeaient vers la localité en passant à 75 ou 100 mètres à côté des Allemands.

Si ces derniers n'avaient pas bougé, les chars auraient poursuivi leur route sans les voir.

Alors que les blindés étaient déjà passés, un Allemand tira une rafale de mitraillette par derrière sur les militaires montés sur un des chars.

Aussitôt, tous les chars firent pivoter leur tourelle et prirent les Allemands sous le feu de leurs canons et de leurs mitrailleuses. C'est là que Berntheisel connut une de ses plus belles peurs de la guerre. Il jeta son bazooka, enleva sa capote et même son casque pour pouvoir courir plus vite et s'enfonça dans la forêt s'étendant derrière lui pour y chercher refuge.

Quelques-uns de ses camarades firent de même et réussirent à traverser le petit bois. Lorsqu'ils en débouchèrent, ils virent un pont intact près duquel gisaient les cadavres des artificiers qui auraient dû le faire sauter. Apparemment, ils avaient été tués par les chars qui avaient fait fuir *LwHelfer* et soldats.

Après s'être assurés qu'il n'y avait pas d'Américains dans les parages, ils traversèrent le pont en courant et se dirigèrent vers une localité dont le nom était Bergisdorf. Leur groupe comptait encore trois militaires et trois *LwHelfer*.

A l'entrée du village, un capitaine allemand les arrêta et leur demanda de poser une ligne téléphonique.

Le lendemain matin, le même capitaine rassembla les trois militaires et les trois *LwHelfer* et les envoya en patrouille vers le village voisin pour voir où en étaient les Américains qui ne s'étaient plus manifestés depuis l'escarmouche de la veille.

Les trois militaires marchaient sur la route. Berntheisel, qui n'avait jamais fait de patrouille, puisait sa science dans les romans de western de sa jeunesse et progressait comme les indiens, d'arbre en arbre. Il avait conseillé à ses deux copains *LwHelfer* d'en faire autant. Et, précisa Berntheisel en me racontant cet épisode, la lecture de westerns fut payante.

Tout à coup, quelques rafales de mitrailleuse crépitèrent et les trois militaires furent à terre. Les *LwHelfer*, protégés par les arbres du bord de route, se laissèrent glisser au fond du fossé de bordure et attendirent.

Après un moment, un des militaires se mit à ramper vers le fossé. Lorsque les *LwHelfer* le rejoignirent, ils virent qu'il était assez sérieusement blessé à l'abdomen. Les autres étaient morts.

Berntheisel, qui avait touché pour cette mission une carabine américaine, échangea celle-ci avec le Mauser du blessé, pensant qu'il serait plutôt malsain d'être capturé par les Américains avec un de leurs fusils.

Puis, en rampant dans le fossé, les trois *LwHelfer* retournèrent vers le capitaine pour lui rendre compte que le village voisin était occupé et annoncer ensuite deux morts et un blessé.

C'est alors que les Américains commencèrent à attaquer le village de Bergisdorf. Tout d'abord, ils le bombardèrent au mortier et plusieurs bâtiments prirent feu.

Alors qu'ils s'étaient abrités dans une maison, le capitaine aperçut dans la rue du village un camion et chargea Berntheisel de le détruire à la grenade afin qu'il ne tombe pas entre les mains de l'ennemi.

Règlement — Règlement !

Il tendit une grenade à main à Berntheisel qui s'approcha du camion dont le capot était entr'ouvert, dégoupilla la grenade, souleva un peu plus le capot, jeta la grenade dans le moteur et revint se mettre à l'abri.

Il vit quelques militaires allemands entrer ou sortir des maisons ou courir dans les rues, sans pouvoir préciser combien.

Il ne restait plus que deux *LwHelfer* avec le capitaine lorsque celui-ci attira leur attention sur des chars et de l'infanterie qui avançaient à 300 mètres de là.

Le capitaine portait, lui aussi, un fusil. Il fit feu et ordonna aux *LwHelfer* d'en faire autant !

Au fur et à mesure que les Américains approchaient, le capitaine et les deux *LwHelfer* se repliaient de maison en maison. Quelques soldats allemands faisaient de même.

« C'est à ce moment — me dit Henri Berntheisel — que je me suis trouvé dans une curieuse situation. Alors que j'étais caché derrière un mur, je vis passer un G.I. à une trentaine de mètres de moi. Manifestement, il ne m'avait pas vu. J'aurais pu le tirer comme à la foire. mais mon job était de tirer sur des avions et non sur des biffins — ajouta-t-il en riant. Je l'ai laissé disparaître au coin d'une maison... »

Cet Américain n'a jamais su la chance qu'il a eue d'avoir rencontré un Berntheisel sur sa route plutôt qu'un jeune Allemand fanatique.

Le capitaine et les deux *LwHelfer* se replièrent ainsi jusqu'aux dernières constructions du village. Collé contre le mur d'une maison, le capitaine, qui se trouvait à environ un mètre devant Berntheisel, s'approcha du coin de celle-ci et jeta un coup d'œil prudent. Berntheisel le vit épauler son fusil, mais rien ne se passa. Le capitaine s'écroula en arrière, pour ainsi dire dans les bras de Berntheisel. Mort.

Il avait reçu une balle en pleine tête.

C'est alors que Berntheisel et son survivant de copain eurent la trouille pour la deuxième fois. Ils étaient au bout du village. Au-delà s'étendaient les champs et s'y engager c'était courir le risque de se faire tirer comme des lapins.

Ils se précipitèrent donc dans la maison et se réfugièrent dans la cave.

Pendant une vingtaine de minutes, rien ne se passa. Dehors, les coups de feu s'espacèrent puis des voix allemandes se firent entendre :

« Camarades, sortez et rendez-vous. Les Américains sont là. »

Berntheisel et son camarade laissèrent leurs fusils dans la cave. Il y laissa également un chargeur de la carabine américaine échangée le matin même et qu'il avait encore en poche, et tous deux montèrent dans la rue, les mains levées aussi haut qu'ils purent.

C'était le 10 avril 1945.

Les Américains les firent se tourner contre le mur, les pieds écartés avec appui sur les mains.

Leur première impression était qu'ils allaient être fusillés.

Des différentes maisons étaient aussi sortis une cinquantaine d'Allemands. Berntheisel et son camarade étaient les seuls *LwHelfer*.

On les emmena dans une ferme où ils rejoignirent d'autres prisonniers. De là, ils furent transférés à Eisenberg près d'Iéna où les Américains avaient installé un camp de fortune. Pas de barbelés, seulement des gardes armés et, la nuit, des projecteurs formant un barrage lumineux. C'est là que Berntheisel devint le prisonnier n° 1751818.

Les conditions d'hygiène étaient déplorables. Pour dormir, ils devaient s'isoler du sol humide avec les boîtes de carton dans lesquelles ils recevaient leur nourriture, et pour se couvrir ils disposaient d'un manteau et d'une couverture pour trois. Les latrines étaient constituées par de longues tranchées d'environ 40 centimètres de large, longeant le bord du camp et, pour satisfaire ses besoins, il fallait enjamber la tranchée et s'accroupir, un pied de chaque côté... Deux cents hommes ou plus l'un derrière l'autre.

Il arriva que des prisonniers affaiblis ou malades perdent l'équilibre et tombent en avant la tête la première dans la tranchée. L'un d'eux y mourut même, étouffé...Brrr !

C'est là que Berntheisel eut, pour la seule et unique fois de sa vie, des morpions.

Je n'ai pas pu m'empêcher de sourire quand il évoqua la scène répétée plusieurs fois par jour, des groupes de prisonniers, pantalon baissé, chassant le morpion...

Pour couronner le tout, Berntheisel finit par attraper la dysenterie. Les Américains lui donnèrent un médicament qui enraya rapidement la maladie.

Le *LwHelfer* demeura environ trois semaines dans ce camp, puis fut transporté par camion dans un autre camp près de Mannheim — il devait s'agir du camp d'Eidesheim — où les prisonniers furent désinfectés et soignés correctement. Séquelles de dysenterie et morpions disparurent définitivement.

Les W.C. étaient aussi moins primitifs au point que les Américains crurent utile d'apposer un panneau précisant : « Celui qui détériorera les W.C. sera pendu ».

C'est dans ce camp d'Eidesheim qu'il apprit la fin de la guerre.

Il y séjourna également trois semaines, puis fut transféré à Châlon sur Saône où, après quinze jours, on lui donna un billet de chemin de fer pour Metz.

Il rentra chez lui le 21 juin 1945.

Il avait 15 ans et 9 mois lorsqu'il fut incorporé à la Flak. Il avait 17 ans et 7 mois à son retour.

A cause d'un abcès, son périple avait duré un an, dix mois et six jours.

CHAPITRE XXIII

Se serrer les coudes

La grande règle en vigueur dans l'armée allemande était le *«Kadaver Gehorsam»*, cette obéissance qu'Ignace de Loyola voulait *«perinde ac cadaver»*, comme un cadavre. Une différence fondamentale cependant entre les deux conceptions : dans l'armée allemande, même les cas que la conscience défendait ne se discutaient pas. Il était interdit de laisser entrevoir ses désaccords, ses états d'âme, ni en parole, ni dans les écrits. La censure veillait.

Et pourtant, les *LwHelfer* ont néanmoins trouvé, ne fut-ce que temporairement, divers moyens pour se communiquer leurs sentiments et se donner un peu d'air. Certains de ces moyens n'étaient pas dénués de risques et, en général, la police finissait toujours par s'en mêler.

Au début, les relations avec les copains d'autres unités ou avec ceux rentrés à la maison ont parfois donné lieu à de véritables petits journaux par lesquels on s'informait mutuellement des évènements. Le trait dominant de ces «canards», qu'on aurait pu appeler «Le *LwHelfer* enchaîné» était un humour caustique et grinçant, jusqu'au jour où la police troubla la rigolade.

Ainsi, Gaston Landwerlin de Mulhouse recevait de véritables petits chefs-d'œuvre dont quelques uns ont traversé le temps et qu'il m'a confiés. Il y avait le *«Mulhauser Tagblatt»* (M.T. en abrégé) ou la *« Wittenheimer Zeitung »* (W.Z.) [16] dans lesquels les «journalistes» commentaient les nouvelles du moment avec le style acerbe et pince-sans-rire qui caractérise l'humour alsacien.

Dans le *«Mulhauser Tagblatt»* du 24 février 1944 adressé à Gaston Landwerlin, on apprend que Mulhouse vient de vivre deux alertes et que les sirènes, sans doute refroidies, peut-être même grippées, n'ont pas fonctionné correctement.

Même les évènements du front y sont commentés. On y lit notamment une excellente parodie du style du Dr. Gœbbels :

«Les Bolcheviks sont maintenant liquidés. Les retraites planifiées des Allemands leur causent un tracas monstre car, à force de courir après les Allemands qui se retirent selon les plans du haut commandement, les Russes sont épuisés au point qu'ils ne peuvent plus suivre.»

Idem en ce qui concerne les attaques aériennes des Anglais dont on sait qu'elles atteignaient un sommet en 1944.

---

16. «Quotidien de Mulhouse» et «Journal de Wittenheim».

Le rédacteur écrit : « Les Allemands sont quand même d'autres gars que les Tommies qui ne savent pas viser. Ces derniers lâchent leurs bombes n'importe où sur les villes allemandes, au risque de toucher des civils alors que les bombardiers allemands effectuent un travail en finesse. Ils ne touchent que des cibles stratégiques et, en plus, ne perdent pas le cinquième de ce que perdent les Anglais en avions ».

L'auteur faisait bien sûr allusion au fait qu'en 1944, l'aviation de bombardement allemande en était réduite à sa plus simple expression et qu'elle disposait de moins en moins de carburant pour les chasseurs.

Mais on se moquait aussi des *LwHelfer*. L'auteur esquisse ce que pourrait être un futur numéro spécial du *Mulhauser Tagblatt* avec un titre sur 5 colonnes :

Une pièce de la Flak de Karlsruhe descend son centième bombardier

(Il s'agit bien sûr de la pièce de Landwerlin)

> Le Führer se déplace pour récompenser les servants. Le canon est décoré de la Croix en Or et les canonniers de la Croix de Fer 1re Classe.

Dans le même numéro, on peut lire : « Le whisky se fait rare en Angleterre ? Churchill se met au schnaps. »

Le fait était qu'en Allemagne, l'alcool était d'une rareté telle qu'avec une bouteille de vrai cognac vous pouviez vous offrir n'importe quoi... à condition que cela existât encore.

Toujours dans le style « Canard », les illustrations étaient faites de dessins et de caricatures d'une excellente facture.

Le dessinateur se moque de la discipline militaire par un dessin représentant le *LwHelfer* Landwerlin au garde-à-vous, bras droit levé et demandant à son chef l'autorisation de rire. Bon, ergote l'officier, mais pas plus de cinq minutes...

On sait qu'un des grands soucis des *LwHelfer* était la faim. Un dessin du M.T. représente Landwerlin les bras chargés de victuailles, saucisson, conserves, pain et un litre de rouge en sus, avec la légende : Le *LwHelfer* Landwerlin vient de toucher son repas du soir.

Dans le même journal, le dessinateur représente une « veillée » dans un baraquement de *LwHelfer*. Tout respire le calme et la tranquillité alors que l'on sait que les *LwHelfer* avaient de plus en plus de difficultés pour trouver quelques instants de repos.

Dans la *Wittenheimer Zeitung,* le « Rédacteur en Chef » fait état d'une réunion politique organisée pour le recensement des jeunes. Il n'y va pas avec le dos de la cuillère. Utilisant les termes employés couramment par les nazis il dit, en parlant des organisateurs, qu'il pensait être en présence de commissaires judéo-bolcheviks (que les Allemands qualifiaient de sous-hommes) et qu'il fut très surpris d'apprendre que les trois hommes à la tribune étaient les nazis organisateurs de la réunion.

Il va de soi qu'avec un tel humour et la constante activité de la censure, les « journaux » furent un jour découverts et ne passèrent plus.

Dans d'autres écrits, l'auteur se gausse du papier, de l'encre, des plumes, bref de la mauvaise qualité de tout le matériel nécessaire pour écrire.

Un des auteurs de ces journaux se destinait à devenir prêtre — comme Gaston Landwerlin aujourd'hui Chanoine honoraire à Colmar — et il se faisait un malin plaisir de terminer ses lettres par un « *Grüss Gott* » particulièrement mal vu par les nazis qui préféraient le « *Heil Hitler* » comme formule finale.

De tous les écrits qui nous sont restés de cette époque, les plus touchants sont sans doute les lettres que les *LwHelfer* — quand ils pouvaient se situer — s'écrivaient entre eux après avoir appris que l'Alsace était libérée et qu'ils étaient maintenant coupés de leurs familles et de leurs attaches alsaciennes.

Paul Heckler, qui a passé trois mois dans un hôpital militaire à Obersdorf dans l'Allgäu, a ainsi servi de point focal permettant à ses camarades de lui faire part de leurs états d'âme, mais aussi de le tenir informé des nouvelles de l'extérieur ou des potins de la batterie, lui faisant savoir que, malgré son absence, les copains ne l'avaient pas oublié.

Une lettre écrite le 25 novembre 1944 par Edgar Becht a particulièrement retenu mon attention.

Becht, en position à Unterbrunn-Schönau près de Munich, informait Heckler de la prise de Strasbourg.

« *Peut-être as-tu entendu dire — écrit-il — que les Américains (sic) ont pris Strasbourg le 24 novembre. On peut dire un « Vingt-deux novembre ».*

« *Mon cher Paul, les choses ne sont pas simples pour nous avec toute cette merde. Nous autres, Alsaciens dans le Reich, nous sommes maintenant totalement coupés de chez nous. Quand je songe que dans un mois exactement c'est Noël, je te prie de croire que ma bonne humeur s'évapore à vue d'œil.*

« *Et malgré cela, il faut toujours danser d'après la musique allemande.*

« *Cher camarade, nous devons dorénavant nous écrire encore plus souvent et nous serrer les coudes.*

« *Quand toute la merde sera passée, je m'empresserai de l'oublier le plus vite possible. Ce sera la seule attitude raisonnable. Je vais devoir arrêter ma lettre ici, car j'ai déjà dépassé l'heure du couvre-feu et je suis de garde de minuit à une heure, une heure particulièrement bête et désagréable.*

« *Alors, bonne nuit mon cher Paul. Accroche-toi aux branches et écris-moi vite.*

« *Je t'embrasse. Ton copain. Edgar.* »

Paul Heckler a également conservé une lettre de René Speiser dont j'ai relaté l'évasion plus haut. Speiser l'informe en termes plutôt couverts de l'évasion manquée tentée par lui-même et son copain Albert Heintz.

« *Comme tu le sais sans doute par les copains — écrit Speiser — nous avons entamé le 15 décembre le voyage projeté. Eh bien, la virée s'est terminée par un heureux retour à la batterie, entre deux gendarmes. Nous passerons prochainement devant le tribunal militaire qui nous expédiera sans doute au gniouf.*

« *A part cela, rien de neuf. Bonne année. R. Speiser.* »

Dans une autre lettre que Paul Heckler a reçue de René Dutel, ce dernier l'informe de la tournure prise par le « jugement » des deux candidats-déserteurs : Une bombe venue bien à propos a transformé le bâtiment abritant le tribunal en tas de décombres et les dossiers qui y étaient conservés en cendres. Pour une fois, il y eut une justice encore plus expéditive que celle des Allemands.

Dutel joint aussi à son courrier la dernière lettre que Heckler avait tenté de faire parvenir à ses parents mais qui n'a plus passé.

Le *LwHelfer* conseille à Heckler de chercher à se maintenir aussi longtemps que possible à l'hôpital militaire où il est relativement à l'abri et au chaud car, dans les baraquements de la batterie, mal chauffés, il fait froid. Les alertes sont nombreuses et les bombes pleuvent.

Dutel informe Heckler que leur batterie a été transférée d'Unterbrunn à Planegg juste à temps pour la grande attaque de Munich du 7/8 janvier 1945. Sa pièce « Emile » a tiré 111 coups d'affilée sans souffler jusqu'à ce que les munitions en soient venues à manquer.

Albert Heintz — le déserteur qui aurait dû passer en conseil de guerre les jours suivants pour entendre le verdict si le tribunal n'avait pas été détruit cette nuit-là — était canonnier chargeur, le poste le plus dur pour un jeune de 16 ans. Il n'en pouvait plus. Heureusement pour lui, les munitions finirent par manquer, ce qui lui a permis de récupérer un peu.

Ce fut une nuit épouvantable. La pièce n'était pas fixée sur un socle en béton, mais reposait sur 4 flèches, des bras d'acier mal fixés dans le sol. Au cours du tir, le canon se libéra de ses attaches et tressauta à chaque coup tiré. Tout à coup, après un bond un peu plus haut que les précédents, une des flèches retomba sur un pied de Heintz, lui écrasant durement les orteils.

Heintz, qui apprit le surlendemain que le tribunal avait flambé, a sans doute préféré se faire coincer le pied plutôt que de passer en conseil de guerre.

Ernest Dutel termine sa lettre par les mots suivants :

« *Je te transmets les amitiés et les salutations de la chambrée 15 qui t'adresse une requête : elle accepte avec le plaisir que tu devines toutes les cigarettes dont tu peux te passer. Et si cela est possible, envoie-nous quelque chose à manger, n'importe quoi, car la faim ne nous quitte jamais, elle reste notre souci majeur et quotidien.*

« *Salut Paul. Amitiés. René D.* »

Ces lettres écrites il y a plus de quarante ans traduisent bien les préoccupations des *LwHelfer* en cette fin 1944 et début 1945 : la rupture des relations avec leur famille, leur solitude, l'envie de rentrer chez eux, la faim et le sort injuste qui était le leur, que certains essayaient de contrer en désertant et que d'autres, l'humour aidant, cherchaient à supporter.

En Moselle, les Thionvillois éditent une *Bierzeitung*

Beaucoup plus au nord, dans la région de Hagondange-Thionville, les *LwHelfer* chargés de la défense du bassin sidérurgique jouaient aussi aux journalistes et manifestaient leurs dons artistiques.

A l'occasion de Noël 1943, Paul Mouzard du collège de Sarreguemines exécuta une carte de vœux qui eut son petit succès.

A la 796e *Leichte Flakabteilung*, où étaient affectés beaucoup de Thionvillois, on éditait une « *Bierzeitung* ». [17]

Les poètes y trouvaient la possibilité de rendre hommage à Polymnie. Un disciple de la muse de la poésie chantait en vers les vertus de la mélasse de betterave, produit qui remplaçait couramment la confiture dans l'armée allemande. Il ne fallut pas moins de dix vers à un autre pour célébrer la beauté des mots « Fin d'alerte ».

Les plus courageux n'hésitaient pas à chanter les travers de leurs chefs. L'effet de ces vers sur les chefs en question n'est malheureusement pas connu.

La *Bierzeitung* avait aussi un côté « mercantile » et publiait des annonces. Ces annonces étaient d'un type un peu spécial ; non, pas du porno, celui-ci n'avait pas encore droit de cité en 1944, mais des annonces du genre de celles-ci :

> Sous-officier Ecker cherche à acheter à bon prix des cordes vocales, les siennes étant usées à force d'engueuler les *LwHelfer*
>
> Le *LwHelfer* Landry achete du fourrage en toutes quantités pour son élevage de lapins.
>
> L'adjudant Krause recherche un support à roulettes pour y poser sa brioche quand il se déplace
>
> Le *LwHelfer* Sanden échange ses pièces d'uniforme contre des cigarettes. Il accepte aussi des mégots
>
> Le sous-officier Schlosser, récemment monté en grade, cherche expressions nouvelles et inusitées pour engueuler les *LwHelfer*
>
> Le sous-officier Schlosser (toujours lui) cherche de l'huile de salade pour graisser sa voix un peu éraillée
>
> Le caporal-chef Rittschel cherche cartes à jouer pour améliorer sa solde

---

17. « Les potins des buveurs de bière ».

Le caporal-chef Pannitz cherche à acheter gourdin à n'importe quel prix pour tabasser les *LwHelfer* qui font du bruit après le couvre-feu

Le *LwHelfer* Houy informe son aimable clientèle que sa bicyclette est à nouveau réparée, mais que le service de location est définitivement fermé

Caporal-chef footballeur — 40 ans — cherche jambes de 18 ans

Le *LwHelfer* Tumann cherche de l'huile de ricin pour rendre sa démarche plus dynamique

Le *LwHelfer* Landry demande remplaçant pour monter la garde et aller pour lui dans le trou en cas de tapis de bombes

Le *LwHelfer* Stramm cherche restes de pain pour nourrir ses lapins

Pour toutes opérations de vente, d'achat ou d'échange, s'adresser en toute confiance au 3ᵉ Zug.

CHAPITRE XXIV

Heureux qui comme Ulysse...

Les voyages forment la jeunesse, c'est bien connu. Encore faut-il qu'on puisse en tirer autre chose que l'art de charger rapidement un canon, de tirer sur des avions et de se mettre impeccablement au garde-à-vous devant un sous-officier.

Il n'empêche que si le terme Odyssée convient à un périple effectué par des *LwHelfer*, c'est bien à celui effectué par André Walter et ses 22 compagnons, puisqu'il les a menés d'Alsace par Karlsruhe, Pilsen, Prague, Olmouc, Bresizce en Yougoslavie à Naples en passant par Klagenfurt. Au total, 3000 kilomètres.

Ils étaient 23. André Walter a complètement oublié le nom de l'un d'eux. D'un autre, il a retenu le prénom : Ernest. De cinq compagnons, il a retenu les noms mais oublié les prénoms : Karst, Oberdorf, Becker, Stintzy et Schumacher. Les noms et prénoms de 15 camarades lui sont fidèlement restés en mémoire après 44 ans : Jean Hippert, André Miclo, René Gerber, René Schnetz, Armand Walter, Charles Ulrich, Claude Ritz, André Stœhr, Aloyse Kieffer, Frédéric Meyer, Raymond Meyer, Robert Lang, Gilbert Lang, Pierre Knecht et Paul Reiner.

Ils étaient tous alsaciens originaires du Bas-Rhin et du Haut-Rhin. Un certain nombre d'entre eux avaient été incorporés à partir d'écoles différentes et c'est le hasard de la guerre qui a fait que leurs chemins ont convergé à Pilsen, d'où ils ont fait une partie du parcours ensemble.

A partir de Pilsen, Paul Reiner, Pierre Knecht et André Walter firent la route de concert jusqu'à la fin, encore que Reiner arriva à Naples avec une courte tête d'avance sur Walter et Knecht.

Alors qu'André Walter venait de la *Hohenstaufenschule* de Haguenau, Pierre Knecht et Paul Reiner avaient suivi les cours de la *Hœhere Handelsschule* de Mulhouse.

Knecht avait été incorporé le 14 août 1944 et fit d'abord un parcours classique au même canon que ses trois camarades : Claude Ritz, Antoine Eglin et Pierre Musch. Ce dernier, pince-sans-rire, s'était fait remarquer d'emblée par les tours qu'il jouait aux Allemands.

Durant leur passage à l'école de tir de Chiemsee où ils furent initiés au canon de 20 mm, un sous-officier un peu sadique obligea le pointeur à prendre place derrière le canon en le faisant bondir à saute-mouton par-dessus le dossier du siège au lieu de se glisser en place par le côté. L'espace disponible étant très étroit, les apprentis artilleurs se heurtaient fréquemment les genoux aux pièces anguleuses du canon.

Musch se comporta volontairement si maladroitement qu'un jour on lui donna un canon pour lui tout seul pour s'entraîner et éviter qu'il ne retarde le reste de l'équipe. Et le sous-officier sadique fut chargé de sa formation. La manœuvre de la pièce devait être ultra-rapide: 60° direction 9 — 80° direction 3 — 45° direction 6 etc.

Un jour, pendant qu'il avait entrepris Musch, le sous-officier fut interpelé par un de ses collègues. Il tourna le dos à sa victime, laquelle continua à manœuvrer le canon dans toutes les directions aussi vite qu'il put, de telle sorte que le tube alla heurter le sous-officier qui lui tournait le dos. Le gradé fut jeté à terre où il demeura étendu, à moitié groggy par le choc.

Exercice punitif pour Musch et affectation à une nouvelle tâche: promener au bout d'une perche une maquette d'avion qui devait servir de cible aux recrues.

Le jeu ne dura pas longtemps. Musch fixa l'avion au lieu de regarder où il posait les pieds et patatras! le voilà à terre, la maquette et la perche brisées.

Le sous-officier sadique avait une autre marotte. Au commandement: «Toute la section dans le lac», tout le groupe devait foncer vers le Chiemsee jusqu'à ce que le chef leur ordonne de stopper, en général à un ou deux mètres du bord de l'eau.

Un jour, Musch, parfaitement lucide, fit semblant de ne pas avoir entendu le contre-ordre et continua tout seul dans le lac...

Le chef de batterie, qui avait assisté à la scène de loin, crut que le gradé avait envoyé intentionnellement Musch dans le lac et lui passa un savon devant toute la section.

Ainsi se passa la formation de Pierre Knecht et de son groupe.

Celle-ci achevée, Knecht, Musch, Eglin et Ritz devaient être affectés à une section de la 721e *Leichte Flakabteilung* implantée près du pont ferroviaire Rastatt-Beinheim.

A Colmar, Musch profita de l'arrêt du train pour inviter Knecht et Eglin à prendre une bière. mais Knecht, qui n'avait pas soif, déclina l'offre sans penser à ce que celle-ci pouvait cacher. Eglin, par contre, accompagna Musch à la buvette.

Lorsque le train repartit, ce fut sans Musch et Eglin. Ils avaient déserté.

A l'approche des Alliés, une véritable épidémie de désertion se déclara. Pour enrayer celle-ci, les Allemands transférèrent les *LwHelfer* restants, dont Knecht, à Pilsen.

C'est là que Pierre Knecht rencontra André Walter qui, comme on le verra, avait déjà un «passé».

Les deux ne devaient plus se quitter jusqu'au retour.

1. De Haguenau à Karlsruhe

André Walter est né le 16 octobre 1928. Il avait 15 ans et 4 mois lorsqu'il fut incorporé en février 1944 avec ses camarades de la *Hohenstaufenschule* de Haguenau, Gérard Sandel, Jacques Paul Wurtz, Pierre Fug, Fernand Traband, René Gerber, Robert et Gilbert Lang, Armand Walter, Charles Ulrich, Claude Dam et son frère Pierre et Charles Lehmann. René Debez, Pierre Weber, André Wagner et Charles Lehmann l'avaient déjà précédé avec une vague précédente.

Soit dit en passant, le brassage d'où devait sortir le groupe des 23 formé à Pilsen est caractéristique de la manière de faire des Allemands.

Les collégiens de Haguenau durent se rendre à Karlsruhe où ils furent mélangés à des *LwHelfer* allemands venant de Stuttgart.

Le conseil de révision fut plus que sommaire puisqu'un épileptique fut reconnu bon pour le service et ne fut renvoyé dans ses foyers qu'après sa première crise.

Puis ce fut le « *Schliff und Drill* » jusqu'à la nausée et la formation à la pièce de DCA de 37 mm, juste en bordure du terrain d'aviation au lieudit Nordend.

Le fonctionnement du canon leur fut littéralement martelé dans la tête et Walter dit que, 44 ans plus tard, il se souvient encore des quatre premières phrases du descriptif.

L'habillement s'était fait selon le bon vieux principe « débrouillez-vous entre vous » et Walter dut attendre de février à juin pour pouvoir échanger certains effets qui ne lui allaient pas.

On les informa que manger faisait partie du service. Dans un lieu baptisé réfectoire, on leur servit un repas infect que les Alsaciens parvenaient à grand'peine à avaler sous le regard vigilant du sous-officier de service lequel n'omettait jamais de coiffer son casque pour assurer la surveillance.

La même scène se répétait midi et soir, tous les jours, pendant toute la période d'instruction et la qualité des repas n'a jamais varié. C'est à Karlsruhe — précise Walter — qu'il a mangé la plus abominable choucroute de sa vie.

On leur apprit aussi l'art de se mettre au garde-à-vous de telle manière que le claquement des talons de toute la section fasse un bruit sec, parfaitement synchrone et non, selon l'expression fleurie des sous-officiers instructeurs, « comme si une chèvre chiait sur un tambour ».

Une fois le garde-à-vous réussi, il fallait surtout ne pas bouger « même — toujours selon les sous-officiers — si le ciel regorgeait de cons, aucune queue ne devait bouger ».

Walter se souvient surtout de deux sous-officiers: Pertl, qui ne cessait de gueuler, et Beil, intelligent, sournois, viré du personnel navigant de la Luftwaffe et parlant le français.

Une surprise devait leur être réservée par le lieutenant Cruse qui assurait le commandement de la batterie de formation.

Son patronyme français, son élégance, ses manières et son physique pouvaient laisser supposer qu'il sortait tout droit d'un ministère parisien. Mais sa façon de mener la barque révélait plutôt une formation prussienne.

Un jour, pour une vétille quelconque, Cruse ordonna un bal masqué. A chaque changement de tenue, il inspectait la correction de la mise, qui ne devait pas être bâclée.

Pour l'inspection, il fallait se mettre au garde-à-vous devant lui. Un *LwHelfer* plutôt affolé prit une position qui ne convenait pas à Cruse. Celui-ci lui fit remarquer en allemand que le *LwHelfer* devait redresser la tête. Paralysée par la crainte, la recrue ne put bouger et Cruse répéta, en un français impeccable cette fois : « Baissez un peu votre oreille droite ». Le lieutenant parlait parfaitement le français.

Le premier dimanche du séjour des Alsaciens à Karlsruhe, l'ordre fut donné que toute la batterie se rende en ville pour assister aux offices religieux catholique et protestant. Ce fut la seule et unique sortie de ce genre.

La discipline rigoureuse et souvent vexatoire avait transformé les collégiens en petits soldats obéissants.

A force d'être traités collectivement et individuellement de tous les noms, engueulés en termes méprisants, ils apprirent à marcher au pas, à saluer, à faire briller leurs chaussures, ranger un placard, faire un lit au carré, nettoyer à fond la chambre un samedi après-midi et, bien sûr, desservir et manœuvrer un canon de DCA. Bref, ils étaient devenus tels que la Wehrmacht les voulait.

La période de formation étant ainsi achevée, Walter fut affecté avec trois ou quatre de ses camarades à la section de Knielingen — une unité de 37 mm appartenant à la 721e LFA — où se trouvait le P.C. de la batterie... et les cuisines.

Alors qu'ils allaient avoir leur première permission, la scarlatine qui vint malencontreusement frapper un copain alsacien les mit en quarantaine. La sortie espérée fut annulée.

Aucun cas nouveau ne s'étant déclaré, les Alsaciens purent finalement rentrer chez eux pour quatre jours.

Au retour, un incident eut lieu entre André Walter et un Allemand dénommé Dippon. Walter pense que le patronyme de Dippon était d'origine française et que c'était un grognard de Napoléon nommé Dupont qui avait dû, lors de son passage, faire un enfant à une accorte Wurttembergeoise.

Les Allemands acceptèrent les Alsaciens tout en s'étonnant des mots français qui émaillaient leur dialecte. Mais ils ne s'en offusquaient pas. Ce fut à propos des sujets politiques que les choses se gâtèrent. Lorsque Walter ne put s'empêcher de faire comprendre aux Allemands que leur cause n'était pas la sienne, la mayonnaise monta au point de déborder. Dippon lança à Walter qu'il méritait d'être dénoncé. Mais il dut réfléchir à la question et admettre que les propos de Walter n'étaient pas si subversifs que cela, et les choses en restèrent là.

Les *LwHelfer* durent aussi suivre des cours dispensés au lycée de Karlsruhe. Mais, dès le début, ce ne fut qu'une parodie d'enseignement.

Au printemps 1944, les attaques des villes allemandes se multiplièrent et, avec elles, les alertes pour les *LwHelfer* de Karlsruhe.

Les « semblants de cours » — comme dit Walter — devinrent caducs.

Le 28 avril, Karlsruhe fut bombardé la première fois de nuit. Tout le décorum habituel aux attaques nocturnes fut mis en œuvre : sapins de Noël aux grappes de boules lumineuses, fusées marqueuses et les coups secs des canons des batteries lourdes disposées autour de la ville tranchant sur le bruit continu des moteurs d'avion et les explosions plus sourdes des bombes. Vague après vague, les bombardiers anglais larguèrent leur cargaison explosive et incendiaire sur la ville d'où montaient d'épaisses volutes de fumée rougeoyante.

Lorsque Walter vit le ciel éclairé comme en plein jour, au point qu'il aurait pu lire le journal, et qu'il entendit les hurlements des femmes et des enfants, il eut peur. Tout son corps tremblait et, curieusement, l'idée d'être vu du haut des airs par les aviateurs commença à l'obséder.

Le lendemain, André Walter était malade. Il était fiévreux et ne tenait pas sur ses jambes. Toute nourriture lui répugnait.

Le troisième jour, il put croquer une pomme que Dippon lui offrit. Il demanda l'autorisation de se rendre à l'infirmerie de la *Artilleriekaserne* où un infirmier lui remit quelques médicaments sans qu'un médecin l'eut examiné.

Puis tout rentra dans l'ordre, sans qu'il eut besoin de prendre les médicaments.

Courant mai, Walter assista à la tentative faite par une batterie de 88 mm d'abattre une forteresse volante B 17 déjà gravement touchée puisque seul un moteur fonctionnait encore. Alors qu'elle était à environ 2 000 mètres d'altitude, la batterie entra en action, établissant un véritable barrage devant l'avion. La fumée des explosions formait un épais nuage noir devant le nez de l'appareil. Avec son seul moteur, le pilote parvint à faire effectuer un demi-tour, presque sur place, à son appareil qui réussit à s'éloigner sans être touché. Mais il est fort probable qu'il dut faire un atterrissage forcé plus loin.

Quelques minutes plus tard, un spectacle analogue allait se reproduire, tout aussi humiliant pour la Flak. Un Liberator B 24 se présenta au-dessus de Knielingen. Deux moteurs étaient arrêtés. La DCA lourde fit feu de toutes ses pièces... et le bombardier s'en joua.

Le 6 juin 1944, André Walter était de garde entre 13 et 14 heures lorsque le sous-officier Beil sortit de la baraque des gradés et, interpelant Walter lui dit : « Savez-vous que les Alliés ont débarqué ? » Surpris, Walter ne sut que dire dans l'immédiat. Il lui fallut un certain temps pour répondre «Non, je ne le savais pas».

Le deuxième dimanche après le 6 juin, le chef de batterie vint à la section pour y tenir une séance d'information. Après douze jours, les Alliés, non seulement n'avaient pas été rejetés à la mer, mais les Allemands avaient dû céder du terrain. Le lieutenant expliqua cela par un repli stratégique astucieux pour mettre les troupes allemandes à l'abri du tir de l'artillerie navale alliée.

Fin juin, Walter eut droit à quinze jours de permission. Il rentra à Haguenau où son grand-père lui proposa d'écrire au commandant de son unité afin de demander pour son petit-fils un congé exceptionnel pour l'aider à rentrer les moissons.

Walter se réjouit de cette initiative de son grand-père mais, après écoulement de sa permission, retourna à son unité sans grande illusion quant à la concrétisation du projet.

Et voilà que fin juillet, le chef de batterie le fit appeler et lui annonça qu'il avait décidé de lui octroyer une permission exceptionnelle pour rentrer la moisson. Le 27 juillet, il rentra chez lui pour quinze jours.

Au cours de cette permission, un accident tout à fait involontaire lui apporta l'espoir de pouvoir éviter un retour à sa batterie à condition toutefois que les Alliés accélèrent un peu le mouvement.

Le 31 juillet, alors qu'il fendait du bois dans la ferme de son grand-père, la hache dévia sur un nœud, lui entaillant profondément le pouce sur 5 cm. de longueur.

Il se rendit à l'hôpital de Haguenau où le Dr. Kessler lui fit faire trois points de suture, plaça une gouttière et dit que cela ne serait pas grave. mais lorsque Walter lui fit part de sa situation de *LwHelfer* permissionnaire, son attitude changea. Il lui dit qu'il allait personnellement informer son chef de l'accident et qu'il était inapte au service pour six semaines. En six semaines, beaucoup d'évènements pouvaient se produire.

Walter apprit par la suite que le Dr. Kessler était soupçonné par les Allemands de retarder l'incorporation de gens par des opérations chirurgicales faites au bon moment.

Mais le 10 août, qui était le dernier jour de sa permission régulière, il reçut un télégramme de son chef de batterie disant «*Si capable de voyager, retour immédiat à la batterie*».

Le congé de maladie d'un médecin civil soupçonné de complaisance ne suffisait plus et Walter chercha couverture auprès d'une instance médicale militaire.

A l'hôpital militaire où il se rendit, il fut présenté à un médecin-colonel du type «sélectionneur pour la boucherie» qui commença par l'engueuler et le traita de tire-au-flanc. Après que Walter lui eut montré qu'il ne pouvait même pas enfiler son uniforme, il finit par lui désigner un service de l'hôpital où il devait se présenter tous les jours jusqu'à ce que ordre lui soit donné de rejoindre son unité.

Il se présenta par la suite chez un lieutenant fait du même bois que son colonel et qui se crut, lui aussi, obligé de l'engueuler. Tout en arrachant à Walter la gouttière et le pansement, l'officier se livra à une violente diatribe contre le Dr. Kessler et prescrivit au *LwHelfer* des massages pour son pouce.

Mais les Alliés approchaient et, fin août, l'hôpital militaire de Haguenau fut évacué.

La période de maladie expira mi-septembre, et toujours pas d'Américains en vue.

Walter ne bougea pas.

Le 26 octobre, ce fut la grande désillusion.

A 9 heures, un policier sonna à la porte de la maison paternelle et, à sa vue, Walter comprit que le jeu était terminé.

Le policier sortit un papier d'une de ses poches et le lut à Walter.

Monsieur Georges Walter
(La lettre était adressée au père)

« Le médecin-chef de l'hôpital civil de Haguenau a informé l'unité le 22 août 1944 que votre fils André sera à nouveau apte au service dans cinq à six semaines.

Comme cette période est écoulée et qu'aucune information n'est parvenue à l'unité, votre fils aura à se présenter au corps le 26 octobre 1944 au soir. Si ce délai n'était pas respecté, ordre est donné aux autorités de police locale d'amener votre fils à son unité pour le 27 octobre 1944. »

Signé: Oberleutnant Müller

Le policier ajouta: « Demain, je ne veux plus vous voir ici ».

La peur des représailles réfréna chez Walter toute nouvelle tentative pour se dérober. Il rassembla ses affaires et prit le train pour Karlsruhe.

Ses parents l'avaient accompagné à la gare. Lorsqu'ils revinrent à la maison, un policier les attendait devant la porte.

André Walter débarqua à Karlsruhe et se présenta à son unité le cœur battant, appréhendant les suites de cette affaire. L'adjudant Meyer le reçut sans faire la moindre allusion à son absence illégale, mais s'informa de l'état de son pouce. Aucune explication ne fut demandée par le chef de batterie.

La vie reprit à l'unité comme avant, avec une différence cependant: les alertes étaient quasi permanentes et des groupes de veille réduits avaient été formés afin que les canons puissent à tout moment ouvrir le feu.

C'est ainsi que début novembre Walter fut amené à tirer sur des chasseurs américains. Par un temps couvert, une douzaine de Thunderbolts apparurent subitement en ordre dispersé, au ras des nuages. Le chef de section donna l'ordre d'ouvrir le feu. Walter pointa sommairement son canon de 37 mm vers le groupe d'avions et actionna du pied la pédale de détente.

Les secousses provoquées par le tir et le recul du tube à chaque coup l'empêchèrent de garder les avions dans le collimateur. Il oubliait aussi de tourner les manivelles de direction et de hauteur. Le canonnier-chargeur avait accouplé deux chargeurs et une douzaine d'obus étaient partis dans les nuages. Les obus étaient traçants, ce qui permettait de suivre leur trajectoire.

Après l'alerte, le chef de section rassembla les *LwHelfer* pour une critique.

« Au début — dit-il à Walter — votre tir était correct, mais ensuite je ne sais pas sur quoi vous avez tiré. »

« L'avion que je visais a disparu dans les nuages », ce qui était pure invention.

« Pourquoi avez-vous continué à tirer ? »

« Parce que la pédale s'est bloquée et ne revenait pas au point mort », ce qui était vrai.

L'adjudant vérifia lui-même le fonctionnement de la pédale et dut convenir qu'elle se bloquait. Il ordonna à l'armurier de la réparer sur le champ.

On ne voyait jamais d'avions allemands. La seule et unique fois que Walter en vit, leur apparition faillit tourner pour eux au désastre.

Une unité de *Vierling-Flak* sur train stationnait temporairement sur les rails qui passaient à une centaine de mètres du *Zug* de Walter. Soudain, une dizaine de chasseurs volant bas apparurent, suivant exactement le tracé des rails. Les canonniers de la *Vierling* ouvrirent le feu, habitués qu'ils étaient à ne voir que des avions alliés. Walter et les gens de son entourage les avaient identifiés comme étant des Messerschmitt 109. Ceux-ci avaient beau battre des ailes pour se faire reconnaître, la Flak continuait à tirer. « Quelques pruneaux rasants par-dessus la tête — précisa Walter — un peu de chair de poule, et les Me 109 avaient disparu. » Et il ajouta : « Ah, ce que la Flak de Karlsruhe tirait mal... »

Courant décembre, la batterie de Walter fut déplacée pour assurer la défense d'un aérodrome situé à une quarantaine de kilomètres au nord de Karlsruhe.

Le commandement profita d'une journée de brouillard empêchant les chasseurs américains de se manifester pour faire démonter les pièces et les charger sur des camions.

Et par une nuit sans lune, un convoi de camions se dirigea vers le nord.

En cours de route, un incident mécanique sérieux stoppa une partie des véhicules. Suite à un échauffement, l'huile du pont arrière du camion où Walter se trouvait prit feu. Des flammes sous un camion chargé en partie de munitions, cela suscite une impression très désagréable, surtout quand on est assis dessus. Les *LwHelfer* avertirent le chauffeur en frappant contre la cabine et en hurlant « au feu ». Lorsque le véhicule s'arrêta, ils sautèrent à terre et déguerpirent comme des lapins. A distance respectable, les *LwHelfer* Alsaciens et Allemands attendirent que le feu soit éteint. Lorsqu'ils revinrent s'installer sur leurs banquettes explosives, ils furent accueillis par les sarcasmes des gradés et soldats adultes.

Le convoi se remit en marche jusqu'à une localité nommée Waghäusel où les canons furent mis en batterie en plein champ, à proximité du village.

La nourriture devenait de plus en plus infecte et lorsqu'un *LwHelfer* découvrit que la patronne d'un bistrot du village était disposée à leur servir à manger moyennant un peu de graisse que les *LwHelfer* devaient apporter, un petit groupe prit l'habitude de se rendre fréquemment à ce bistrot.

Au début, les servants des canons logeaient dans la salle des pèlerins d'un proche couvent jusqu'au jour où on leur livra la traditionnelle baraque. Lorsqu'elle fut montée, les *LwHelfer* y pénétrèrent pour voir de quoi elle avait l'air et cette simple curiosité déclencha un incident avec un sous-officier. Ce dernier fumait un cigare quand il pouvait s'en procurer un. Il aurait — dit-il — déposé ce jour-là son cigare à moitié consumé sur une poutre de la charpente et, ne le retrouvant plus, il accusa les *LwHelfer* de le lui avoir dérobé. Ceux-ci furent rassemblés, questionnés, menacés. Le cigare ne réapparut point. Le sous-officier décida alors une séance punitive pour faire avouer le ou les coupables. mais, depuis le temps de l'instruction, les *LwHelfer* avaient pris de l'assurance et surtout un instinct subtil de défense contre les emmerdeurs.

La séance commença. « Au pas de course vers la gauche — Exécution ! » Tantôt les *LwHelfer* filèrent à toute allure sans s'arrêter malgré les ordres et les coups de sifflet et revenaient longtemps après au petit trot vers le sous-officier fulminant. Tantôt, ils piétinaient sur place, se contentant de lever les pieds d'une dizaine de centimètres.

La séance dura jusqu'à la tombée de la nuit. Le cigare ne réapparut pas. La détermination des *LwHelfer* et la résistance physique de leurs seize ans avaient eu raison de la hargne du sous-officier. La solidarité entre *LwHelfer* Allemands et Alsaciens avait bien joué dans ce cas et, seul contre vingt, le gradé avait dû céder.

C'est aussi à Waghäusel qu'André Walter connut ses premiers instants de tendresse avec une jeune fille, instants que l'adolescent avait maladroitement imaginés et secrètement souhaités auparavant. Cet épisode fut comme un rayon de soleil au milieu de la tourmente et vint égayer l'existence somme toute plutôt triste du *LwHelfer*.

Un dimanche, un jeune garçon se présenta à la section et annonça que sa mère voulait offrir un repas à deux jeunes soldats. Ce fut Walter et un copain qui furent désignés par l'adjudant.

Or, la femme était la mère de plusieurs enfants dont une fille de 17 ans appelée Maria. Elle était belle, brune, et ne détournait pas les yeux quand Walter la regardait. Immédiatement ils se plurent.

Après le repas, on convint d'une nouvelle visite. Un jour, Maria proposa à André Walter de l'accompagner pour porter un casse-croûte à son père qui travaillait dans une proche sucrerie. Galant, Walter lui proposa de porter son panier. Ils cheminaient côte-à-côte vers la sucrerie et lorsque leurs bras se frôlaient, Walter fit timidement un écart bien qu'il avait la conviction qu'elle le faisait exprès.

Et brusquement, elle passa à l'offensive. Le sentier traversait un bosquet lorsqu'elle agrippa le bras de Walter et lui dit d'un ton décidé : « Viens donc, ne sois pas si timide ! » et quasiment de force, elle lui apprit en un rien de temps la technique du baiser. Plus réceptif que pour une leçon d'algèbre, Walter trouva que cela était aussi nettement plus agréable.

Mais voici qu'apparut à une vingtaine de mètres une silhouette qui, en s'approchant, s'avéra être le chef de pièce de Walter.

« Vous ai-je donc surpris » ricana le trouble-fête.

Toutefois il resta que cette initiation, fut-elle entreprise par une jeune fille allemande, était bougrement agréable.

Hélas ! L'idylle à peine ébauchée fut brutalement interrompue. Quarante-huit heures plus tard, Walter était muté en Tchécoslovaquie.

Ce changement d'affectation ne brisa pas seulement une idylle naissante mais anéantit aussi tout espoir pour Walter de s'évader à l'approche des Alliés.

2. De Karlsruhe à Prague

Craignant les désertions des Alsaciens, les Allemands avaient entrepris de les transférer loin vers l'Est. C'est ainsi qu'un petit groupe d'Alsaciens, accompagnés d'un sous-officier, prit le train pour la Tchécoslovaquie.

Après quelques changements de trains et de longues attentes, ils débarquèrent à Pilsen — Plzen en tchèque — où les Allemands avaient aménagé un *« Auffangslager »*, autrement dit un centre de regroupement.

Walter y rencontra une trentaine de *LwHelfer* originaires des régions de Wissembourg, Haguenau, Sélestat et Mulhouse. Parmi eux, Paul Meyer, celui-là même qui, comme on l'a vu, aboutit dans les caves de la Gestapo de Constance, et Paul Knecht dont la route allait désormais être la même que celle de Walter.

Ce dernier précise qu'à son arrivée à Pilsen, sa rancœur de même que celle de ses camarades à l'égard des nazis était immense, jugeant le fait d'avoir été transférés en Tchécoslovaquie comme la violation d'une règle. Du moins avaient-ils cru jusque là à une règle fixant l'engagement des *LwHelfer* uniquement en Allemagne. Tous ressentaient la mesure d'éloignement comme un véritable coup bas. Il n'était pas étonnant, dans ces conditions, que leurs nerfs aient été à fleur de peau. Le fait de se trouver à plus de 400 kilomètres de chez eux les obsédait.

Mais peu à peu, ces adolescents de 16 ans n'eurent d'autre ressource que de se résigner et d'accepter l'inévitable, se forgeant toutefois une détermination de ne plus se laisser importuner.

Les *LwHelfer* logeaient dans une caserne où un sous-officier de la Flak vint leur faire quelques cours. Il était fasciné par tous ceux qui parlaient une langue étrangère, y compris le français, lui-même étant diplômé d'état en langue tchèque.

Les *LwHelfer* sortaient rarement en ville car l'attitude des Tchèques, visiblement hostiles aux Allemands, réduisait à néant toutes les tentatives de prise de contact avec eux. L'âge des *LwHelfer* et le brassard à croix gammée qu'ils devaient porter faisaient passer les Alsaciens à leurs yeux pour de jeunes nazis fanatiques, et plus d'une fois ils durent essuyer les manifestations de l'aversion des Tchèques contre tout ce qui était allemand.

Ne sachant pas trop quoi faire des *LwHelfer*, le commandement les détacha à un chantier de construction d'un PC souterrain de la Flak. Des Tchèques étaient également affectés à ce chantier et là quelques contacts purent se nouer.

Un jour, un des *LwHelfer* revint tout excité à la caserne et annonça qu'il avait expliqué leur situation à des Tchèques qui avaient proposé des effets civils à ceux qui voulaient s'évader.

Tout de suite, les projets les plus insensés furent échafaudés jusqu'à ce que, deux ou trois jours plus tard, l'adjudant-major leur fit savoir que leur intention de «foutre le camp» était une absurdité et qu'il se portait garant que ceux qui tenteraient le coup n'iraient pas loin.

C'était l'excitation même des *LwHelfer* qui avait provoqué la fuite, incapables qu'ils étaient d'empêcher que leur projet ne s'ébruite.

Cette affaire n'est sans doute pas étrangère au fait que, quelques jours plus tard, les jeunes Alsaciens furent soumis au traitement spécial dispensé dans un *Wehrertüchtigungslager* près d'Olmouc, à 280 km à l'Est de Pilsen. Le front russe était à moins de 300 kilomètres.

Comme j'ai déjà eu l'occasion de le dire, le «W-E Lager» — c'est ainsi que les Allemands désignaient ces camps — dispensait une formation d'infanterie complémentaire et réduisait d'autant le temps de formation dans la Wehrmacht proprement dite. Tout cela ne présageait rien de bon pour les Alsaciens.

Pendant les quatre semaines durant lesquelles ils séjournèrent à Olmouc, ils furent familiarisés avec les armes légères, pistolet, fusil *Mauser 08*, bazooka, mitrailleuses et le fusil d'assaut 43. On leur apprit à progresser dans des terrains de différentes natures en utilisant chaque fois leurs particularités. On leur enseigna aussi la marche à la boussole et, bien sûr, on les fit tirer au fusil et à balles réelles.

A la fin du stage eut lieu une séance de prestation de serment de fidélité en présence d'une compagnie SS qui rendait les honneurs. Bien dissimulé au milieu du groupe d'Alsaciens, un camarade du Sundgau prêta le serment à sa manière. Sans vergogne, avec une mine feignant le sérieux, il clama tout haut ce qu'il pensait de tout cela: «Vous pouvez me lécher le c... vous crèverez de toutes façons» et d'autres crudités du genre sortirent de son répertoire chaque fois que le chœur se mit en branle.

Les autres, pris d'un fou-rire de plus en plus difficile à camoufler, auraient fini par se trouver en vilaine posture si la cérémonie n'avait pas pris opportunément fin.

Lorsque les Alsaciens furent libérés du camp d'Olmouc, ils mirent cinq jours pour effectuer les 280 km les séparant de Pilsen tellement la voie était saturée de trains se dirigeant vers l'ouest. L'encombrement était tel que même les trains sanitaires ne purent plus être privilégiés. Le front russe se rapprochait.

Les Alsaciens voyageaient dans un wagon à bestiaux, couchés sur de la paille. Un poêle avait été installé pour chauffer le wagon mais, par une température extérieure de $-15°$ à $-20°$, ils n'avaient pas chaud et la recherche de combustible — n'importe quoi — était devenue leur souci majeur.

Dans les gares encombrées, ils allaient au «charbon» au vrai sens du terme. Un jour, en cherchant de quoi se chauffer, ils tombèrent sur un wagon de vivres et rapportèrent, en plus du combustible, quelques boîtes de biscuits, plusieurs bouteilles de vin blanc et un morceau de chevreuil. Le sous-officier fit cuire le chevreuil dans sa gamelle et donna un morceau à goûter à ses plus proches voisins.

Mais les *LwHelfer* ignoraient qu'ils avaient été vus lors de l'effraction du wagon de vivres. La couleur de leur uniforme permit de les localiser rapidement. La nuit même, deux «*Feldgendarmen*» se présentèrent au wagon et, rapidement, les coupables passèrent aux aveux. Les gendarmes notèrent leurs coordonnées et provisoirement l'affaire en resta là. Walter dit qu'un goût amer de lâcheté lui est resté de cet incident car tous avaient peu ou prou profité du larcin et personne n'osa le dire quand seuls les auteurs se dénoncèrent. Leur solidarité présenta à ce moment-là une faille. Même le sous-officier qui avait mangé du chevreuil se tint coi.

Le train se remit en marche et, après de longs arrêts en cours de route, on arriva à Pilsen. Cinq jours sans le moindre brin de toilette, ça rend plutôt crasseux. Curieux, les cheminots allemands leur demandaient d'où ils sortaient. Avec le plus grand sérieux, les *LwHelfer* répondirent: «Du chaudron de Cracovie!»

Lorsqu'ils furent rendus à Pilsen, on informa les *LwHelfer* que le lendemain même ils allaient repartir pour une nouvelle destination: Prague, où ils allaient être affectés à une batterie de DCA lourde.

C'est entre Pilsen et Prague que, comme je l'ai raconté dans un précédent chapitre, le *LwHelfer* Paul Meyer déserta.

Les autres rejoignirent trois batteries situées sur les hauteurs de la ville. Deux d'entre elles étaient desservies par des militaires hongrois, la troisième par des *Luftwaffenhelferinnen*, car les Allemands avaient aussi affecté des femmes à des canons de DCA lorsque le besoin s'en faisait sentir. Ce sont ces femmes que les Alsaciens remplacèrent.

Leur nouveau commandant de batterie était le lieutenant Dominik, qui donnait l'impression d'être un pur et dur.

L'affectation à Prague et la formation à la DCA lourde ainsi qu'aux appareils de mesure utilisés par cette arme n'avaient rien de fortuit. Tout avait été prévu et planifié, comme la suite allait le révéler.

Vers le 8 février, le lieutenant Dominik annonça que la batterie serait transférée en Autriche. Cette nouvelle fut accueillie avec satisfaction, car les Russes approchaient par l'Est.

3. De Prague à Bresizce

Le 10 février au soir, un train comportant six canons de 88 mm, cinq chevaux et cinq wagons de munitions, soit environ 10 000 obus, était prêt au départ. Lorsqu'il s'ébranla, les trente *LwHelfer* qui faisaient partie du personnel de la batterie pensaient naïvement qu'ils allaient pouvoir finir la guerre tranquillement dans les montagnes autrichiennes.

Le train avait roulé toute la nuit et avait dû parcourir environ 350 km vers le sud lorsqu'il s'arrêta la première fois pour permettre aux gens de prendre un petit déjeuner au wagon transportant la cuisine.

Walter vit le lieutenant Dominik en conversation avec le chef de gare.

« Messieurs — dit-il lorsqu'il revint — ici il y a un risque d'être attaqué par des chasseurs bombardiers. Ouvrez l'œil. »

Une mitrailleuse antiaérienne fut montée sur un wagon tombereau et un brigadier-chef portant les insignes de candidat à l'école d'officiers se proposa pour assurer seul le service de l'arme.

Le train poursuivit son chemin.

Soudain, les freins de tous les wagons se bloquèrent dans un crissement strident tandis que, sur la droite, apparurent quatre Mustangs P 51. En un élégant S plongeant, ils fondirent sur le train que les occupants, sachant qu'il transportait dix mille obus de 88, abandonnèrent aussi vite qu'ils le purent. Ils coururent vers un proche bosquet où ils espéraient trouver un peu de protection.

Seul le brigadier chargé de la mitrailleuse resta à son poste.

Les Mustangs attaquèrent d'abord la locomotive qui laissa échapper sa vapeur par de multiples trous dans les tubulures.

Terrés dans le bosquet, les *LwHelfer* virent les Mustangs reprendre de l'altitude et se préparer pour une nouvelle attaque: un mitraillage en enfilade sur toute la longueur du côté droit du train. Puis les avions quittèrent les lieux.

Les *LwHelfer* revinrent vers le convoi pour constater les dégâts. Le brigadier qui desservait la mitrailleuse gisait grièvement blessé près de son arme, une jambe quasi arrachée par une balle explosive et un second projectile dans le dos. Il devait mourir peu de temps après. La locomotive avait rendu l'âme, mais le mécanicien et le chauffeur avaient réussi à déguerpir dès les premiers signes de l'attaque et ils étaient indemnes.

Partout sur les wagons les traces de balles explosives ou perforantes. Chose inexplicable, bien qu'un grand nombre de balles aient traversé les wagons de munitions, aucun obus n'avait été touché. Un seul coup dans un obus et c'était l'explosion des wagons de munitions en un gigantesque feu d'artifice.

Les cinq chevaux, par contre, avaient tous été tués. Un soldat, boucher de métier, pénétra dans le wagon et, avec un couteau du cuisinier, leur coupa la tête.

Ils furent dépecés sur place et pendant plusieurs jours la batterie mangea de la viande de cheval à volonté.

Le soir, une locomotive vint tirer le convoi de sa fâcheuse position et le tracta jusqu'à la gare la plus proche où il fut rangé sur une voie de garage. Cette gare était située dans une petite vallée.

Dans l'après-midi du lendemain eut lieu un nouveau mitraillage effectué cette fois par des Lightnings. mais les chasseurs s'en prirent plutôt aux autres trains stationnant en gare.

Les avions passaient si près de Walter que, par moments, il distinguait à l'œil nu la tête des pilotes. Une petite bombe tomba à côté du train de Flak et endommagea légèrement un des canons, mais ce fut tout. Ni explosion, ni incendie, seules quelques locomotives mises hors d'usage.

La locomotive remplacée et certaines réparations faites, le train put repartir et arriva à destination le 15 février 1945 au matin, sans qu'une nouvelle attaque ne vienne entraver sa marche.

Seul incident à signaler, le lieutenant Dominik vint chez les *LwHelfer* pour leur demander si quelqu'un avait des poux. Ces charmantes bestioles avaient fait leur apparition chez les militaires.

Le matin du 15 février donc, le convoi s'arrêta dans la gare de triage d'une localité qu'on désigna aux *LwHelfer* sous le nom de Rann. Elle comptait environ 3 000 habitants. Les Alsaciens apprirent aussi que le véritable nom de la petite ville était Bresizce car, avant 1939, elle avait appartenu à la Yougoslavie. Après l'occupation de la Yougoslavie en avril 1941, la Slovénie fut placée sous gouvernement militaire allemand et les villes et villages furent débaptisés. Bresizce devint Rann et la ville la plus proche, Ljubliana, devint Laibach.

Ainsi, 23 *LwHelfer* alsaciens — c'étaient sans doute les seuls dans ce cas — firent connaissance avec la Yougoslavie. Quatre-vingt dix kilomètres en ligne droite à l'intérieur d'un pays conquis ne semblaient pas tracasser outre mesure les Allemands, considérant le territoire annexé comme partie intégrante du Reich. Au point de vue zone d'engagement pour des *LwHelfer*, ils devaient se sentir parfaitement en règle.

La batterie fut installée à l'Est de la localité sur un plateau alluvial surplombant la Save qui coulait à environ un kilomètre en contrebas.

Deux autres batteries vinrent s'installer dans la région, formant un groupe de combat de 18 canons : la 693ᵉ *Schwere Flakabteilung*.

Les Alsaciens furent logés dans des tentes finlandaises, canons et matériel furent amenés sur place à l'aide d'un seul camion fonctionnant au gazogène.

Les journées étaient éreintantes à force de creuser des alvéoles pour les canons et d'y implanter ceux-ci. Les soirées étaient maussades. Les points d'eau se situaient à grande distance et l'hygiène corporelle en souffrit.

Quant à la faim, elle devint carrément obsédante.

Mais la batterie finit par s'installer : télémètres, calculateurs et canons étaient en place.

Toute troupe en campagne a besoin de latrines. Elles furent réalisées à ciel ouvert, en conformité avec le sens le plus strict de ce qu'on appelait latrines à l'époque : une fosse oblongue, une poutre à 70 centimètres du sol reposant de chaque côté sur deux pieux croisés, sans le moindre raffinement. Une planche faisant office de dossier préservait l'usager d'une chute dans le trou sinistre et puant.

Tous les travaux purent être réalisés sans que l'aviation américaine n'intervienne, les conditions atmosphériques étant plutôt mauvaises à cette époque. Du moins en basse altitude, car on entendait presque tous les jours les escadres de bombardiers passer au-dessus de Rann. Le commandement dut attendre que le ciel se dégage pour que les batteries allemandes puissent entrer en action.

La faim était devenue taraudante. Les *LwHelfer* visitèrent souvent la nuit la remise où étaient entreposées les pommes de terre et les carottes. Un jour, ils trouvèrent un verrou et un cadenas sur la porte. La plupart du temps, les *LwHelfer* en étaient réduits à manger des pommes de terre cuites dans leurs gamelles et sans sel. Le sel était en effet devenu une denrée rarissime et le cuisinier n'en distribuait plus.

Celui-ci voulait se débarrasser du dernier morceau de cheval qui lui restait. Il le donna aux *LwHelfer* qui le firent cuire tout un après-midi dans un seau, simplement dans de l'eau, sans sel et sans légumes.

Mince de pot au feu.

Walter précise que ce fut un casse-croûte horrible que seule l'acuité de la faim put le contraindre à avaler.

Début mars, le soleil revint et avec lui le moment où la batterie allait infailliblement devoir entrer en action, car le groupe antiaérien avait été implanté sur la route empruntée par les formations de bombardiers lourds venant d'Italie, route qu'elles suivaient imperturbablement à l'aller comme au retour à 7 000 mètres d'altitude.

Et très vite le cirque commença.

Deux à trois fois par semaine, six à huit cents bombardiers passaient en formations serrées au-dessus de la batterie. Le matin vers 9 ou 10 heures, ils se dirigeaient vers le nord lourdement chargés de bombes et l'après-midi ils volaient en sens inverse pour rentrer à leurs bases.

Les six canons tiraient en même temps sur commandement, à raison d'une salve toutes les quatre secondes environ. Lorsque la formation arrivait à 85° au-dessus de la batterie, c'est-à-dire presque à la verticale, le feu était arrêté et la vague suivante était visée.

A cette cadence de tir, chaque passage de 600 à 800 bombardiers coûtait de 300 à 400 obus par batterie, soit 900 à 1 200 obus par jour pour les trois batteries du groupe.

Et cela dura ainsi jusqu'à Pâques. Rares étaient les jours où les canons ne tiraient pas.

Ces jours de repos relatif étaient utilisés à effectuer quelques travaux personnels. Walter raconte qu'il passa un dimanche après-midi à laver quelques effets et faillit se tuer en voulant suspendre deux paires de chaussettes à un câble électrique qui était sous tension et dont la gaine était défectueuse.

L'hygiène corporelle laissant elle aussi fort à désirer, il arriva ce qui devait arriver. De plus en plus de *LwHelfer* ressentirent des démangeaisons dans la région pubienne : ils avaient attrapé des morpions. Et jusqu'à ce que le commandement songe à les faire épouiller, ils continuèrent à se gratter furieusement.

Et il y avait toujours cette faim taraudante. On leur servait maintenant un brouet fait de légumes deshydratés mais que la cuisson ne ramollissait pas. Très vite, la mixture fut baptisée «fil de fer barbelé». André Walter déclare que même les vaches n'en auraient pas mangé.

Quelqu'un eut un jour une idée lumineuse : l'hôpital. A l'hôpital, on devait pouvoir trouver quelque chose à manger et les bonnes sœurs devaient être tout naturellement portées sur la charité.

Plusieurs Alsaciens, dont André Walter, frappèrent donc à la fenêtre de la cuisine de l'hôpital. Lorsqu'une bonne sœur ouvrit un vasistas, ils mendièrent littéralement un bol de soupe comme cela se faisait au Moyen-âge. Yougoslaves ou Allemandes, les sœurs étaient compatissantes et leur donnèrent un bol de riz ou de pommes de terre ou encore de légumes avec quelques cuillerées de sauce. Les sœurs ne parlaient pas mais Walter dit avoir décelé dans leurs yeux de la pitié.

Puis, Walter ne sut comment, la combine de l'hôpital fut découverte et les Alsaciens furent cités le matin au rapport pour avoir jeté la honte sur l'armée allemande.

Se répandit alors l'idée que le site où étaient implantées l'une ou l'autre batterie avait été mal choisi et qu'une des unités devait être déplacée. Pensant pénaliser les Alsaciens, on les chargea de creuser les alvéoles du nouvel emplacement qui devait se situer à quelques centaines de mètres de là. Près du nouvel emplacement choisi, il y avait une fermette avec une étable et quelques dépendances. La maison était habitée par une femme allemande et ses deux enfants.

En face de cette propriété, une tranchée allait en zigzagant vers un proche village.

Nul ne savait pourquoi il y avait une tranchée à cet endroit et qui l'avait creusée, mais elle fut fort utile aux Alsaciens.

Le 20 mars, alors qu'ils étaient en train de creuser sous la surveillance d'un brigadier allemand, un grondement de moteurs inhabituel se fit entendre. Ce n'étaient ni des chasseurs, ni des bombardiers lourds. C'étaient plusieurs formations de Marauders, bombardiers légers bimoteurs, volant à environ 2 000 mètres et se dirigeant droit sur les batteries sur lesquelles ils larguèrent leurs bombes. A moins d'un kilomètre de là, Walter et ses camarades assistèrent au massacre. Et voilà qu'une ultime formation d'une trentaine de Marauders se dirigea sur les Alsaciens en train de creuser les alvéoles. Ceux-ci eurent juste le temps de lâcher leurs piques et leurs pelles et de sauter dans la tranchée qui avait si opportunément été creusée là. Déjà les bombes se détachaient des avions. C'étaient de petites bombes antipersonnel à très grande fragmentation. Elles ne creusaient pas de cratères, mais l'explosion projetait alentour des milliers de petits éclats tranchants comme des lames de rasoir.

Par une chance inouïe, aucune bombe ne tomba dans la tranchée et pas un seul Alsacien ne fut blessé.

Pour travailler, André Walter avait enlevé sa veste qu'il avait accrochée au poteau d'une clôture. Une dizaine d'éclats l'avaient transpercée, dont l'un avait perforé le portefeuille et fait un double trou dans l'ordre de rappel que le gendarme lui avait remis à Haguenau et qu'il avait conservé.

Une bombe était tombée sur la maison de la femme allemande. Par la porte ouverte de l'étable, Walter vit une vache blessée par un éclat à la cuisse. La femme ouvrit une fenêtre pour dire avec véhémence que c'était de la faute des *LwHelfer* s'il y a eu ce bombardement. Bien sûr ! mais savait-elle qu'il s'agissait de jeunes Alsaciens incorporés de force et qu'ils se trouvaient devant chez elle contre leur gré ? Passablement traumatisés par ce qui venait de leur arriver, aucun *LwHelfer* n'a répondu.

Lorsque l'attaque fut passée, les Alsaciens se dirigèrent vers leur batterie et y trouvèrent cinq morts et seize blessés. Un garçon de 19 ans avait eu les deux pieds sectionnés et l'adjudant de tir les fesses littéralement hachées par les minuscules éclats.

La pièce n° 2 avait reçu une bombe dans l'alvéole et une partie des munitions avait sauté. L'alvéole dévasté avec des flaques de sang par terre offrait un aspect de désolation.

Dans la batterie voisine, les pertes étaient du même ordre : quatre morts et vingt blessés.

Les effets personnels des morts furent vendus aux survivants. C'était une pratique courante et officielle. Walter se procura ainsi un nouveau couteau en remplacement du sien qu'il avait perdu.

Pâques tomba le 1er avril. Les Alsaciens manifestèrent le désir d'aller à la messe ce jour-là.

Le lieutenant Dominik leur accorda l'autorisation à condition qu'il n'y ait point d'alerte. Le brigadier qui les accompagnait d'habitude pour creuser les nouveaux alvéoles ajouta en rigolant : « Toute la journée, ils jurent comme des charretiers — visant particulièrement les Haut-Rhinois — mais à Pâques ils veulent aller à la messe ! »

Or, comme un fait exprès, dès 9 heures, d'importantes formations de bombardiers furent signalées. La sortie était annulée.

Vers 10 heures, les avions survolèrent les positions de Flak et les pièces se mirent à tirer à tout casser. mais le flot d'avions passa sans perte. Idem au retour l'après-midi.

Longtemps après le passage du gros de la formation, un Liberator, deux hélices en drapeau et ayant perdu de l'altitude, passa lentement à proximité de la batterie.

Le lieutenant Dominik se frotta les mains et dit : « Garçons, celui-là nous allons lui en faire voir. » La batterie tira soixante coups sur l'avion. En vain. Le Liberator passa.

Ce jour de Pâques, la batterie passa neuf heures en état d'alerte et tira le plus grand nombre journalier d'obus de tout le séjour en Yougoslavie : plus de 1 200. Le stock de munitions était pratiquement épuisé. Mais André Walter était satisfait de ce que tous les avions avaient pu franchir indemnes le barrage intense opposé par les 18 canons du groupe, action dans laquelle de jeunes Alsaciens étaient, par une malheureuse destinée, impliqués.

Après le 1er avril, les Américains ne passèrent plus au-dessus de Rann. Ils empruntèrent une autre route, 120 km plus à l'ouest.

Les *LwHelfer* étaient peu et mal informés sur l'évolution de la guerre. L'approche de la fin du conflit ne faisait cependant plus de doute pour aucun d'entre eux. mais ils n'avaient aucune raison de jubiler car, à Rann, les choses se passaient comme si la guerre devait encore durer 10 ans.

Unités restées organisées jusqu'au dernier jour, les trois batteries faisaient partie d'un ensemble où la hiérarchie semblait soit ignorer le point auquel l'Allemagne était arrivée, soit disposée à appliquer les directives insensées venues d'en haut : « Nous sacrifier sur l'autel de la résistance jusqu'à la dernière goutte de sang. »

Le lundi de Pâques, 2 avril, il faisait un temps superbe lorsque du côté de Rann apparurent deux Lightnings à une altitude moyenne. Deux batteries sur les trois ouvrirent le feu, visant le même avion. Un obus toucha de plein fouet l'aile gauche et le chasseur piqua en vrille. Un parachute s'ouvrit. L'avion alla s'écraser au sol tandis que son pilote se balançait sous son parachute.

Le lendemain, Walter apprit que le pilote avait été fait prisonnier et enfermé à proximité. Ce jour-là, les militaires étant occupés à faire de la formation d'infanterie, la garde du prisonnier incomba aux Alsaciens. Walter profita de son tour de garde pour essayer d'entrer en contact avec l'Américain. Son Lebel à la bretelle, il alla se poster devant la fenêtre ouverte de la maison où était enfermé le pilote et essaya de lui parler. Il s'agissait du lieutenant John Blair, originaire de Californie. Walter tenta de lui expliquer qu'il n'était pas Allemand mais Français, incorporé de force, etc. etc. mais il était évident que l'Américain ne comprenait pas la situation de l'Alsacien.

Le troisième jour, le pilote fut transféré en un lieu inconnu des *LwHelfer*.

Selon l'usage, un rond blanc fut peint sur les tubes des canons symbolisant la destruction d'un avion.

Malgré la gravité de la situation, une «fête de la batterie» fut organisée le 8 avril.

Après le potage, le lieutenant Dominik prononça une courte allocution puis porta un toast à la prospérité de la batterie et, désignant les trophées recueillis lors de la capture du pilote américain, formula le vœu qu'elle puisse s'enorgueillir d'autres succès du genre dans l'avenir.

Le parachute ainsi que le siège fixé sur un radeau pneumatique étaient accrochés à une des parois de la baraque où se déroulait la fête.

Le vin coula à flots, provoquant d'abord l'euphorie puis l'ivresse avec des effets d'autant plus précoces et pervers que les buveurs étaient jeunes.

Le 15 avril, le général d'artillerie antiaérienne Pavel vint faire une inspection et décora de la Croix de fer 2e classe le télémètreur de la batterie avec la citation «... a continué de mesurer avec sang-froid malgré mitraillage et bombardement.»

Personne, même le récipiendaire, n'avait eu connaissance d'un tel acte de bravoure.

Mais un général, c'est fait pour ranimer l'esprit combatif de la troupe, surtout s'il est un peu défaillant. Et pour cela, il utilise parfois les médailles.

A la même époque, une vieille histoire resurgit sur le tapis: l'affaire du vol de vin, de biscuit et de chevreuil sur le trajet entre Olmouc et Pilsen. Trois mois s'étaient écoulés depuis le constat des gendarmes. Les *LwHelfer* impliqués dans le vol furent convoqués à l'état-major du groupe. Un officier leur passa un savon soigné, leur conseilla de ne plus récidiver et les renvoya.

Quelques jours plus tard, donc 15 jours avant la fin de la guerre, les *LwHelfer* susceptibles de se présenter à l'Abitur en 1946 furent recensés. Cela relevait du fantasme pur et simple. Les bras m'en tombèrent, dit Walter.

Le lendemain, Dominik réunit ses gens et leur parla des provisions dont disposait la batterie. Il émit l'idée saugrenue de planter un champ de pommes de terre. Dans la deuxième quinzaine d'avril 1945...

Il parla aussi en termes voilés du réduit alpestre qui devait devenir le dernier bastion de la résistance nazie. Il dit à Walter: Si nécessaire, nous deviendrons des partisans. Walter fit l'âne et dit «mais nous ne sommes pas des communistes».

Dépité, Dominik lui dit: «Vous ne m'avez pas compris», et s'en alla.

A la même époque, le groupe fut ravitaillé en munitions mais, curieusement, aussi en obus anti-chars et en simples obus d'artillerie de campagne.

Du matériel radio fut livré et un canon de 20 mm devait servir d'appui-feu en combat terrestre.

Les Russes étaient à 120 km et dans les montagnes au sud et à l'est de Rann, des groupes de partisans étaient signalés. Une nouvelle forme d'alerte apparut : l'alerte aux maquisards dont le nom de code était « Blume zwei ».

L'adjudant poursuivit l'instruction d'infanterie, allant même jusqu'à des démonstrations de combat corps à corps.

Des trous individuels furent creusés pour des tireurs au fusil. Les *LwHelfer* — m'a précisé Pierre Knecht — y croupissaient parfois des nuits entières.

Un coiffeur a coupé les cheveux à tout le monde et un médecin de la Luftwaffe administra à tout le personnel une série de vaccins.

Enfin, un beau matin, le lieutenant Dominik, qui savait qu'il ne pouvait pas trop compter sur l'esprit de sacrifice des Alsaciens, sortit son pistolet au moment du rapport et crut utile de préciser : « Le premier qui fait preuve de lâcheté et foutra le camp, voici mon pistolet ».

Les choses prenaient une allure malsaine.

Puis vint pour les Alsaciens le grand choc. Le lieutenant Dominik annonça un jour sans ménagement que les Alsaciens allaient être incorporés sur place dans la Wehrmacht. Le 20 avril, jour anniversaire du Führer, ils durent prêter serment à Hitler (qui devait se suicider dix jours plus tard). L'épreuve était dure pour Walter et ses camarades. La cérémonie se déroula dans un marmonnement plus ou moins intelligible.

A la place du *Personalbuch* des *LwHelfer*, ceux-ci reçurent le *Soldbuch* de la Wehrmacht. Celui de Walter porte la date du 28 avril 1945. Dix jours avant la fin des hostilités.

L'armée allemande d'Italie capitula en bloc le 2 mai, sans que pour autant les gens de la batterie en eurent connaissance. Mais l'activité aérienne des Américains cessa pour ainsi dire totalement.

Enfin le grand jour arriva. Jean Hippert, téléphoniste dans la baraque du chef de batterie, vint l'annoncer aux autres Alsaciens : LA GUERRE ETAIT FINIE.

Il savait aussi qu'Anglais et Américains étaient sur le point de pénétrer en Autriche, du moins dans la partie non occupée par les Russes.

Vers 14 heures ce jour-là, le lieutenant Dominik rassembla tout le monde. C'en était fait de toute la discipline prussienne. D'une heure à l'autre, tous ces troufions, Alsaciens et Allemands, le matin encore au garde-à-vous, s'étaient débarrassés de tous les principes en vigueur dans l'armée allemande.

Tous formaient un demi-cercle autour de Dominik. Certains avaient déjà décousu l'aigle et les insignes.

Le lieutenant annonça que le capitaine se proposait de donner l'ordre de retraite vers l'Autriche dans la soirée.

Le groupe devait quitter ses positions simplement avec les armes individuelles pour le cas où il y aurait des accrochages avec les partisans yougoslaves.

La destruction des canons avait été envisagée mais Dominik y renonça au dernier moment.

Dans un vertige de joie, beaucoup prirent leurs fusils et tirèrent des coups de feu en l'air en signe de liesse.

Vers 4 heures du matin, ce qui restait d'une batterie de DCA quitta Rann. La localité allait dans peu de temps s'appeler à nouveau Bresizce.

4. De Bresizce à Klagenfurt

Dans la fièvre d'atteindre l'Autriche aussi rapidement que possible, la colonne démarra d'un pas ferme. Manifestement, le lieutenant Dominik savait où aller. Il fit suivre à son groupe la voie ferrée vers l'ouest sur un chemin empierré qui traversait une région montueuse. Bientôt, le soleil se leva. Ils s'étaient rapprochés de la Save et virent sur l'autre rive une colonne de camions allemands rouler au pas. Dominik traversa un pont dans le dessein de faire transporter sa troupe par les véhicules et revint avec la bonne nouvelle que cela était possible. La petite unité comptait encore une cinquantaine d'hommes. Tout ce qui encombrait fut abandonné et les gens grimpèrent à bord.

Les véhicules avançaient lentement. Des rumeurs circulaient de camion à camion. Certaines faisaient état de partisans qui se prépareraient à attaquer le convoi. Mais rien de tel ne se produisit.

Comme les véhicules roulaient au pas, des soldats descendirent des camions, prirent des grenades à main qui leur restaient et, après les avoir dégoupillées, les jetèrent dans la Save, soit pour s'amuser, soit pour s'en débarrasser. Les explosions firent monter de nombreux poissons morts à la surface. Il suffisait d'un bâton pour les ramener à la berge. Ce jour-là, beaucoup mangèrent du poisson frit dans les casques.

Ainsi se passa la première journée de cette retraite.

Le lendemain, une cohorte d'hommes à pied, rendus gris par la poussière, vinrent se joindre au convoi.

Ce jour-là, Walter faillit se tuer en posant un peu brutalement la crosse de son fusil par terre. Une balle, qui était dans le canon, partit et passa à 10 cm de sa tête.

Trente cinq heures après être montés à bord des camions, des soldats constatèrent que la colonne n'avait parcouru que 60 km. Bientôt, ils comprirent les raisons de cette lenteur.

Dans la petite ville de Celje, en allemand Cilli, les partisans attendaient les Allemands. Ils exigeaient simplement que ceux-ci jettent leurs armes sur un des tas qui grossissaient sur une place de la localité.

Les occupants des camions comprirent aussi que l'ère du transport gratuit était révolue. Walter et ses camarades durent descendre de véhicules, jetèrent fusil, cartouchière et casque et furent obligés de continuer à pied. Les camions étaient confisqués. L'instinct grégaire joua et lorsque le gros de la batterie fut regroupé, on poursuivit à pied. Personne n'avait fait attention au fait que le lieutenant Dominik et la plupart des autres gradés étaient restés en arrière.

Le groupe qui comptait encore une quarantaine d'hommes s'intégra au fleuve des gens en retraite, tous désormais tributaires de leurs jambes et de leurs pieds.

Ils avaient parcouru ainsi quelques kilomètres lorsqu'un camion roulant à vitesse réduite vint de l'arrière et s'arrêta à hauteur du groupe. Sur le camion, Walter vit des têtes familières : celle de l'adjudant-major et surtout celle du lieutenant Dominik. Celui-ci, ignorant ce qui avait été le personnel de sa batterie, s'adressa au jeune adjudant qui marchait en tête du groupe et lui dit : Monsieur X, montez donc avec nous. L'adjudant lui répliqua sans s'arrêter de marcher : « Non merci, je reste avec MES hommes ».

Sur ce, le camion continua sa route.

Dix minutes s'écoulèrent lorsque plusieurs camions, arrivant également par derrière, s'arrêtèrent encore à hauteur du groupe. C'étaient les gens de la quatrième batterie qui avaient reconnu l'uniforme de leur arme et proposèrent aux marcheurs de monter avec eux. Les camions furent pris d'assaut. Walter envisagea de monter sur celui qui semblait transporter le moins de monde. Mal lui en prit. Sur le plancher, il y avait des blessés, et des cris lui enjoignirent de descendre. Il se laissa glisser à terre mais il était trop tard pour monter sur d'autres camions. Ils étaient tous archi-combles.

Huit hommes de la batterie restèrent sur la route : cinq allemands et Pierre Knecht, Paul Reiner et André Walter.

Le chef de la quatrième batterie leur adressa au passage quelques paroles qui restèrent gravées dans la mémoire de Walter : « Camarades, je sais... votre chef est un salopard. Mais je ne peux faire plus pour vous. Bonne chance ! » Et les camions s'ébranlèrent.

Dominik avait bel et bien abandonné ses hommes. Walter n'a jamais su comment Dominik et le chef de la quatrième batterie s'étaient arrangés avec les partisans de Celje pour conserver des véhicules.

Accablés de tristesse, les huit continuèrent à pied, s'imaginant que ceux qui avaient eu la chance de voyager en camion atteindraient l'Autriche dans quelques heures.

Les marcheurs durent s'arrêter à un moment donné pour souffler un peu et s'assoupirent dans un fossé non loin de la route. Pierre Knecht réveilla soudain les autres dormeurs. Il avait constaté qu'ils étaient les derniers et qu'il n'y avait plus personne sur la route.

Mais l'anxiété était injustifiée. D'autres Allemands venaient encore derrière eux.

Sur la route, les partisans yougoslaves se multipliaient. Certains avaient revêtu des tenues allemandes dont ils avaient remplacé les insignes par une étoile rouge. D'autres avaient les poignets chargés de montres. Ils regardaient le flot passer, l'œil dur, l'air hautain.

La faim ne tourmentait plus les soldats désarmés, la tension, la fatigue sans doute. La soif, en revanche, était permanente. Dans les villages traversés, on faisait la queue aux fontaines publiques. Ni les partisans, ni les habitants n'en interdisaient l'accès.

Et le flot avançait toujours, traînant les pieds sous un soleil écrasant. Des chevaux sans maître broutaient à l'écart, un cochon mort gisait parmi du matériel abandonné. Une ambulance flambait dans un pré. Çà et là, le cadavre d'un soldat allemand témoignait d'une escarmouche avec les partisans. Une mine posée maladroitement laissait apparaître son détonateur au milieu de la route. Des mains bienveillantes avaient disposé un cercle de pierres autour. Un corps en uniforme allemand gisait au bord de la route, la tête broyée par les roues d'un camion...

Tout cela ne semblait intéresser personne. Misérable et interminable, la file cheminait lentement vers l'Autriche. Les restes de l'armée allemande n'étaient pas plus fiers que ceux de la malheureuse armée française de 40.

Le soleil s'était couché derrière les montagnes. D'un commun accord, les trois camarades décidèrent de s'arrêter. Ils étaient à bout de forces après trois nuits sans sommeil ou presque.

Il faisait jour quand ils se réveillèrent, les jambes et les pieds douloureux. Ils progressèrent en claudiquant. Walter dut enlever ses chaussures et mettre des pantoufles. Les pieds se trouvèrent plus libres.

A un moment donné, ils virent dans un pré des chevaux abandonnés. L'un d'eux se laissa capturer et les trois camarades réussirent à lui faire porter leurs sacs.

Quelques kilomètres plus loin, les partisans les arrêtèrent, et les obligèrent à porter leur sac. Pas de chevaux pour une armée battue.

Plus loin encore, un partisan voulut prendre les chaussures que Walter avait fixées à son sac. Il fit comprendre au Yougoslave qu'il en avait besoin pour marcher.

On avait l'impression que les partisans surveillaient particulièrement certains points de leur itinéraire, qu'ils canalisaient le flot.

De trois qu'ils étaient la veille, le petit groupe des Alsaciens s'était à nouveau gonflé à une vingtaine. Des Alsaciens et des Mosellans s'étaient retrouvés. Abrutis, ils marchaient sans trop se rendre compte où ils passaient.

Vers le cinquième jour se produisit pour Walter et ses camarades un évènement qui devait changer pour eux la face des choses. mais de cela ils ne se rendirent compte que plus tard.

Une colonne de camions vint à passer et sur les camions des gens agitaient le drapeau français. Des chants français retentirent.

Se rapprochant des camions, Walter cria aux occupants : « Français ? »

« Oui » fut la réponse.

« Nous aussi. Emmenez-nous ! »

« Montez ! »

Il y avait sur les camions une centaine d'hommes astreints au Travail Obligatoire en Allemagne, et qui se trouvaient sur le chemin du retour. La détresse se mua en euphorie. Le convoi roula jusqu'au soir et s'arrêta dans un hameau où Walter et ses amis se débarrassèrent de leurs derniers effets militaires, conservant juste ce qu'il fallait pour manger et boire. Et ils s'endormirent dans le foin d'une grange, oubliant le tracas des jours passés.

Vers 7 heures le lendemain matin, le convoi se remit en route. Tout indiquait que le passage de la frontière autrichienne devait se faire dans la journée.

Après un quart d'heure de trajet apparut au milieu de la route un soldat que Walter prit pour un Canadien mais qui était, en fait, un Anglais.

Walter me dit que, même après quarante ans, il ne peut parler de cet instant sans émotion, car il marqua la fin de toutes ses anxiétés.

Le responsable du convoi parlementa avec le militaire anglais. Tout le monde dut descendre des véhicules et le responsable lut les noms d'une liste. Les appelés répondirent présent et allèrent de l'avant pour passer en Autriche.

Mais l'inquiétude commença à renaître car les Alsaciens et Mosellans ne figuraient pas sur cette liste. Pourtant, grâce à un subterfuge, ils réussirent quand même à passer. Il y avait des gens qui étaient absents bien que figurant sur la liste. Chaque fois qu'un absent était appelé, le responsable fit signe à un Alsacien de répondre à sa place.

Une poignée de main à l'Anglais en passant et la guerre était réellement terminée.

C'était le 13 mai à Bleiburg.

André Walter et ses compagnons devaient apprendre par la suite qu'en s'incorporant au convoi de STO ils ont eu une veine insensée.

Les dizaines de milliers de soldats refluants, restes de l'armée allemande défaite auxquels ils avaient été mêlés au début, furent méthodiquement canalisés par les partisans vers des lieux prévus à l'avance où ils furent faits prisonniers. Ainsi, un grand nombre arriva bel et bien en Autriche, mais à Graz, ville occupée par les Russes. Là les partisans les dirigèrent vers une caserne qui n'était rien d'autre qu'un camp de rassemblement de prisonniers de guerre. André Miclo, qui fut parmi eux, a rapporté que, sans distinction de nationalité, ils y subirent les sévices provoqués par la haine accumulée. Malheur à celui qui ne pouvait retirer son alliance ou sa chevalière, les soldats de Tito n'hésitaient pas à lui trancher le doigt.

Quant aux Oustachis, considérés comme des traîtres par Tito, ils furent fusillés sans pitié. Armand Walter, lui aussi canalisé vers la zone russe, avait fait partie d'une équipe chargée d'enterrer les cadavres aux mains liées dans le dos avec des fils de fer.

Puis ce fut une longue marche de 550 km de Graz jusqu'à Belgrad. Toute défaillance était sanctionnée par une rafale de mitraillette. Frédéric Meyer de Cleebourg, qui était parmi eux, a rapporté que la marche vers le camp de Belgrad s'effectua les deux premiers jours au pas de course.

Lorsque André Walter et ses trois compagnons furent abandonnés sur la route après Celje, ils furent très affligés. En fait, c'était leur chance dans la malchance. Cela leur permit de bénéficier d'une veine inestimable et de traverser la frontière pour arriver chez les Anglais. Tous les autres aboutirent chez les Russes qui les remirent aux troupes de Tito.

5. De Klagenfurt à Naples

Après avoir franchi la frontière autrichienne à Bleiburg, les gens du STO et le groupe de vingt Alsaciens et Mosellans qu'ils avaient recueillis en route, continuèrent leur chemin jusqu'à Klagenfurt.

De nos jours, il ne faut guère plus de dix heures pour parcourir le trajet de Klagenfurt à Strasbourg. A l'époque, les trois amis mirent plus de trois mois pour revoir l'Alsace.

Dans la soirée, le responsable des STO vint leur dire que, comme ils ne figuraient pas sur sa liste, les Anglais proposaient de les intégrer à un contingent de prisonniers français de 1940.

Cette décision surprit les Alsaciens.

De bonne heure le 14 mai, André Walter, Pierre Knecht et Paul Reiner se rendirent au lieu de départ d'une longue colonne de camions devant transporter les prisonniers français de 1940 libérés. Les Alsaciens purent, sans difficulté, se répartir sur les véhicules et, dans une ambiance d'excursion, le convoi se mit en route vers le sud, vers l'Italie.

Les Anglais prenaient bien soin d'eux. Ils leur distribuaient du thé, du pâté et du pain blanc. Dans la soirée, le convoi atteignit Udine où ils passèrent la nuit dans une caserne.

Ils reprirent la route le lendemain, toujours vers le sud. En fin d'après-midi, le convoi s'arrêta en rase campagne et les Anglais leur désignèrent un terrain herbeux planté d'arbres fruitiers et leur dirent de s'installer là pour la nuit. Passer une nuit à la belle étoile ne posa aucun problème, le temps étant au beau fixe et le sol sec. Le groupe de Français resta là toute la journée du lendemain, les Anglais les ravitaillant largement en nourriture, cigarettes et en chocolat au lait. Walter était heureux comme un gosse gratifié inopinément de friandises dont il avait été longtemps privé.

Au troisième jour, ils durent se rassembler en colonne par trois et aller à pied à la proche ville de Forli où ils furent hébergés dans une caserne. C'est là que Walter put prendre, pour la première fois depuis longtemps, un vrai repas. Après une bonne douche, cela alla vraiment mieux.

Le voyage se poursuivit le lendemain par chemin de fer. Soudain apparut une vaste étendue d'eau toute bleue. Ce fut la surprise et la fascination devant quelque chose que ni Walter ni ses compagnons n'avaient jamais vu :

la mer. La géographie de l'Italie n'avait pas de secrets pour Walter, et voyant de surcroît le nom de Rimini écrit sur un panneau, il n'eut aucun mal à se situer.

Quelques heures plus tard, le train s'arrêta à Ancona. Ils allaient donc de plus en plus vers le sud et, abandonnant toute idée d'un proche retour en France, Walter se laissa gagner par le plaisir de voir du pays. Il venait de découvrir le tourisme.

Son périple, qui avait commencé comme une expédition guerrière et avait continué par une retraite, s'était finalement transformé en voyage d'agrément, tout relatif certes, mais d'agrément quand même comparativement à ce qui avait précédé.

A Ancona, les Anglais avaient aménagé un village de toile qui avait dû servir de centre de passage à des troupes en déplacement. Ce camp fut la troisième étape en Italie.

Walter n'avait eu jusqu'alors qu'une notion floue du terme « vacances ». Si, à son âge et à cette époque, l'idée de vacances à la mer effleura parfois son esprit, elle ne demeura que vaine imagination. Aussi, quel ne fut pas son émerveillement quand, du haut de la colline où était aménagé le camp, il put embrasser d'un seul coup d'œil la ville d'Ancona et l'Adriatique qui s'étalait devant lui jusqu'à l'horizon. Le spectacle devenait tout simplement féérique lorsqu'à la tombée de la nuit, Ancona commençait à scintiller de milliers de lumières.

Les soins dont l'armée anglaise entourait les Français étaient tout simplement prodigieux. Walter et ses compagnons dormaient à cinq par tente sur des lits de camp. Il assista à sa première séance de cinéma en plein air. A une nourriture surabondante s'ajoutait la pâtisserie offerte à discrétion dans une baraque semi-cylindrique en tôle ondulée et parfaitement climatisée. Il n'y avait qu'à choisir entre éclairs, millefeuilles ou autres choux à la crème le ou les morceaux qui donnaient le plus envie, et en manger jusqu'à refus. Et — cela ne pouvait manquer d'arriver — la nuit son estomac se révolta et il dut vomir toutes les bonnes choses ingurgitées dans la journée.

Déjà les moments de détresse vécus à peine quelques jours plus tôt n'étaient plus que de mauvais souvenirs. Ancona, c'était pour Walter le pays de cocagne.

André Walter ne pouvait admettre qu'étant à proximité de la mer il ne puisse la voir de tout près et, pourquoi pas, s'y baigner. Un matin, il mit son projet à exécution et, en dépit des conseils de ne pas quitter le camp à cause du risque d'un départ impromptu pour une nouvelle destination, il prit le chemin de la mer. Il fila à travers la campagne et se retrouva sur une plage absolument déserte. Il ôta ses chaussures et entra dans l'eau jusqu'aux genoux. Il y trempa son doigt et goûta pour constater que l'eau de mer était effectivement salée. Puis, décidé d'aller jusqu'au bout de ce qui était devenu une idée fixe, il avança dans l'eau et fit quelques brasses malgré la température de l'eau plutôt fraîche.

Le rêve du garçon de 16 ans était devenu réalité.

Après trois jours de « villégiature » à Ancona, le voyage vers le sud reprit jusqu'à Foggia où ils furent logés dans un bâtiment ressemblant à un HLM mal fini.

Le groupe auquel appartenaient André Walter, Pierre Knecht et Paul Reiner avait parcouru à peu près 900 km depuis Klagenfurt sans qu'il n'y eut jamais une quelconque vérification d'identité des centaines d'anciens prisonniers de guerre français que l'armée anglaise véhiculait à travers l'Italie.

Les Anglais ne semblaient pas non plus intrigués par la présence, parmi les uniformes kakis, de quelques individus habillés plus ou moins en civil.

Un premier relevé d'identité eut lieu à l'arrivée à Foggia. Trois jours plus tard, Walter était derrière les barbelés.

Installés en plein air à des tables, quelques soldats français — affectés pour la cause à l'armée anglaise — dressèrent la liste des arrivants. Ceux-ci durent décliner nom, prénoms, adresse et... le numéro matricule. Embarrassé par ce dernier élément à fournir, Walter expliqua sa situation d'Alsacien incorporé de force dans l'armée allemande, loin d'imaginer les conséquences fâcheuses de cette révélation naïvement faite. Le militaire ne dit rien mais, à coup sûr, le destin de Walter était scellé à partir de ce moment-là.

Encore plus qu'à Ancona, les Anglais mirent les estomacs des rapatriés à rude épreuve en les conviant cinq fois par jour au réfectoire pour les gaver d'un breakfast, de deux repas et de deux collations.

L'intolérance à une telle suralimentation ne tarda pas à se manifester. Atteint de diarrhée, Walter — il n'était pas le seul — consulta un médecin anglais qui trouva ses troubles digestifs évidents. « N'y a-t-il pas de sang avec ? » demanda-t-il encore. A sa réponse négative, il fit avaler à Walter une cuiller d'une potion qu'il avait sous la main et lui dit de revenir le lendemain.

Mais le lendemain était un autre jour.

Il était environ cinq heures du soir. Un soldat parcourut les chambrées à la recherche des dénommés Pierre Knecht et André Walter.

Lorsqu'il eut trouvé les intéressés, il les invita à le suivre et les escorta vers les locaux abritant les services administratifs. Chemin faisant, Pierre Knecht et André Walter se dirent qu'ils avaient été repérés et qu'ils devaient s'attendre à quelques désagréments.

Walter fut le premier à être introduit dans un bureau. Knecht devait attendre sur le palier. Trois militaires anglais attendaient debout au milieu de la pièce, un officier et deux sous-officiers. L'un de ces deux derniers se mit à questionner Walter dans un français impeccable.

Avec sa figure de gosse de 16 ans, vêtu d'une veste de pyjama, d'un pantalon gris-bleu de *Luftwaffenhelfer* et de chaussures italiennes, Walter trouva inutile de tergiverser.

215

Il répondit franchement aux questions de l'interprète qui, de temps en temps, traduisit à l'officier.

Rassemblant toutes ses connaissances de français — il n'avait pratiquement plus parlé ni écrit le français depuis cinq ans — il raconta son histoire de lycéen alsacien incorporé de force dans la Flak — Karlsruhe — la Tchécoslovaquie — la Yougoslavie, le passage en Autriche et l'intégration au convoi d'anciens prisonniers français.

Doutant peut-être de la véracité de ses dires, l'interprète demanda brusquement à Walter en allemand :

— Sprechen Sie Deutsch ? (Parlez-vous allemand ?)
— Natürlich, spreche ich auch Deutsch. (Naturellement)
— Wo haben Sie es gelernt ? (Où l'avez-vous appris ?)

Walter lui expliqua que sa province d'origine ayant été annexée par les Allemands, il a forcément été à l'école allemande et qu'en outre il a passé plus d'un an dans l'armée allemande.

— Mais quelle langue parlez-vous chez vous, reprit l'interprète en français
— Un dialecte allemand mélangé de mots français
— Ah oui, je me rappelle — dit-il — avant la guerre j'ai été à Metz et à Strasbourg.

L'interprète paraissait convaincu par la sincérité de Walter.

— And do you speak english too ? intervint alors l'autre sous-officier (Parlez-vous également anglais ?)
— Yes I do... a little. (Oui, un peu)
— Where have you learned to speak english. (Où l'avez-vous appris ?)
— At school of course. (A l'école)

L'interrogatoire s'était déroulé dans une atmosphère détendue. Rien dans l'attitude plutôt aimable des Anglais ne laissait présager du sort des deux Alsaciens, bien que Walter eut le sentiment que son périple italien était arrivé à un tournant.

Walter fut renvoyé sur le palier et ce fut le tour de Pierre Knecht d'être questionné.

Les Anglais rappelèrent Walter au bout de dix minutes.

L'interprète leur posa à tous deux encore une question :

Y a-t-il encore d'autres gens comme vous mêlés aux anciens prisonniers français ?

Avec un peu de bon sens, l'Anglais aurait pu deviner que les gars en civil mélangés aux anciens prisonniers de 1940 n'avaient rien de commun avec ces derniers.

Ayant prévu une telle question, Walter répondit qu'il n'en savait rien, et Knecht fit de même.

L'officier prit alors la parole. Parlant moins bien le français, il s'appliqua néanmoins à dire à peu près ceci :

— Je ne peux pas vous garder ici. Je dois vous envoyer dans un camp où il y a d'autres personnes qui sont dans le même cas que vous.

Et il eut un sourire embarrassé.

La suite se passa sans paroles.

L'officier leur fit signe de sortir du bureau. Un des sous-officiers les accompagna jusqu'à une porte — une vraie porte de cachot précise Walter. Cette porte constituée de barreaux fut ouverte. On poussa les deux Alsaciens sans brusquerie à l'intérieur. La grille fut refermée et une clé tourna dans la serrure avec un bruit sec.

Walter considéra cette façon de les enfermer comme déloyale et s'en trouva fort déçu. Il aurait préféré que l'officier dise qu'il était obligé de les arrêter, mais à aucun moment le mot de prisonnier ne fut prononcé.

Un taulard occupait déjà les lieux. Plutôt choqués par ce qui venait de leur arriver, les deux Alsaciens ne cherchèrent pas à lier conversation avec cet homme, un anglais, qui d'ailleurs ne semblait pas intrigué par leur présence et se montra peu loquace.

Un soldat faisant office de geôlier apporta une montagne de couvertures pour la nuit. Il n'y avait pas de lit de camp dans la geôle. Par contre, elle était équipée de moustiquaires.

Le même soldat apporta ensuite le repas du soir et les escorta aux toilettes.

Bien qu'un peu démoralisés par la douche froide qu'ils venaient de subir, les deux Alsaciens n'abandonnèrent pas tout espoir et finirent par s'endormir.

Le lendemain matin, on les fit sortir de bonne heure du cachot, on les ramena à leur chambre où ils purent prendre leurs affaires et on les escorta jusqu'à un camion qui attendait dans la cour de l'immeuble. Sur la banquette, ils virent un camarade lorrain qui venait lui aussi d'être débusqué.

Walter et Knecht apprirent plus tard que tout le reste du groupe d'Alsaciens-Lorrains qui s'était formé au cours de la retraite parvint sans encombre au centre de rapatriement de Naples... grâce à leur discrétion. Ils leur devaient une fière chandelle.

Contrairement à Walter et à Knecht qui avaient révélé leur véritable identité en arrivant à Foggia, Paul Reiner, le troisième des Alsaciens qui restait de la batterie de Rann, avait joué son va-tout en indiquant sans sourciller son numéro matricule qu'il avait dans la Flak. Pourtant, un matricule de la Wehrmacht différait sensiblement d'un matricule de l'armée française. mais le culot est parfois payant.

Walter et Knecht firent donc en camion les 110 kilomètres qui séparent Foggia d'une petite ville dénommée Grumo. Là, ils furent orientés vers des bâtiments qui, extérieurement, semblaient faire partie d'un ensemble sportif.

Mais une fois le portail franchi, la vision des clôtures de fil de fer barbelé hautes d'au moins trois mètres les fixèrent rapidement sur la nature du lieu où les Anglais les avaient transférés, et leur enlevait le dernier espoir que cela pouvait être un centre de passage pour Alsaciens-Lorrains.

Ainsi, le 25 mai, dix-sept jours après l'armistice et un parcours de plus de mille kilomètres depuis la Yougoslavie, ils se trouvèrent en captivité... pour avoir manqué de circonspection et surtout de débrouillardise à Foggia.

Le premier souci des maîtres du lieu fut de les faire épouiller au moyen d'une petite machine aux allures de locomotive et fonctionnant au fuel.

Deux soldats fouillèrent leurs affaires et mirent à part les objets qu'il convenait de retirer à un prisonnier.

Walter et Knecht durent céder couteau, ciseaux, argent et, comme le leur expliqua un officier, tout objet susceptible de blesser ou ayant appartenu à la Wehrmacht.

Walter se vit délesté de son couteau, de 180 Marks, de quatre douilles de 12,7 récupérées sur le Lightning abattu près de Rann, des lunettes pare-soleil utilisées à la Flak et de sa boussole. Pour cette dernière, Walter se hasarda à préciser que c'était sa propriété personnelle, à quoi l'officier répondit avec un petit sourire: « Que voulez-vous faire avec une boussole dans un camp de prisonniers ? »

Le camp était divisé en plusieurs parcelles séparées les unes des autres par des clôtures de fil de fer barbelé et des chemins de ronde.

Un soldat emmena Walter et Knecht dans la première parcelle et leur désigna une tente où ils trouvèrent quelques Alsaciens et Lorrains déjà installés depuis un certain temps. Grouper les prisonniers par nationalité était apparemment une règle que les Anglais appliquaient dans la mesure du possible en évitant rigoureusement tout mélange avec les Allemands. Ceux-ci, sous la férule d'un adjudant-chef, étaient parqués dans la parcelle la plus proche de celle des Alsaciens. Ils étaient les seuls astreints au travail et quittaient tous les matins le camp pour ne revenir que le soir.

Une dernière parcelle était occupée par des Autrichiens et des Croates. L'organisation intérieure de cet enclos était à charge des Croates.

A part les affaires personnelles qu'on leur avait laissées, ils eurent droit à deux couvertures, une toile de tente pour dormir et à une gamelle pour la nourriture.

Les repas n'avaient rien de comparable avec ceux des camps précédents.

Walter se souvient encore avec étonnement de cet Autrichien qui présentait trente-deux points d'impact de balles dans le dos et les fesses. Intrigué, Walter l'avait interrogé sur l'origine de ses blessures. Il lui répondit qu'il avait été atteint, un jour qu'il fuyait, par les balles de mitrailleuse d'un char anglais. mais les balles, à bout de course, ne lui avaient occasionné que des blessures superficielles.

Un Luxembourgeois, joyeux luron, vint également se joindre au groupe des Français.

Soucieux du moral de leurs prisonniers, les Anglais leur avaient distribué des cartes à jouer et des livres en français.

Les journées se passaient à jouer à la belote, à lire, à raconter des histoires de guerre ou de femmes.

Le vendredi était jour de douche. De temps à autre, celui qui le désirait pouvait assister à un service religieux.

Une lame de rasoir était attribuée par semaine à chaque prisonnier. Cela était manifestement trop peu pour les barbes fortes. Aussi Walter leur cédait-il volontiers la sienne, car pour éliminer le duvet disgracieux qui se formait sur son menton de 16 ans, sa propre réserve suffisait amplement.

Des coiffeurs allemands passaient dans le camp pour couper les cheveux à ceux qui le désiraient. Respect de la personne humaine obligeait : la coupe était normale, pas de rasage de crâne.

Les lieux d'aisance, remarquables par leur conception, étaient entretenus de façon irréprochable. Sous une tente, à l'abri des regards, une rangée de chaudrons étaient disposés sous des sièges munis des trous conventionnels. Des Croates de « corvée de chiotte » veillaient continuellement à la propreté des lieux, vidaient journellement les chaudrons munis de poignées, les rinçaient au jet d'eau et les remettaient en place.

Walter se promenait parfois le long de la clôture, cherchant dans le regard des sentinelles à l'extérieur un peu de sympathie. « What age ? » lui demande un jour l'un d'eux. Un autre jour, un garde alluma une cigarette et la lui lança à travers les barbelés.

Le 8 juillet, on annonça aux prisonniers leur départ du camp de Grumo dans les 24 heures. Rien de ce qu'on leur avait pris ne leur fut restitué, sauf l'argent. Toutefois, on ne rendit à Walter que 150 Marks sur les 180 qu'il avait en arrivant. Ils furent transférés en train au camp d'Accera, à vingt kilomètres de Naples.

Le 16 juillet, deux militaires français pénétrèrent dans le camp. La rencontre avec ce lieutenant et ce sergent à l'accent alsacien ne fut pas particulièrement chaleureuse. mais à la question « Quand serons-nous libérés ? » ils répondirent : « Demain on viendra vous chercher. »

Et le lendemain à 13 heures ils étaient là. Un GMC attendait quelque part dans le camp.

Après 54 jours de captivité, les « coffrés » de Foggia étaient libres.

Dans un faubourg de Naples, l'armée française avait établi dans une école un centre destiné essentiellement au rapatriement des Alsaciens-Lorrains libérés peu à peu des camps de prisonniers en Italie.

Pas de comité d'accueil mais, à la place, un festin.

Après un séjour libre à Naples, sept cents hommes furent transférés vers le 8 ou 9 août sur le croiseur Duguey-Trouin qui les amena à Marseille le 10 août.

Après un court séjour au camp Sainte-Marguerite à Marseille et un passage au centre de démobilisation de Châlon sur Saône, André Walter et Pierre Knecht rentrèrent en Alsace le 20 août 1945.

A son retour, André Walter avait 16 ans et 10 mois. Son périple avait duré 18 mois.

CHAPITRE XXV

Le dernier combat

Il restait cependant aux *LwHelfer* un dernier combat à livrer.

Les témoignages relatés dans les chapitres précédents montrent à l'évidence ce qu'était un *LwHelfer* et qu'il ressemblait plus à un soldat qu'à un plombier-zingueur.

Alors que les *LwHelfer* allemands avaient reçu satisfaction depuis 25 ans et plus, les *LwHelfer* français, lorsqu'ils voulurent faire valider les droits découlant de leur incorporation dans l'armée allemande, se heurtèrent non seulement à l'incompréhension, mais à une vive opposition de la part de toutes les instances auxquelles ils s'adressèrent.

Et pour certains, cela durait depuis 1948.

On chercha à les évincer par tous les moyens et pour tous les motifs possibles. Progressivement s'engagea un litige qui s'étira sur plus de trois décennies et dont la phase aigüe dura de 1979 à 1985.

La première objection fut la suivante: « Aucune armée au monde ne recrute des gens de moins de 17 ans révolus, même volontaires. Alors vous, avec vos 15 ou 16 ans... ne nous faites pas rigoler! »

Cela fut asséné avec le ton que devait utiliser jadis l'envoyé du Tsar quand il signifiait au petit peuple un ukase impérial et, bien sûr, sans vérification préalable.

On essayait de nous présenter comme des tricheurs et de nous culpabiliser.

Il est vrai qu'il peut être difficile d'imaginer que les dirigeants d'un pays rabaissent l'âge de la chair à canon au point d'aller la chercher sur les bancs de l'école, tout simplement pour pouvoir rester en place quelques mois de plus. Il est vrai également que, depuis 1943, on a fait mieux. mais c'était en Iran, en Afrique, en Amérique Centrale, à 5 000 ou 8 000 km d'ici. Prétendre que pareille mésaventure soit arrivée quarante ans plus tôt à de jeunes Français ne pouvait évidemment relever que de l'affabulation.

Mais ignorance n'est pas péché.

Les *LwHelfer* ne demandèrent pas mieux que d'éclairer la lanterne de l'administration.

Quelque chose paraissait cependant faussé. On ne nous crut point et même, semblait-il, on ne voulut pas nous croire.

Dans les années soixante, des anciens de la Flak s'adressèrent à un des organismes s'occupant d'anciens combattants avec l'espoir d'obtenir aide et conseil sur les démarches à suivre pour aboutir à une reconnaissance de leurs droits. Le responsable qui les reçut voulut bien les inscrire comme membres en précisant la cotisation à payer et fit quelques promesses aussi vagues que polies, sans plus.

Et pendant plus de vingt ans, il ne se passa rien.

En 1980, au cours d'une réunion à laquelle j'ai moi-même assisté, un pense-petit mit beaucoup de conviction à essayer de nous faire croire que les Allemands eux-mêmes n'avaient pas reconnu leurs *LwHelfer* comme combattants.

Il ignorait la situation en Allemagne ou essayait délibérément de nous abuser.

La réalité était que dans leur livre « *Feuer frei, Kinder* » [18] paru en 1984, les auteurs, des *LwHelfer* sarrois, nous plaignaient en disant (page 28) qu'arrivés à l'âge de 55 ou 56 ans les *LwHelfer* mosellans incorporés avec eux en Sarre durant les années 1943 et 1944 en étaient encore à mendier leur carte de combattant auprès du gouvernement français.

Bref, jusqu'en 1983, tous les ministres des Anciens Combattants, mal informés et mal conseillés par leur entourage, ont, soit volontairement ignoré les revendications des *LwHelfer*, soit cherché à les évincer en les orientant sur des voies de garage.

C'est ainsi qu'un ministre, résolument décidé à ignorer ce qu'avaient été les *LwHelfer* mais soucieux de se débarrasser de ces importuns, a voulu en faire des personnes contraintes au travail en territoire ennemi.

Cela incita par la suite le vice-président des anciens *LwHelfer* de Moselle à écrire au ministre des A.C. pour lui demander, avec toute la courtoisie requise, comment il nomme un travail qui consiste à faire des trous dans des avions en vol à l'aide d'un outil appelé canon et diffusant des obus.

La réponse se fit attendre.

Curieux travail, en vérité, que celui qui consiste à tirer sur des bombardiers et se faire arroser en retour par les mitrailleuses des chasseurs alliés, et cela pour une solde journalière de 50 Pfennigs !

Le ministre en question était particulièrement bien placé pour se documenter objectivement s'il l'avait voulu. Il préféra écouter un seul son de cloche, celui émis par ses conseillers [19].

La réalité était pourtant limpide :

— Les *LwHelfer* avaient été incorporés directement dans la *Wehrmacht* et non dans une quelconque formation paramilitaire et encore moins dans la défense passive

---

18. « Feu à volonté, les enfants »

19. Il est étonnant de constater combien les légendes que l'on a pu répandre intentionnellement ou par ignorance sur les *LwHelfer* ont la vie dure. C'est ainsi que l'on peut lire dans un livre sur la situation de l'Alsace durant la guerre, paru en octobre 1988 — donc trois ans après leur reconnaissance officielle d'incorporés de force dans la *Wehrmacht* — que les *LwHelfer* avaient été des auxiliaires de la défense passive qu'on avait utilisés à Strasbourg et à Karlsruhe pour « aider » à manœuvrer des canons de 88. Après les travailleurs en territoire ennemi, voici les pompiers.

— Ils étaient placés sous le commandement direct d'officiers et de sous-officiers de la Luftwaffe

— Ils portaient l'uniforme de la Luftwaffe

— Ils desservaient des canons de DCA de tous les types en usage dans l'armée allemande

— Ils étaient dotés d'une plaque d'identification de la *Wehrmacht* sur laquelle la lettre B indiquait qu'ils étaient *LwHelfer*

— Ils touchaient une solde comme tout soldat et non pas un salaire

— Ils étaient soumis à la juridiction militaire

— Enfin, et cela était capital, les nazis eux-mêmes, lors de la création des *Luftwaffenhelfer*, se demandèrent pendant un moment s'ils n'étaient pas en train de faire des « partisans » compte tenu du jeune âge des intéressés et du camouflage qui accompagnait l'opération.

Ils demandèrent l'avis du directeur de l'Institut de Droit International Public de Berlin, le professeur Bruns qui, dès 1943, a notamment donné la réponse suivante :

« Les *Luftwaffenhelfer* sont affectés par petits groupes à des unités de l'armée allemande. Ils participent aux combats dans lesquels sont engagées les unités auxquelles les *LwHelfer* sont affectés. Pour l'ennemi qui combat ces unités, ils sont en conséquence des membres de l'armée allemande et participent à ce titre aux obligations et aux droits des combattants prévus par le droit international.

Les particularités qui leur ont été attribuées dans le droit militaire allemand ne changent en rien leur situation au regard du Droit International Public. L'uniforme du *Luftwaffenhelfer* à lui seul correspond aux prescriptions internationales règlementant la guerre et confère à leur porteur la qualité de combattant régulier qui est à respecter par l'adversaire. »

Mais, malgré les preuves de plus en plus nombreuses apportées par les *LwHelfer*, l'administration s'enferma dans son obstination. Si bien que les anciens de la Flak s'aperçurent bien vite que l'ignorance de la situation n'était pas seule en cause.

L'administration cherchait tout simplement à enterrer le problème.

Survint sur le plan juridique l'arrêt Kocher qui permettait à une personne ayant appartenu à une formation paramilitaire d'obtenir la qualité d'incorporé de force dans la *Wehrmacht* à condition qu'elle ait fait partie d'une formation placée sous commandement militaire et que cette formation ait été unité combattante.

Mais vis-à-vis des *Flakhelfer*, l'administration ne joua pas le jeu, comme on va le voir à travers les affaires Schaeffer et Dub, et ce malgré une position constante des tribunaux. Elle ne voulut reconnaître aux *LwHelfer* ni l'incorporation dans une unité paramilitaire, ni celle, directement, dans la *Wehrmacht*.

Et pourtant, il n'y avait pas d'unités pures de *LwHelfer*. Ces derniers étaient mélangés aux militaires adultes comme le précise le professeur Bruns, dans des proportions allant de 60 à 70% de *Flakhelfer*. Les chefs des *LwHelfer* étaient les mêmes officiers et sous-officiers que ceux des soldats réguliers. Les unités dans lesquelles servaient les *LwHelfer* avaient la dénomination et la numérotation en vigueur dans l'armée allemande et ne se différenciaient en rien de celles où il n'y avait pas de *Flakhelfer*.

Mais à Paris, on continuait à nier l'évidence avec obstination.

Un problème de fond

Alex Schaeffer avait rassemblé une série de preuves irréfragables, comme on dit en jargon juridique, prouvant qu'il avait appartenu à une unité combattante stationnée à Metz où elle était affectée à la défense d'une usine fabriquant des pièces de bombardiers et de chasseurs, notamment des hélices.

Cette usine fut attaquée plusieurs fois à la bombe et par mitraillage, suscitant des interventions de la Flak. Le fait était notoirement connu à Metz.

Or, le ministre des A.C. de l'époque essaya d'abord de réfuter l'appartenance de Schaeffer à une unité combattante. Cette prétention ayant échoué devant les preuves fournies, le ministre n'a pas craint, dans un deuxième temps, de dire que si Schaeffer a bien fourni la preuve de son appartenance à une unité combattante, il n'a pas apporté celle qu'il a participé aux combats [20].

Or, parmi ces combats, il y avait entre autres celui relaté plus haut et qui a eu lieu le 27 mai 1944 où l'usine fut attaquée par une cinquantaine de bombardiers. Au cours des combats qui suivirent, l'unité de Schaeffer eut quatre morts et vingt blessés graves.

Si ce n'est pas là une unité combattante, on peut se demander ce qui en est une.

En somme, pour apporter la preuve de sa participation aux combats, Schaeffer aurait dû se faire tuer.

Toujours est-il que l'administration s'appuya sur l'argumentation concoctée à Paris pour refuser la qualité d'incorporé de force à Schaeffer.

Un *LwHelfer* qui a des lettres a commenté cette décision en paraphrasant Giraudoux :

« Jamais poète n'a interprété la nature plus librement qu'un fonctionnaire la réalité ! »

Cela ressemble à s'y méprendre à de la mauvaise foi, mais cela n'en est pas. C'est une tournure d'esprit courante dans les administrations françaises où elle s'est installée au cours de longs siècles de pratique.

---

20. Voir jugement en annexe 5.

Courteline ! dirent certains *LwHelfer*.

Kafka ! renchérirent d'autres.

Je crois qu'il faut être un peu plus nuancé.

Chacun sait qu'en France l'Administration avec un grand A assure la pérennité de l'Etat, même lorsque des politiciens incapables ou incompétents le font vaciller.

Dans les ministères, les politiciens passent ; l'administration demeure. L'appareil administratif connaît tout, contrôle tout, organise tout, prodigue ses conseils aux ministres de passage qui, à l'occasion, savent se montrer reconnaissants. Et cela dure depuis plus de six siècles. Depuis Philippe le Bel pour être précis. Rien d'étonnant à ce que les méthodes de l'administration, ancrées dans une longue tradition, paraissent un peu vieillottes, c'est-à-dire autoritaires, alors que, de nos jours, on met volontiers l'accent sur le dialogue.

Fort heureusement, une évolution s'est amorcée depuis le début des années 80 et il faut se garder de généraliser.

Il suffit de trouver dans l'appareil politico-administratif un ou deux hommes — ministre ou haut fonctionnaire — qui acceptent la négociation pour que tout change. La suite montrera la justesse de cette façon de voir.

Encore n'est-il parfois pas simple d'amener au dialogue des hommes qui s'identifient volontiers avec l'Etat et prétendent défendre ses intérêts.

Dans le cas des *LwHelfer*, le camouflage qui avait couvert l'opération avait assez bien fonctionné et il n'est pas étonnant si, en France, politiciens et fonctionnaires se soient laissés abuser. Très peu étaient informés du problème et les quelques rares qui l'étaient s'en souciaient comme d'une guigne.

Par ailleurs, accepter le dialogue, c'est aussi accepter éventuellement de se remettre en cause et cela peut être pénible.

Il peut, en effet, être dérangeant de devoir admettre que, parmi les conséquences de l'annexion de l'Alsace et de la Moselle par les Allemands en 1940, il y avait celle qui a contraint — illégalement et par d'odieuses mesures de coercition — des adolescents français, presque des enfants, à combattre les Alliés de la France, de tirer sur leurs avions et parfois de les abattre ou de se faire tuer par eux sans que quiconque ne bouge le petit doigt.

C'est là que l'on touche au kafkaïen. Ce qui était absurde, c'était la situation des *LwHelfer* et l'administration ne la comprenait pas, ne pouvait pas et ne voulait pas la comprendre.

Nous dérangions. L'administration refoulait.

Il était moins dérangeant de considérer les *LwHelfer* en tant que personnes contraintes au travail en pays ennemi — comme ce fut le cas de dizaines de milliers de Français — que d'admettre que, par l'annexion, on avait pu faire de nous des enfants-soldats.

Quoi qu'il en soit, Courteline ou non, Kafka ou non, Schaeffer, lui, ne se posa pas de questions ontologiques et ne se laissa ni démonter, ni impressionner.

Sa devise semblait être « Plus entêté que moi, tu meurs. »

Il attaqua la décision ministérielle devant le tribunal administratif, qui l'annula [21].

Mais il eut des problèmes pour obtenir l'exécution du jugement. Le ministre fit appel devant le Conseil d'Etat, recherchant de son côté l'annulation du jugement. Son but semblait être d'intimider Schaeffer et de décourager d'éventuels émules.

Toutefois Schaeffer releva ce nouveau défi et s'organisa pour cette deuxième procédure.

Dans le mémoire produit au Conseil d'Etat, son avocat fit ressortir qu'il ne comprenait pas l'acharnement du ministre si ce n'est dans le but de chercher une mauvaise querelle à son client.

Et voilà qu'environ six mois après le pourvoi en Conseil d'Etat, l'avocat de Schaeffer lui téléphona pour lui dire que le ministre avait subitement décidé de renoncer au recours.

Que s'était-il passé?

Le ministre ou ses conseillers eurent vent de ce qu'après le tribunal administratif, le Conseil d'Etat allait, lui aussi, se prononcer en faveur de Schaeffer. Un jugement qui ferait jurisprudence et qui pourrait profiter aux autres *LwHelfer*. Cela, il fallait l'éviter, donc plutôt renoncer.

De plus en plus d'anciens de la *Flak* dont la demande de reconnaissance d'incorporé de force avait été rejetée, se tournaient vers les tribunaux pour obtenir satisfaction. Car, dans leur ensemble, les *LwHelfer* avaient dû admettre depuis un moment qu'ils n'avaient pas de compréhension à attendre et qu'en plus il ne fallait pas espérer une attitude impartiale et objective de la part de l'administration, prisonnière de règlements qui la paralysent et d'une façon de voir les choses qui l'aveugle.

Une fois encore, les anciens *LwHelfer* décidèrent d'intensifier leur travail d'information et de documentation.

Ils se groupèrent en association pour coordonner leurs efforts en vue d'apporter à l'administration un argument contre lequel elle n'aurait pas de parade.

Il fallait une preuve inattaquable, la vérité brute, indiscutable.

Ce fut le Dr. Claude Oberlé qui eut la bonne idée. Sur sa suggestion, l'association des anciens *Luftwaffenhelfer* demanda au service des archives de l'armée allemande de Fribourg de bien vouloir procéder à une étude détaillée précisant la situation des *LwHelfer* pendant la seconde guerre mondiale, et plus particulièrement celle des *LwHelfer* alsaciens et mosellans.

Pendant que Fribourg travaillait sur la question, un autre de nos camarades, René Dub, monta au créneau. Toujours aussi rigide, l'administration chercha à l'éconduire.

---

21. Voir jugement en annexe 5.

Les *LwHelfer* auraient été l'équivalent de chantiers de jeunesse et n'ouvraient pas de droits militaires mais, à la rigueur, ceux attachés au travail obligatoire.

Instruit par l'expérience de Schaeffer, Dub se montra aussi obstiné que l'administration.

Il apporta la preuve de son appartenance à une unité combattante sous commandement militaire dont il s'évada [22], et curieusement, ce qui est en général considéré comme une action d'éclat — l'évasion de l'armée allemande — devint dans le cas de Dub prétexte pour rejeter la demande de reconnaissance d'incorporé de force avec le motif que, pendant qu'il était en situation de désertion, il n'avait pas participé aux combats.

Mais ce qui commençait à être grave — cela ressort du jugement [23] et du mémoire produit au tribunal — c'est que d'importantes pièces relatives à l'incorporation de Dub disparurent du dossier et l'administration, du moins dans un premier temps, refusa à Dub l'accès à celui-ci pour en vérifier le contenu. Le débat prenait une tournure passionnelle et l'objectivité recevait un rude coup.

Dub fut gratifié d'un rejet, une fois encore annulé par le tribunal administratif.

Ne voulant plus se pourvoir en Conseil d'Etat, et pour cause, le ministre demanda cette fois un sursis à l'exécution du jugement, ce que le tribunal n'accorda pas.

Pour la première fois, dans ce jugement, il est aussi fait état d'une lettre ministérielle selon laquelle l'incorporation de force dans l'armée allemande pourrait être reconnue aux *LwHelfer*.

Apparemment, le ministre s'était rendu compte que les conseils qui lui avaient été prodigués en la matière n'étaient pas forcément tous bons.

Son attitude changea. Le moment du dialogue approchait.

Effectivement, pendant que Schaeffer et Dub et quelques autres encore croisaient le fer avec l'administration, portant une première brèche dans son système d'opposition aux *LwHelfer*, le *Wehrgeschichtliches Forschungsamt* de Fribourg avait mis la dernière main à l'étude que l'association lui avait demandée.

Une étude du service historique de l'armée allemande

Le document qu'il nous adressa nous fournit enfin ce que nous cherchions : la preuve incontestable de notre incorporation de force dans la Wehrmacht et de la participation aux combats.

---

22. Voir jugement en annexe 6.
23. Voir jugement en annexe 6.

Après un exposé des conditions juridiques dans lesquelles s'est faite l'incorporation et l'application pratique qui est résultée des dispositions légales, l'étude conclut en ces termes :

Au vu des lois et décrets cités ci-dessus, il est clairement prouvé que

1) Les auxiliaires alsaciens-lorrains de la *Luftwaffe* étaient engagés dans des combats pour la défense de l'espace aérien de l'ancien Reich allemand ainsi que de celui des territoires occupés par les troupes allemandes.

2) Les auxiliaires alsaciens-lorrains de la *Luftwaffe*, pour ce qui relève du domaine militaire, se trouvaient placés exclusivement sous les ordres d'officiers, de sous-officiers et de fonctionnaires de l'armée appartenant à la *Luftwaffe*, ce qui signifie qu'ils relevaient de la *Wehrmacht*.

3) Les auxiliaires alsaciens-lorrains de la *Luftwaffe* étaient soumis aux dispositions de la loi sur le service militaire du code de procédure pénale militaire, de la loi sur l'assistance et la prévoyance en vigueur dans la *Wehrmacht*, de la même loi relative aux militaires engagés dans les combats ainsi que de la loi sur l'entretien des troupes.

4) Les auxiliaires alsaciens-lorrains de la *Luftwaffe* étaient soumis aux dispositions et aux ordres du commandant en chef de la *Luftwaffe*.

5) Les auxiliaires alsaciens-lorrains de la *Luftwaffe* étaient engagés dans des batteries de défense antiaérienne se trouvant sous les ordres du commandant en chef de la *Luftwaffe* et faisaient partie d'unités combattantes ayant participé à des engagements durant la seconde guerre mondiale.

          Cachet rond du service des Recherches
          Historiques de l'Armée
          Signé :
          Hauptmann Schœnherr

Les plus jeunes « Malgré-nous » de la guerre

Voilà définie sans équivoque par l'armée allemande elle-même la situation des 1 500 à 1 700 *LwHelfer* qu'on avait d'abord et pendant longtemps voulu évincer, dont on avait ensuite voulu faire des personnes contraintes au travail et qui finalement s'étaient avérés être les plus jeunes Malgré-Nous de la seconde guerre mondiale.

Cette étude fut transmise par le comité de l'association des anciens *Luftwaffenhelfer* à M. Jean Laurain, alors Secrétaire d'Etat aux Anciens Combattants qui, enfin, accepta d'examiner le dossier avec l'objectivité souhaitée depuis des décennies.

Il s'engagea dans la voie du dialogue, non sans avoir fait vérifier au préalable par l'intermédiaire du Ministre des Affaires Etrangères l'exactitude et l'origine de l'étude de Fribourg.

Cela fait, il entreprit l'étude du dossier sur des bases nouvelles, malgré un vent contraire dont les *LwHelfer* percevaient le souffle jusque dans leurs départements de l'Est.

Mais, devant l'accumulation des preuves militaires, juridiques et historiques, force lui fut d'admettre que ces jeunes en culottes courtes qu'on appelait des «*Luftwaffenhelfer*», c'est-à-dire des «auxiliaires de l'armée de l'air» avaient été en réalité des combattants et avaient droit au statut d'incorporés de force dans la *Wehrmacht*.

Le règlement définitif de la question resta toutefois encore en suspens. Le vent contraire avait encore des sursauts.

M. Laurain accepta de rencontrer les membres du comité des *LwHelfer* le 3 février 1985 à Colmar. Au cours de l'entretien, et suite aux ultimes arguments du président Emile Zippert et de son adjoint Gaston Wira, le ministre accepta le fait que les *LwHelfer* n'ont jamais été des «paramilitaires» mais des militaires ayant toujours appartenu à la *Wehrmacht*.

Effectivement, le 19 avril suivant, le Secrétaire d'Etat aux Anciens Combattants annonça publiquement à Strasbourg que les *LwHelfer* allaient désormais avoir droit à la qualité d'incorporés de force dans la *Wehrmacht* et à la carte de combattant.

Mais les choses traînèrent.

Sans doute une dernière bourrasque hostile poussa-t-elle la circulaire d'application dans une mauvaise direction car, une fois signée, elle mit presque trois mois pour venir de Paris à Strasbourg et Metz.

Il fallut entretemps encore l'intervention de nombreux élus de la région tels que MM. Bockel, Kœhl, Durr, Weisenhorn, Gissinger et d'autres qui avaient été sensibilisés au problème des *Flakhelfer*.

C'est finalement le 5 octobre 1985 à l'occasion de l'assemblée générale des anciens *LwHelfer* que M. Claude Krantz, directeur interdépartemental des A.C. d'Alsace — dont il faut souligner au passage l'attitude coopérative et l'ouverture au dialogue — M. Krantz donc put annoncer que la partie était gagnée pour les *Luftwaffenhelfer*.

Si, dans cette affaire, on peut rendre hommage à la probité de M. Jean Laurain qui, malgré de nombreux écueils et contrairement à ses prédécesseurs, a voulu et a su mener ce long litige à une heureuse conclusion, il faut aussi saluer la ténacité et le dévouement des trois principaux artisans de ce succès :

— Emile Zippert, Président de l'Association des Anciens *Luftwaffenhelfer*

— Gaston Wira, Vice-Président des Anciens *Luftwaffenhelfer* d'Alsace

— Louis Gabriel, Vice-Président des Anciens *Luftwaffenhelfer* de Moselle.

CHAPITRE XXVI

Par le petit bout de la lorgnette

Selon que l'on regarde par l'un ou l'autre bout de la lorgnette, la guerre présente des aspects très différents. Vue par le petit bout de l'instrument, on voit l'homme en gros plan, un aspect qui intéresse peu les chefs de guerre. Eux ne voient que bataillons, régiments, batteries, escadres ou divisions. L'homme ne les intéresse que médiocrement, dans la mesure où il est un pion dont la meilleure utilisation est le gambit bien connu des joueurs d'échec.

Dans un livre sur la guerre, il est inévitable que l'on parle de combats. Tout en plaçant le *Luftwaffenhelfer* dans son cadre, j'ai surtout essayé de le montrer vu à travers le petit bout de la lorgnette, avec ses états d'âme d'adolescent de 16 ans, ses colères face à l'inévitable, ses révoltes parce qu'on l'a contraint, d'une manière odieuse, à se battre pour une cause qui n'était pas la sienne, son horreur d'avoir été plongé prématurément et sans ménagement dans un monde absurde, un monde d'incapables, de névrosés, de criminels. Mais aussi avec son humour et la ténacité propre à sa jeunesse, qui lui permirent de triompher de beaucoup d'obstacles.

Dans les écrits allemands sur les *LwHelfer*, les auteurs, tout en reconnaissant le caractère abusif et éhonté de l'emploi de collégiens comme canonniers de la *Flak*, se posent deux questions :
— L'incorporation des *LwHelfer* à la *Flak* a-t-elle servi à quelque chose ?
— Comment les *LwHelfer* ont-ils accepté leur mobilisation ?

Les auteurs concluent que l'action des *LwHelfer allemands* a été au moins aussi efficace que celle des artilleurs adultes qu'ils remplaçaient. Ils font parfois état de témoignages de chefs de batteries disant qu'ils étaient plus efficaces que les adultes et qu'ils combattaient avec plus d'allant. Cela est possible. Je dirais dans un instant pourquoi. Mais je crois aussi que ces propos de chefs étaient empreints d'une part de démagogie destinée à stimuler les *LwHelfer*.

Quoi qu'il en soit, l'efficacité est incontestable puisque le général Arnold, qui commandait la 8e et la 15e Air Force, les deux flottes américaines opérant en Europe, reconnaît tout à fait officiellement que, du 1er janvier 1944 au 30 juin 1944, période pendant laquelle 45 % de la Flak allemande était à la charge des *LwHelfer*, 1 570 bombardiers sur un effectif de 4 100 ont été abattus ou rendus inutilisables par la *Flak* seule.

Ce chiffre de destruction n'aurait certainement pas été atteint si la *Flak* avait compté les 120 000 artilleurs en moins que Hitler avait retirés.

Quand le général Zenetti écrit aux parents des *LwHelfer* en précisant que la *Flak* ne peut plus se concevoir sans les *LwHelfer*, c'est cela qu'il voulait dire car, courant 1944, le nombre de batteries en service pour la protection du territoire allemand passa de 2 042 à 3 481, dont 2 170 batteries lourdes et 1 311 batteries légères.

Mais en ce qui concerne la guerre elle-même, l'intervention des *LwHelfer* n'a strictement servi à rien face à une supériorité en nombre écrasante de l'aviation alliée, permettant de compenser les pertes avec facilité.

Quant à leur sort, les *LwHelfer* allemands l'ont accepté, sinon de gaieté de cœur, du moins avec un certain stoïcisme et sans trop renâcler. Le thème qui revenait le plus souvent dans leurs propos, c'est la révolte contre les bombardements nocturnes pratiqués par les Anglais qui, nuit après nuit, arrosaient leurs villes de centaines de milliers de bombes incendiaires dans le but de semer la terreur et de saper le moral de la population civile.

Être *LwHelfer* était souvent pour les Allemands un moyen de contribuer à la défense de leurs villes, de leurs maisons, de leurs parents, frères ou sœurs.

Ce problème ne se posait pas pour nous. Les villes mosellanes et alsaciennes n'étaient pas systématiquement bombardées. Les Alliés recherchaient des cibles stratégiques militaires et industrielles et, à part quelques « bavures », des « erreurs de largage » comme on a bien voulu dire et dont Strasbourg est un exemple, le nombre de victimes parmi la population civile de nos départements n'avait rien de comparable à l'hécatombe que subissait la population civile allemande.

Metz a eu moins de 300 morts, Mulhouse autant et Strasbourg environ un millier. Et même si, comme à Sarreguemines, il y a eu quelque cinq à six cents victimes, nous n'avions pas, en principe, à protéger nos parents contre les bombes alliées, mais nous avions à les préserver contre un autre péril : la police nazie.

Les *LwHelfer* mosellans et alsaciens qui ont été amenés à revêtir l'uniforme allemand l'ont fait pour écarter un danger constant qui planait sur la tête de leurs parents.

Pour ce qui est des avions abattus, ils l'ont été parfois malgré nous (sans jeu de mots). Certaines anecdotes relatées plus haut le confirment, car les données sur l'altitude, la vitesse et le cap étaient introduites automatiquement dans les canons, du moins dans les pièces lourdes. Les *LwHelfer* ne faisaient que charger et déclencher le tir. Peu nous importait si le coup allait à côté. Et s'il portait, nous n'y étions pour rien.

Au combat, l'imbrication de l'action des officiers, des militaires allemands, des *LwHelfer* allemands, des Alsaciens ou Mosellans était telle qu'il était exceptionnel qu'une intervention ou action individuelle soit possible.

Certains *LwHelfer* de la *Flak* légère m'ont dit qu'ils étaient convenus entre eux de faire tout leur possible pour ne pas abattre un avion allié.

Le peu d'ardeur que manifestaient les *LwHelfer* alsaciens a d'ailleurs incité certains chefs de batterie à se plaindre et le 3 décembre 1943, le Gauleiter Wagner écrivit au Grand Quartier Général pour préconiser de mélanger les Alsaciens avec les Allemands pour plus d'émulation. Quant au Gauleiter Burckel, il avait pris les devants et dès avant leur incorporation, Gœring lui avait donné le feu vert pour l'utilisation des *LwHelfer* mosellans en Sarre et au Palatinat. (Voir annexe)

Il y a encore une autre différence fondamentale entre les *LwHelfer* allemands et nous. Je disais plus haut que les chefs d'unités faisaient l'éloge des *LwHelfer* allemands et il est probable que les jeunes, du moins au début, faisaient preuve de plus d'allant que les anciens.

Ces jeunes avaient 5 ou 6 ans lorsque les nazis prirent le pouvoir en 1933. Pendant dix ans, ils avaient été soumis au martelage de leur propagande, ce qui n'a pas manqué d'influencer la majorité d'entre eux.

Nous avions, de notre côté, pu garder notre libre arbitre, du moins celui que l'on peut acquérir à cet âge-là, et nous voyions les choses d'un autre œil.

Il a fallu attendre la phase finale de la guerre pour que les *LwHelfer* allemands se rendent réellement compte de l'énorme faute commise par les dirigeants nazis.

Dans leur élan pour défendre leurs familles contre les bombes alliées, ils avaient oublié que ce sont les Allemands eux-mêmes qui avaient commencé la guerre des bombes contre les civils : la destruction de Varsovie ville ouverte, le bombardement de Rotterdam où tout le vieux quartier fut détruit, faisant 900 morts bien que l'attaque eut été stoppée en cours d'exécution, puis Coventry, Londres, le « Blitz » qui fit plus de 20 000 morts civils. Ce furent-là une succession d'erreurs fatales des dirigeants nazis qui, à ce moment-là, étaient incapables d'imaginer l'ampleur de la riposte dont les Alliés seraient capables, riposte qui s'appela Cologne, Hambourg, Dresde, Pforzheim etc, etc. et qui coûta la vie à 600 000 civils.

Après avoir semé le vent, les nazis récoltaient la tempête.

Prendre alors des élèves de seconde pour tenter d'arrêter les vagues de bombardiers n'est rien moins que criminel.

Lorsqu'en 1984 un certain Khomeiny fit quelque chose d'analogue, le monde entier ou presque le montra du doigt. En 1943, on ne s'en aperçut même pas.

Les *LwHelfer* ont ainsi été les victimes des erreurs et de la folie meurtrière des dirigeants allemands.

Le malheur voulut que parmi eux se soient trouvés plus de 1500 Alsaciens et Mosellans.

Au cours de mon enquête, j'ai souvent posé aux camarades la question de savoir comment ils ont vécu leur incorporation dans la *Flak* et ce qu'ils en pensent 45 ans plus tard.

La réaction générale à réception de l'ordre de mobilisation fut la consternation et la surprise douloureuse pour nous qui espérions pouvoir rester hors de la mêlée sanglante du fait de notre jeune âge.

Encore ne savions-nous pas tout au départ. Avant l'incorporation, certains crurent un court instant que, comme le nom que l'on nous donnait l'indiquait, il s'agissait d'un service réellement auxiliaire et non de remplacer 120 000 artilleurs adultes puisque la lettre d'accompagnement disait hypocritement : « En fonction des possibilités de chacun ».

Il y avait bien ici ou là des rumeurs qui circulaient selon lesquelles nous devrions être affectés à l'approvisionnement des avions en carburant et en munitions. Fichaises : ce fut tout de suite et définitivement le canon.

Une fois sur place et lorsque nous fumes fixés sur ce que l'on attendait de nous, chacun vécut les évènements selon sa maturité et selon son tempérament.

Joseph Rumpler réagit comme s'il avait été piqué par une tarentule et chercha à s'évader le jour même avec le triste résultat relaté plus haut.

Quelques autres tentatives déclenchèrent de violentes réactions de la part des Allemands qui s'appliquèrent à étouffer toute velléité d'évasion avec la notion — inconnue de nous il faut le souligner — de « *Sippenhaft* » laquelle incluait la responsabilité des parents et des mesures punitives contre ceux-ci.

Il ne restait plus aux *LwHelfer* alsaciens et mosellans qu'à ruminer leur déconvenue ou leur rancœur, et à se chercher des raisons de subir leur sort.

Un *LwHelfer* dont j'ai relaté l'histoire dit que, se voyant pris au piège, il vécut son aventure comme une sorte de western dont il était très friand avant la guerre. En somme, faute de mieux, il se faisait du cinéma pour tenir le coup.

Il y eut aussi quelques uns qui se laissèrent séduire par la mécanique et la manipulation des monstres de la technique guerrière. Pour eux, le canon devenait une sorte de prolongement du chemin de fer de leur enfance. Du moins le crurent-ils au début avant de se rendre compte que les règles du jeu étaient très différentes.

Quelques uns d'entre nous voyaient aussi dans la *Flak* — du moins au commencement — un moyen d'échapper à une scolarité fastidieuse où, entre deux cours, il fallait jouer au pompier, aider les paysans à rentrer les récoltes, chercher des plaquettes incendiaires lancées la nuit par les Anglais pour détruire ces mêmes récoltes, assister à des réunions politiques barbantes ou se défendre contre les officiers recruteurs qui parcouraient les classes à la recherche d'élèves officiers.

Puis vint la phase dure. On commençait à regretter l'enseignement, même fragmentaire. Les plus aventureux finirent, eux aussi, par se rendre compte que les bombes et les mitrailleuses tuaient vraiment et que les avions une fois passés, tous ne se relevaient pas. On demandait trop aux gamins que nous étions : le stress des attaques, le manque de sommeil, la nourriture déséquilibrée. Les chocs se multipliaient.

En général, après deux ou trois attaques, le moral commençait à être ébranlé, souvent la peur s'installait, insidieuse.

On subissait encore à cause des parents, mais on songeait de plus en plus souvent à la « belle ».

Au fur et à mesure que les Américains progressaient en France et que le risque pour les parents diminuait, une idée-force s'installa chez la plupart des *LwHelfer* : rentrer à tout prix et chercher à reprendre les études dès que possible.

D'où la masse des *LwHelfer* qui s'évadèrent entre juillet et décembre 1944. Même ceux de la classe 1927 qui devaient être démobilisés à cette époque, ne prirent plus la peine d'attendre leur libération car, après la *Flak*, le front russe les guettait.

D'où aussi la réaction des Allemands de transférer de nombreux *LwHelfer* vers le centre du pays où beaucoup de jeunes de la classe 1928 furent bloqués jusqu'à la fin de la guerre. L'Alsace et la Moselle étant déjà libérées, ils ne pouvaient plus rentrer.

Quant à savoir ce que les *LwHelfer* pensent de leur incorporation 45 ans plus tard, cela est simple : elle a fait d'un très grand nombre d'entre eux des pacifistes convaincus et à vie.

L'opinion d'un médecin semble refléter la pensée de beaucoup d'entre nous : « J'ai gardé de cette période — m'a-t-il dit — un profond sentiment de malaise empreint de négativisme. On tuait les jeunes, les bien-portants, les valides, et l'on conservait les malades, les vieillards et les impotents. C'était une sélection à l'envers dont seul l'homme est capable. Non seulement on ne se souciait pas de notre avenir, mais on nous tirait, nous les jeunes, comme des lapins. On affichait un mépris total de la vie. Pour moi, la période passée à la *Flak* se traduit par un mot : non-sens. »

Pour d'autres, l'histoire des *LwHelfer* présente une certaine analogie avec celle de ces lycéens qu'Erich Maria Remarque a contée dans son livre : « A l'Ouest, rien de nouveau ».

Il y a certes quelques différences, notamment le fait que Paul Bäumer et ses camarades de 1914 avaient 18 ans, alors que les *LwHelfer* de 1943 n'en avaient que 15 ou 16, le fait aussi que les personnages du livre de Remarque s'étaient fait travailler au corps par leurs professeurs et avaient fini par se porter volontaires pour le front.

En 1943, il n'y eut pas de volontaires. Le besoin en hommes était apparemment plus urgent et on a mis moins de formes pour recruter les lycéens. Les dirigeants nazis ne se sont pas donné la peine de rechercher les volontaires. On a incorporé les élèves d'office, par décret, les seuls arguments étant des menaces contre les parents d'éventuels récalcitrants.

Mais ceci mis à part, la trame du roman et celle de la réalité se superposent à 25 ans d'intervalle : à court d'hommes, on va chercher des élèves sur les bancs de l'école, on arrache à leurs études des enfants qui deviendront trop vite des hommes et dont certains mourront prématurément.

Erich Maria Remarque voulait montrer que la guerre n'était pas une aventure héroïque car la mort n'est pas une aventure pour ceux qui se sont trouvés face à elle. Son plaidoyer contre la guerre n'a pas été entendu et, 21 ans plus tard, tout recommença. La jeunesse paya à nouveau un lourd tribut.

Saint-Exupéry eut dit : combien de Mozart, combien de Pasteur, combien de Newton n'a-t-on pas assassinés en agissant de la sorte ?

Pour nous tous, les évènements de la guerre se sont déroulés entre 14 et 18 ans, c'est-à-dire à un âge où, selon les psychologues, le mental de l'adolescent est particulièrement malléable et garde profondément certaines empreintes du vécu. La nature l'a ainsi voulu pour fixer l'expérience qui doit faciliter la formation du futur homme.

Or, ces expériences furent une succession de chocs :

— choc de la percée allemande et de l'invasion de la France alors que l'on nous avait répété sur tous les tons que la ligne Maginot était imprenable

— choc de la défaite ultra rapide de la France et de l'armistice

— choc de l'annexion par le Reich de l'Alsace et de la Moselle et du changement de nationalité imposé en même temps à la population

— choc de l'incorporation prématurée dans la *Flak* et du port de l'uniforme allemand

— choc des bombardements et des combats

— choc des excès de fatigue et d'une nourriture déséquilibrée et insuffisante

— choc, après la guerre, de la culpabilisation que l'on fit parfois subir à certains Malgré-nous de tous âges.

Que l'on ait, pendant une certaine période, opposé la résistance des « autres Français » à la soumission des Malgré-nous paraît presque normal.

La France de l'après-guerre donnait l'impression d'être littéralement confite en résistance et, quand on nous submergait de questions telles que « Comment avez-vous pu accepter de porter l'uniforme allemand ? » ou « Pourquoi n'êtes-vous pas parti en France ? », ces gens mettaient, parfois sans méchanceté, par ignorance, le doigt sur une plaie sensible. Souvent, ces mêmes gens ne savaient pas ou oubliaient, que nous n'étions pas simplement occupés mais annexés et qu'on avait changé notre nationalité sans nous demander notre avis.

Quant à partir en France, que pouvait faire un jeune de 15 ou 16 ans seul dans un pays secoué alors par les convulsions consécutives aux évènements de 1940 ? Dans la moins mauvaise des perspectives, il risquait de finir au STO en Allemagne. Alors ?...

Il n'est pas rare qu'après la Libération, d'anciens *LwHelfer* durent se défendre contre leurs détracteurs en les menaçant de poursuites judiciaires, tel R.D. qu'un professeur avait traité de collaborateur devant toute la classe, parce qu'il avait été incorporé à la *Flak*.

De nombreux Malgré-nous avaient fini par développer un véritable sentiment de culpabilité car ni eux-mêmes, ni ceux qui leur posaient des questions ou leur faisaient des reproches, ne savaient à cette époque que les choses n'étaient, ni toutes blanches d'un côté, ni toutes noires de l'autre.

Progressivement, grâce à des historiens honnêtes et courageux, un autre éclairage est venu modifier l'aspect de la réalité et certains évènements sont apparus sous un jour plus objectif.

D'un autre côté, on apprit ici et là que les Malgré-nous n'étaient pas aussi amorphes et soumis que l'on avait voulu le croire dans un premier temps.

Et pour ne parler ici que des *LwHelfer*, il est bon que l'on sache que le sabotage du télémètre de sa batterie par le *LwHelfer* Bilger, âgé de 16 ans, le pillage de l'intendance de l'aérodrome de Metz-Frescaty par le 1er Zug de la 3/758e, l'enlèvement au nez et à la barbe de ses chefs du *LwHelfer* Tragus par son père à moto, la participation, avec des prisonniers polonais, à l'incendie d'un dépôt de munitions par le Malgré-nous évadé Raymond Freidinger, le refus par des *LwHelfer* du lycée de Mulhouse du Bac allemand qu'on leur proposait, la grève sur le tas du *LwHelfer* Lucien Freund qui arrêta de charger son canon, ou l'escamotage dans le Rhin de munitions par les *LwHelfer* de la 721e affectés à la défense du barrage de Kembs ; il est bon, dis-je, que l'on sache que de telles actions étaient courantes à la *Flak* où, dans un contexte quotidien de contrainte et de surveillance étroite, c'était la manière des *LwHelfer* alsaciens et mosellans de résister et de protester contre leur incorporation de force.

Mais les jeunes *LwHelfer* étaient avant tout malheureux. Malheureux parce qu'ils se sentaient perdus.

Malheureux parce que plongés dans une situation absurde.

Malheureux parce que la France, leur Patrie, avait subi la défaite de 40 et que ses dirigeants politiques et ses chefs militaires n'avaient pas pu empêcher l'Allemagne d'annexer l'Alsace et la Moselle.

Malheureux aussi parce qu'on a fait d'eux, en toute illégalité, des écoliers-soldats forcés à porter l'uniforme nazi et à combattre les Alliés de leur pays.

Raoul Martin l'exprime bien dans son journal quand il dit : « Quel mal ai-je fait pour subir un tel destin ? »

*
* *

Au terme de mon enquête, je suis arrivé à la conclusion que la rude bataille que les *Luftwaffenhelfer* durent livrer pendant des années pour obtenir le statut d'incorporés de force dans la Wehrmacht et les difficultés qu'ils rencontrèrent dans leur quête de la carte du combattant français ont eu un effet hautement positif.

Les *LwHelfer* aspiraient à la justice. Le fait qu'il se soit trouvé au gouvernement un homme qui a cherché à les comprendre, qui a accepté le dialogue avec eux et qui a satisfait cette aspiration en leur accordant le statut d'incorporés de force, a calmé une longue tension et levé un vieux malaise.

A mon avis, c'est là un des grands mérites de M. Jean Laurain.

Dans son excellent livre «Histoires vécues de la seconde guerre mondiale», l'historien Pierre Miquel, qui sait admirablement comprendre l'âme des peuples, dit :

> *« Il y a des souvenirs qui sont de mauvais souvenirs pour un peuple, ceux qui ne correspondent pas à l'image qu'il veut se donner de lui-même (...) des souvenirs qui gênent et qu'on refoule. »*

La période de 1940-1944 est pleine de mauvais souvenirs pour la France et pour l'Allemagne. L'histoire des *Luftwaffenhelfer* en fait partie. C'est pourquoi elle a été longtemps refoulée et camouflée.

Le fait qu'elle soit revenue à la surface à la faveur des récents démêlés des *LwHelfer* avec le ministère des Anciens Combattants a eu valeur de catharsis, c'est-à-dire de purification, donc d'apaisement.

Remerciements

L'auteur tient à exprimer ses remerciements à tous ceux qui ont bien voulu contribuer à la réalisation de ce livre, soit par leur aide, soit par la fourniture de documents.

Sa reconnaissance va en premier lieu à sa femme qui a peiné pour la mise en forme du livre.

Il remercie également pour l'aimable mise à disposition de photos et de documents : Gaston Wira, François Oulerich, Paul Mouzard, André Walter, Louis Gabriel, Gaston Landwerlin, Georges Schweizer, Alex Schaeffer, René Dub, Raoul Martin, F. Tretz, Albert Hartmann, Claude Oberlé, Martin Bertrand, Claude Simler, Jean Risacher, René Speiser, Georges Gachot, François Burrus, Henri Berntheisel, Marcel Staar, ancien Luftwaffenheffer luxembourgeois, ainsi que Gerd Schuster et Werner Eckel qui ont aimablement mis à disposition quelques photos relatives aux combats aériens de Sarrebruck où de nombreux Luftwaffenhelfer mosellans avaient été affectés.

Heranziehung von Schülern zum Kriegshilfseinsatz der deutschen Jugend in der Luftwaffe

An Herrn / Frau / Fräulein ....Mouzard....

in ....Saargemünd....

....Mustweilerstr. 6....

(als Erziehungsberechtigten des nachstehend genannten Schülers)*)

Die deutsche Jugend der höheren und mittleren Schulen wird dazu aufgerufen, in einer ihren Kräften entsprechenden Weise bei der Luftverteidigung des Vaterlandes mitzuwirken, wie dies in anderen Ländern schon lange geschieht. Schüler bestimmter Klassen der genannten Schulen sollen als Luftwaffenhelfer für Hilfsdienste bei der Luftwaffe eingesetzt werden.

Hierfür wird der Schüler ....Paul Mouzard...., geboren am ....26.3.1927.... der ....Kurt-Reppich-Ober-.... Schule in ....Saargemünd.... auf Grund der Notdienstverordnung vom 15. Oktober 1938 (Reichsgesetzbl. I S. 1441) bis auf weiteres zum langfristigen Notdienst herangezogen und der Luftwaffe zur Dienstleistung zugewiesen.

Er hat sich am ....15. September.... 1943 um ....8.... Uhr in seiner Schule zu melden. Der Einsatz erfolgt vorläufig am Schulort oder in dessen unmittelbarer Umgebung **).
außerhalb des Schulorts

Die Schüler werden geschlossen der Einsatzstelle zugeführt.

Dieser Heranziehungsbescheid ist mitzubringen***).

Die umstehenden »Anordnungen« sind genau zu beachten.

....Saargemünd...., den ....11. September.... 1943.
(Ort) (Datum)

Der Landrat
In Vertretung:

(Unterschrift des Polizei-Präsidenten, Polizei-Direktors, Oberbürgermeisters oder Landrats)

---

*) Bei Heimschülern, die im Heim wohnen, ist eine zweite Ausfertigung des Heranziehungsbescheids an den Leiter der Schule zu richten unter Streichung der eingeklammerten Zeile.

**) Nichtzutreffendes ist zu streichen. Als Einsatz außerhalb des Schulortes gilt jeder Einsatz, der außerhalb des Gemeindebezirkes des Schulortes bzw. weiter als eine Verkehrsstunde von der Schule entfernt erfolgt.

***) Bei Heimschülern ist auf der für den Erziehungsberechtigten bestimmten Ausfertigung des Heranziehungsbescheids diese Zeile zu streichen, da der Schulleiter diese Weisung für den Schüler erhält.

A. L'ordre de mobilisation du LwH était adressé à son représentant légal. (Doc. Mouzard)

PERSONALAUSWEIS NR. 111

für den Lw.-Helfer: Peter Soumann
(Vor- und Zuname)

geboren am: 18.2.27   zu: Sierck

Diensteintritt am: 16.I.44

Haar: d.bld   Augen: braun

Besondere Kennzeichen:
keine

Peter Souman
(Vor- und Zuname,
eigenhändige Unterschrift)

Alle militärischen und zivilen Dienststellen werden ersucht, dem Inhaber nötigenfalls Schutz und Hilfe zu gewähren.

Der Reichsminister der Luftfahrt
und Oberbefehlshaber
der Luftwaffe.

O.U., den 6. III 1944
(Ort und Tag)

Dienststelle L 52 036 bg.P. Frankfurt
(Truppenteil)

Hauptmann u. Bttr. Chef
(Unterschrift und Dienstgrad
des Vorgesetzten)

(Dienststempel)

(Zeitstempel)

19	4	4
19	4	

1014 Din A 5 Heidelberger Gutenberg-Druckerei GmbH. X. 43.

B. Le Personalausweis d'un LwH sur lequel étaient notamment consignés ses services par trimestre. (Doc Souman)

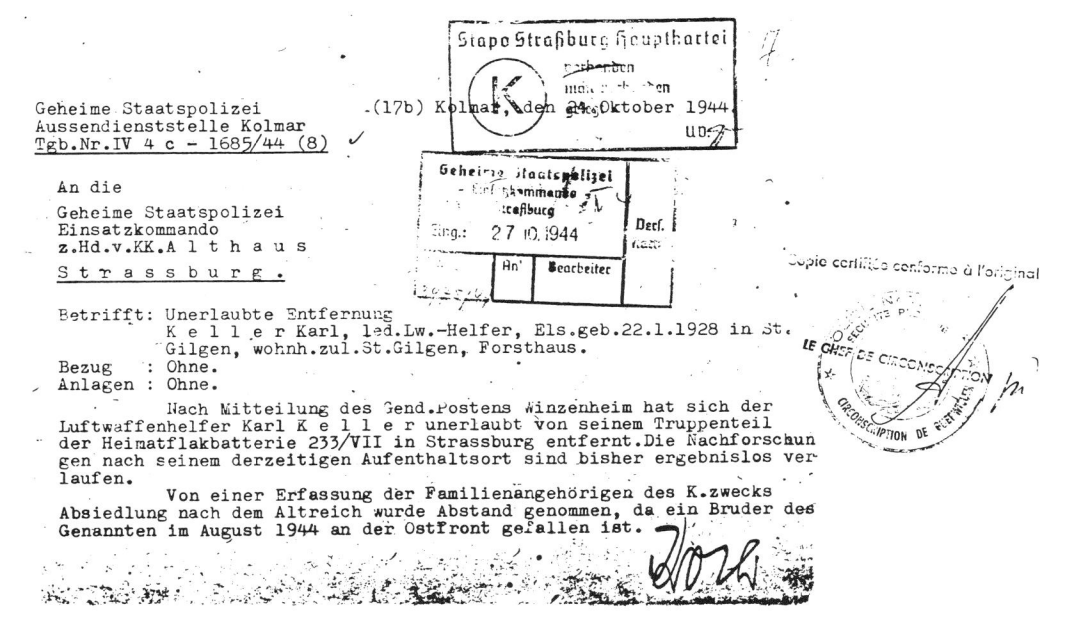

Geheime Staatspolizei   (17b) Kolmar, den 24. Oktober 1944
Aussendienststelle Kolmar
Tgb.Nr.IV 4 c - 1685/44 (8)

An die
Geheime Staatspolizei
Einsatzkommando
z.Hd.v.KK. A l t h a u s
S t r a s s b u r g .

Betrifft: Unerlaubte Entfernung
        K e l l e r Karl, led.Lw.-Helfer, Els.geb.22.1.1928 in St.
        Gilgen, wohnh.zul.St.Gilgen, Forsthaus.
Bezug : Ohne.
Anlagen : Ohne.

      Nach Mitteilung des Gend.Postens Winzenheim hat sich der
Luftwaffenhelfer Karl K e l l e r unerlaubt von seinem Truppenteil
der Heimatflakbatterie 233/VII in Strassburg entfernt. Die Nachforschungen nach seinem derzeitigen Aufenthaltsort sind bisher ergebnislos verlaufen.
      Von einer Erfassung der Familienangehörigen des K.zwecks
Absiedlung nach dem Altreich wurde Abstand genommen, da ein Bruder des
Genannten im August 1944 an der Ostfront gefallen ist.

C. Lettre de la Gestapo de Colmar à la Gestapo de Strasbourg relative à la recherche du LwHelfer évadé Charles Keller et à la transplantation de sa famille. (Doc. Keller)

023 Telegramm Deutsche Reichspost

aus + 3023 S AUS DEM FELDE F 16/15 10 1450 =

: LUFTWAFFENHELFR ANDREAS WALTER

Amt HAGENAU ELS FORETHEIMERSTR 46B =

WENN REISEFAEHIG SOFORT ZUR TRUPPE ZURUECK = GEZ MEYER

/ HAUPTMANN +

D. Télégramme reçu le 10 août 1944 par André Walter lui enjoignant de rejoindre son corps. (Doc. Walter)

Dienststelle d.Feldp.Nr.
L 44 982 LGPA.München 2

O.U., 24.Oktober 19

Herrn
Georg Walter,
Hagenau/Elsaß
Forstheimertr.46b

Der Chefa... des Städt.Krankenhauses Hagenau, Dr.med.
G.Kessler, teilte de... nheit am 22.8.44 mit... r Sohn Andreas
in 5-6 Wochen wieder einsatzfähig sei. Da di... inzwischen
abgelaufen ist und weitere Nachricht bei der... nicht vorliegt,
hat sich Ihr Sohn bi... m 26.10.44 abends be... nheit einzufinde...
Sollte di... ermin nicht eingeh... werden, ist die
Ortspolizeibehörde b... agt, Ihren Sohn am ... .44 vorzuführen.

i.V.
Müller
Oberleutnant

E. Lettre du chef de batterie d'André Walter à son père le menaçant de faire intervenir la police. Les deux trous dans le document ont été provoqués par un éclat de bombe qui a traversé le portefeuille contenant la pièce. (Doc. Walter)

Soldbuch
zugleich Personalausweis

Nr. **16**

für
den .... *Kanonier* ....
(Dienstgrad)

ab	(Datum)	(neuer Dienstgrad)
ab		
ab		

Andreas Walter
(Vor- und Zuname)

Erkennungsmarke B 289 - 1. le. Flak Abt. 721(o)
Blutgruppe ....
Gasmaskengröße 3
Wehrnummer ....

1

geb. am 16.10.1928 in Hagenau
                        Hagenau / Elsass
                        (Ort, Kreis, Verw.-Bezirk)
Religion r.k.   Stand, Beruf l. Schüler

Personalbeschreibung:
Größe 1,68   Gestalt schlank
Gesicht oval   Haar schwarz
Bart ....   Augen graugrün
Besondere Kennzeichen (z.B. Brillenträger): ....

Schuhzeuglänge .... Schuhzeugweite ....

Andreas Walter
(Vor- und Zuname, eigenhändige Unterschrift des Inhabers)

Die Richtigkeit der nicht umrandeten Angaben auf Seiten 1 und 2 und der eigenhändigen Unterschrift des Inhabers bescheinigt

den 28. April 1945
2./s. Flak. Abteilung 693(o)
(Ausfertigender Truppenteil, Dienststelle)

[signature]
Leutnant u. Batt.-Führer
(Eigenhändige Unterschrift, Dienstgrad u. Dienststellung des Vorgesetzten)

2

Le 28 avril 1945, 10 jours avant la fin de la guerre, le LwHelfer André Walter devint militaire à part tière sur place et dans la même unité en Yougoslavie. (Doc. Walter)

Wittenheimer Zeitung

Allgemeines Nachrichtenblatt der

Pfarrei Sta Barbe — Studenten

Preis: 1 Antwort — Samstag, den 26. Februar 1944

Gestern Nacht, der 4. Alarm der Woche

Auch in Wittenheim, Parteihaus (CERCLE CATHOLIQUE) war Jugenddienstappell - Freiwillig zur HJ-Division

Lieber Gasti !

Hast du das „MT" Wittenheimer Ausgabe erhalten. Die „WSZ" die ich dir schicke bringt auch wieder ein paar Neuigkeiten. Im ganzen Ober-Elsaß finden zur Zeit Jugendappelle statt. So mußten wir (das ist die Jahrgänge 27 & 28 von Wittenheim) gestern ins Partei- bzw. Vereinshaus gehen. Als ich mit Schangi herein kam, so schwer mir daß diese Kerle die dort anwesend waren süchoth-bolwistische Korsare waren

---

G/J. Un exemplaire de la «Wittenheimer Zeitung» par laquelle les camarades restés au pays tenaien LwHelfer Landwerlin informé des événements en se moquant copieusement des Allemands. Le «Mulhauser Tagblatt» avait adopté le même style. (Doc. Landwerlin)
* Les documents G à M concernent le chapitre XXIII.

Dann erfuhr ich aber daß es die Kerle sind die den Appel abhalten. Der große dicke schlug immer drein und gab Ohrfeigen. Der kleine schmale erläuterte, explizierte und gestikulierte. Es ist wahrscheinlich ein Bann- oder Stammführer. Der dritte war ein beschneiter Krüppel. Ostfrontkämpfer mit EK I und Ostschild. Der rechte Arm fehlt ihm aber die 🗣 läuft dafür umso besser. Wachtmeister König war auch zugegen. Diese Kerle versprachen uns also das Blaue vom Himmel und alle Vorteile (z.B. Lehre beenden bevor man eingezogen wird) wenn wir uns freiwillig zur HJ-Division (Wehrmacht) melden würden. Die Kleinen (darunter auch Schangi) wurden zuvor nach Hause geschickt. Als es zum freiwillig melden bzw. zum Unterschreiben kam da weigerten sich 95 % der Anwesenden. Seppi war auch dabei. Dabei haben sich die Kerle stark aufgeregt. Sie konnten das einfach nicht begreifen. Auf einmal heulten die Sirenen und die Engländer brummten über uns hinweg.

Sie mußten uns nun wohl oder übel nach Hause schicken

H. Dessin extrait d'un des journaux. Le LwHelfer Landwerlin demande l'autorisation de rigoler. (Doc. Landwerlin)

I. Carte de Noël dessinée par le LwHelfer Mouzard du lycée de Sarreguemines. (Doc. Mouzard)

Mülhauser Tagblatt

Bezugspreise
Gratis für
LW.H Land-
werlin. Für
andere, das
Stück zu
1,0? RM

Private Zeitung der
Studenten für Theodor

Nachrichtenblatt von
~ Ste Barbe ~

Geschäftsstelle:
Hauptgeschäfts-
stelle, Redaktion
und Druckerei
J. Buecher
Wittenheim -
Theodor, Rilk 6
(Ober-Elsaß)
Telefonnr. 0
(zero)

149. Jahrgang - Folge 610532 — Donnerstag, den 24. Februar 1944

In einer Woche 2 Alarme und eine Trampanne

Einzigartiges Ereignis - Grosse Freude unter dem Studentenclub mit Aus-
nahme von Seppi (warum, siehe Artikel ↓) - Schangi macht wieder Musik.

Lieber Gasti! und liebe Kameraden!

Nun habe ich wieder einen Brief von dir erhalten. Es freut mich
daß du dich gefreut hast und es freut mich auch daß du
anständige Kameraden hast die sich mit
dir auch ein bißchen freuen. So, ihr
habt noch kein Alarm gehabt, aber
wir hatten zweimal Alarm. Die
war verkältet bzw. eingefroren und daher funktio-
nierte sie nicht richtig. Schangi & Co haben
doch ihre Freude daran gehabt. Wir haben
bei Alarm doch zur
gewohnten Zeit Schule
und so konnte ich
mich diesen Montag
und Dienstag nicht
recht freuen.
Am Samstag
vorher hatte
die Straßenbahn
eine Panne. Der 5er
stand um 8 Uhr noch in Theodor
war wieder einmal ein Durcheinander
Tag war ich nicht in der
nach nicht, das ganz nebenbeibemerkt

So stelle ich mir
seine Residenz vor.

LW.H. LANDWERLIN
empfängt seine
Abendverpflegung

Mein Brief
kommt an

Schnau, den 25. 11. 1944

Lieber Paul!

Ich will Dir nun endlich wieder ein mal ein paar Zeilen zukommen lassen. Ich war letztens in Urlaub. Ich hatte 7 Tage + 2 Reisetage. Da kannst Du Dir denken, dass ich froh war wieder mal zu Hause sein zu dürfen. Da habe ich auch gedacht, na ja jetzt gehst Du auch zu Paul in die Kaserne, der wird staunen wenn er mich sieht, und als ich dann zu Hause war, wer war ich der, der gestaunt hat, denn da hatte ich erfahren, dass Du in München bist. Auch Robert war nicht da, er war in der Kaserne zur Volkssturmausbildung. Nun ist er zum R.A.D eingezogen worden. Er hat den Stellungsbefehl bekommen und musste am 23. fort. Ob er noch eingerückt ist, weiß ich nicht. Am letzten Tag, als ich auf Urlaub war sind Raymond und André vom R.A.D zurückgekehrt. Wir haben uns ein wenig getroffen. Wir haben immer gesagt, jetzt fehlt nur Paul und dann wäre unsere "Runde" komplett. So so lange haben sie auch nicht

schon gehört wann, wo und wie unsere am 24. November in Strassburg eingebrochen sind. Wir können sagen unser „Vingt-deux Novembre".

Lieber Paul, aber das ist nicht so einfach mit der Scheiße. Wir Elsässer im Reich sind nun ganz von zu Hause abgeschnitten und das ist ziemlich bitter. Wenn ich denke dass genau in einem Monat Weihnachten ist, dann vergeht mir die gute Laune. Und dann soll man immer nur tanzen wie die „Spatzen" pfeifen.

Lieber Kamerad, wir müssen jetzt besonders viel schreiben, damit wenigstens brieflich voneinander Nachricht haben. Wenn ja die ganze Scheiße gut vorübergeht, will ich den ganzen Kram vergessen, denn das wird ja das Beste sein. Nun muss ich doch schließen, denn ich habe schon den Zapfenstreich überschritten wir hatten nämlich Stubendurchgang und da mussten wir schwer auf Draht sein. Heut Nacht habe ich auch Wache und zwar von 12-1 Uhr, das ist eine blöde Zeit.

Nun gut Nacht, lieber Paul, halt Dich gut und schreibe bald.

Es grüßt und küsst Dich
Dein Freund
Edgar

Adresse: Gefr. H. E. Becht
Fd.No L 51441
Lg. Pa. Wien.

Lettre envoyée par Edgar Becht à Paul Heckler à l'hôpital militaire pour l'informer de la libération de [Stra]sbourg. (Doc. P. Heckler)

Werte Freunde!

Die Euch geschrieben wurden, sind wir am 15.12. abgereist. Unsere Reise endete mit glücklicher Rückkehr zwischen zwei Feldgendarmeristen zur Batterie. Wir werden demnächst vors Gericht u. dann in den Bau wandern. Weiter nichts Neues. Prosit Neujahr. Ale!
Speiser!

Bonne Année! Je vous salue, bons camarades.
Georgy.
A.H.

L. Lettre de René Speiser à Paul Heckler pour l'informer de sa tentative d'évasion manquée avec Albert Heintz. (Doc. P. Heckler)

nie gekom ...

Beiliegend schicke ich Dir Paul einen zur Zeit an Deine Eltern nicht zustellbaren Brief.

Beim letzten Angriff auf München hatten wir sehr tüchtig geschossen. 111 Schuß Emil, die gesamte Munition. War keine geheure Nacht. Heute hatte fast alle Schuß geladen. Zuletzt mußte dasselbe einstellen, denn das Geschütz, dessen Erdpfeile sich gelöst hatten, hüpfte ihm auf den Fuß. Jetzt geht es herum und hüpft. Heute sollte seine u. Speizes Gerichtstagung stattfinden. Beide waren nach einem abenteuerlichen Wege in München, jedoch ohne Erfolg; denn das Gebäude und wahrscheinlich auch die Papiere sind in Schutt und Asche. Werden wohl an einem späteren Termin herangeholt. Ausgangssperre ist nun aufgehoben. Beim nächsten werde ich Euch besuchen. Bis dorthin grüße ich Euch beide im Namen der Stube 4 (15) recht herzlich!

Ernest Du.

Eine besondere Bitte!
Entbehrbare Zigaretten finden von der Stube und mir gern Abnehmer!

Paul wenn es geht schicke uns Br. unsere "Größte Sorge", denn der Hunger verläßt uns nie.

Lettre d'Ernest Dutel à Paul Heckler pour l'informer de l'attaque sur Munich et de la destruction du tribunal militaire et des archives. (Doc. P. Heckler)

MAIRIE DE MULHOUSE
8e Division
ÉTAT CIVIL

Extrait des Registres des Actes de l'État Civil

Acte de DECES

Année ....

N° 1719

V O L C K
Pierre
Gérard

JUGEMENT

"MORT POUR LA FRANCE"
Avis du M...............
2 février   6
Mulhouse, le huit février
mil neuf cent cinquante six
L'Officier de l'État Civil délégué:

Vu la grosse à Nous remise le douze novembre mil neuf cent cinquante-cinq, Nous transcrivons ici le dispositif d'un jugement rendu par le Tribunal Civil de Mulhouse, Premières chambre civile, le vingt-quatre octobre mil neuf cent cinquante-cinq.

PAR CES MOTIFS: Déclare constant le décès de Pierre Gérard V O L C K, né le vingt-deux décembre mil neuf cent vingt-huit à Mulhouse y demeurant, 41, rue Louise, fils de Edouard Joseph VOLCK et de Marie ROTHER, son épouse, célibataire, étudiant.

Fixe la date de son décès au treize avril mil neuf cent quarante-cinq.

Dit que le présent jugement tiendra lieu d'acte de décès du susnommé.

Transcrit le quinze novembre mil neuf cent cinquante-cinq à neuf heures quarante-cinq minutes par Nous, Joseph BLUMBERGER, Agent municipal, André SEEL, Croix de Guerre 1939/45, Adjoint au Maire de Mulhouse, Officiers de l'Etat Civil par délégation/

Suivent les signatures au registre
Pour photocopie conforme
MULHOUSE, le 16 février 1982
L'Officier de l'Etat Civil délégué,

N. Acte de décès de Gérard Volck tombé au combat en avril 1945. Par jugement, l'acte porte la mention «Mort pour la France». (Doc. Gaston Wira)

Reichskarte für Urlauber

Gültig im deutschen Reichsgebiet

Ausgabestelle: ....
EA: ....
Name: ....
Wohnort: ....
Straße: ....

Ohne Nameneintragung ungültig! Nicht übertragbar! Sorgfältig aufbewahren!
Abtrennen der Einzelabschnitte nur durch Kleinverteiler, Gaststätten usw.

Diese Karte enthält Einzelabschnitte über insgesamt:
2430 g Brot, davon 1450 g R-Brot
250 g Fleisch
150 g Butter
70 g Margarine
175 g Marmelade
200 g Zucker
150 g Nährmittel
60 g Kaffee-Ersatz
60 g Käse

7 Tage

O. Lorsque le LwHelfer partait en permission, il recevait une provision de tickets d'alimentation qui lui permettant de se nourrir en cours de route et chez lui. La ration de pain par exemple était de 2430 grammes par semaine soit 350 g par jour. (Doc. Mouzard)

P. L'humour du Lufthelfer selon Paul Mouzard. (Doc. Mouzard)

Anciens Luftwaffenhelfer alsaciens et mosellans ayant pu être recencés fin 1988

ABT Rémy
ACKERMANN Alphonse
ADAM Daniel
ADLOFF Georges
ADOLF Achille
ADONETH Claude
AESCHELMANN Marcel
AHR Roger
ALBERT Arthur
ALBRECHT François
ALEXANDRE Armand
ALLENDORF Marcel
ANCEL Robert
ANDERHUBER Gérard
ANDLAUER Herbert
ANDRES Bernard
ANDRES Florian
ARNOLD François
ARTHUR Albert
ARTZNER René
ASCHAUER Robert
BABINGER Raymond
BACKENSTRASS Hubert
BADERMANN Paul
BAECHLER Gérard
BAECHLER Roger
BALDENWECK Georges
BARBARAS Joseph
BARDO Gilbert
BARO Raymond
BARTH Achille
BASTIAN Jean
BASTIAN Marion-Aloyse
BAUE René
BAUMGARTNER Jean
BAUMLIN Henri
BEBON Paul
BECHT Edgar

BECK François
BECK Lucien
BECK Michel
BECKEL Emile
BECKER Pierre
BEFORT François
BEHL Raymond
BENTZ Jean
BERLING Charles
BERNTHEISEL Henri
BERTRAND Martin
BERTSCH Jean-Paul
BETTINGER Marcel
BIEHLER Gérard
BIENTZ Roger
BIGEL Paul
BIGEL Roger
BIGNET Paul
BIGOT Aimé
BILGER Albert
BINDER Gérard
BINGERT André
BINNERT Jean-Paul
BISDORF Ernest
BLOCK Paul
BLOESS Georges
BLUM Armand
BOBENRIETH Lucien
BOESCH Robert
BOETSCH André
BOHL Raymond
BOHN Armand
BOLTZ Fernand
BONHOMME Armand
BORTMANN René
BOSTAETTER Pierre
BOTTLAENDER Georges
BOTZ Rémy

BRAUN Camille
BRAUN Désiré
BRAUN Gilbert
BRAUN Joseph
BREININGER Gilbert
BREISACH Jean
BREME Joseph
BREVI Alphonse
BREY Paul
BRIEL Alfred
BRUNNER Joseph
BUCHY Jean-Paul
BUCKENMEYER Charles
BUECHER Joseph
BURCKEL Roger
BURCKLE Raymond
BURGER Pierre
BURGY Paul
BURRUS François
BUSCH Norbert
CARLEN Fernand
CHEVIRON Jean-Paul
CHRISTNER A.
CLAUDE François-Jean
CLAUS Jean
CLODY Gérard
COLLMANN Jules
DAESCHERT André
DAM Claude
DAM Pierre
DAREY Jean-Marie
DARREYE Jean-Marie
DEBES René
DEBEZ René
DECKERT Charles
DEMESSE Armand
DIEHL Georges
DIETRICH Jean
DISCHER Edouard
DOEHL Charles
DOERFLINGER Roland
DOLLE Paul
DOLLE René
DORN Richard

DOSDERT René
DOUB Aloyse
DRO Paul
DUB René
DUMEL Raymond
DURR André
DURR Charles
DURR Jean-Jacques
DUSSOURD René
DUTEL Ernest
EBERLE René
ECKERT Eugène
EGLIN Antoine
EGLOFF Louis
EHKIRCH Paul
EHRBURGER Jean
EHRETSMANN Jean
EHRHARDT Louis
EHRHARDT Pierre
EHRHART Léon
EICHER Paul
EISELE Albert
ENGASSER Gérard
ENGEL Jean
ENGLER Eugène
ERHARD Paul
ESCHBACH Pierre
ESCHER Guy
ESSLINGER Roger
FAHRNER Jean-Blaise
FALLEGGER René
FEDER Pierre
FELDMANN Pierre
FERSING Albert
FEUERBACH Lucien
FEURBACH Lucien
FICKINGER Jean
FINCKER Francis
FISCHER Alfred
FISCHER André
FISCHER Georges
FISCHER Raymond
FISCHER Roland
FLAESCH Jacques

FLECK Nicolas
FLEISCHMANN Alfred
FLEURY Pierre
FOERSTER Pierre
FOESSEL Désiré
FOURNAISE René
FOURNEAU Roger
FRANTZ Paul
FREIDINGER Emile
FREIDINGER Raymond
FREUND Lucien
FREY Gilbert
FREY Paul
FREYBERG Erwin-Ch.
FREYMANN Louis
FRICKER Gilbert
FRIEDT René
FRIEH Innocent
FRITSCH Hubert
FRITSCH Pierre
FRITZ Fernand
FRITZ Marcel
FROEHLICH Henri
FUCHS Jean-Jacques
FUCHS Lucien
FUG Pierre
FUHRER Adolphe
FUHRO Pierre
GABRIEL Louis
GACHOT Georges
GAERTNER Henri
GAGNIERE Ernest
GASSER Jean
GAUER Edmond
GAUER Edouard
GEORGENTHUM Léon
GEORGER Hubert
GERBER René
GERLING Paul
GIGOS Paul
GLASER Justin
GOESTER Gilbert
GOLDER Lucien
GOSSE Alphonse

GRABER Lucien
GRANDIDIER Marcel
GRAS René
GRASSER Fernand
GRAWEY Ernest
GRILL Emile
GRILL René
GRIMMEISEN Bernard
GRIMMER Robert 6.10.89
GROELLY Marcel
GROENE Louis
GRONENBERGER Joseph
GROSS Jean-Paul
GUIDEMANN Henri
GUTAPFEL Roger
GUTEKUNST Jean-Georges
GUTHAPFEL Roger
HAAG Lucien
HABERSETZER Ernest
HAEFELE Georges
HAEGI Willy
HAEHNEL Gilbert
HAENSLER Constant
HAHN Alfred
HAMPE Armand
HANSSLER Roger
HARNIST Paul
HARTMANN Albert
HARTMANN Robert
HASER François
HAUGER Gérard
HAUSER Joseph
HAUTH Gaspar
HECKEL Emile
HECKLER Paul
HEIM Armand
HEINIS Raymond
HEINRICH Jean-Pierre
HEINTZ Albert
HEINTZ Philippe
HEINZ Philippe
HELLMANN Georges
HENCKY Raymond
HENKY Rémy

243

HERRBACH Marcel
HERRMANN Charles
HERTZ Jean
HERTZOG Raymond
HERZ Jean
HERZOG Alphonse
HERZOG Gérard
HERZOG Paul
HERZOG Raymond
HICKENBICK Raymond
HIGELIN Alphonse
HIPPERT Jean-Marie
HIRTH François
HITTER Rolf
HOCHSTRASSER Alfred
HOCHSTRASSER Lucien
HOEHN Jean
HOFFART Roger
HOFFER Marius
HOFFMANN Bernard
HOFFMANN Constant
HOFFMANN Roger
HOFFMANN Théodore
HOOG Jean-Pierre
HORNECKER Raymond
HOSSENLOPP Bernard
HOSTI René
HOULLE Edmond
HUCK André
HUCKENDUBLER Alfred
HUEBER Raymond
HUG Serge
HUGEL René
HUMBERT Roger
HURTH Camille
ICHTER Pierre
ILTIS Geoffroy
IMBERT André
IMMELE Paul
ITTEL Jean-Daniel
JANTZEN Léon
JARDEL Robert
JECKER Lucien
JEHL Servais

JOLAS Richard
JUND Gérard
KACHLER Henri
KALK Gilbert
KALSCH René
KALSCH Roger
KAPP Gilbert
KARST Antoine
KASIG Roger
KASTNER Jean
KASTNER Jean-Pierre
KASTNER Pierre
KAUFFMANN René
KAUFLING Robert
KAUFMANN René
KELLER Charles
KEMPF Ivan
KERN René
KESSLER Richard
KIEFFER Aloyse
KIEFFER Edouard
KIEFFER François
KIEFFER Gaston
KIEN Pierre
KIENTZ Jean
KIENTZ Jean-Jacques
KIRMSSE Pierre
KIRTZ Jean-Jacques
KLAUSSER Jean
KLEIN Lucien
KLEIN Paul
KLEIN René
KLETHI Jean
KLINGER Pierre
KNECHT Pierre
KOCHER Jean
KOCHER (SCHWURTZ)
KOEHLER Robert
KOESSLER Paul
KOFFEL Antoine
KOHLER Armand
KOHN Adolphe
KOLMAYER Alfred
KOLMAYER Raoul-Willy

KOLOPP Auguste
KRAEMER Pierre
KRAENNER Joseph
KRAENNER Raymond
KRAUS Charles
KREMER Armand
KRESS René
KRIEGER Marcel
KUBLER Albert
KUHN Jean
KUHN Tharsice
KUMMER Claude
KUMMERLE Charles
KUNEGEL André
KUSSER Gérard
LABOUEBE Henri
LAMBLE Raymond
LANDWERLIN Gaston
LANG Gilbert
LANG Jean-Jacques
LANG Robert
LANGER Marc
LANGJAHR Pierre
LAPP René
LAPP Joseph
LARCHE Edmond
LARDINAIS Jacques
LARSCHE Edmond
LAUER Marcel
LEBOUBE Serge
LEHMANN Charles
LEHNER Hubert
LEHR Charles
LEIBEL Pierre
LEINEN Lucien
LEMBLE Eugène
LESSER Marcel
LEYENBERGER Robert
LEYENDECKER Georges
LIHVY Daniel
LINKENHELD René
LITT André
LIX Jean-Pierre
LOEB Joseph

LOEFFLER Gaston
LOLL Xavier
LOOS Gilbert
LORBER Léon
LOTTMANN René
LUDERS René
LUSTIG Armand
LUTZ Bernard
LUTZ Joseph
LUTZ Paul
LUX René
MARTIN Raoul
MARTINKEN Antoine
MARTZ Paul
MASSLO Edouard
MASSLOT Edouard
MATERN Pierre
MATHIS J.C.
MAYER Henri
MAYSCHEIN Théo
MEHN Roger
MEISTERZHEIM Fernand
MERCKEL Joseph
MERGEL Emile
MERGENTHALER Paul
MERTZ Fernand
MESSMER Pierre
METZENTHIN Robert
METZINGER Alphonse
METZINGER Paul
MEYER André
MEYER Frédéric
MEYER Georges
MEYER Henri
MEYER Jean
MEYER Jean-Paul
MEYER Joseph
MEYER Marcel
MEYER Maurice
MEYER Norbert
MEYER Paul - Brunstatt
MEYER Paul - Turckheim
MEYER Raymond
MICLO André

MICLO Armand
MISLYWICZ Paul
MOEGEN Roger
MOSSBACH François
MOUZARD Paul 6.10.89
MUCK Gilbert
MULLER Arthur
MULLER Francis
MULLER Herbert
MULLER Jean-Paul
MULLER Joseph
MULLER Pierre-André
MULLER Victor
MULLER Yves
MUNSCH Jean-Jacques
MUSCH Pierre
MUSLIN Pierre
NANTZ Jean-Jacques
NEU Joseph
NEY Emile
NEY Paul
NIBEL Antoine
OBERDORF Lucien
OBERLE Claude
ODDOLAY Pierre
OESTERLE Francis
OREFICE René
ORTHOLF Joseph
OSTER Emile-Joseph
OSTER Etienne
OSTWALD Frédy
OSTWALD Friedel
OTT Jean
OTT Laurent
OULERICH Jean-François 6.10.89
OULERICH Justin-François
PAX Marcel
PEQUIGNOT Louis
PERIGAULT Yves
PFEIFFER Joseph
PFISTER Alphonse
PFITZINGER Théo
PFLEGER Marius
PFLIEGER Bernard

PFLIEGER Pierre
PFRIMMER Philippe
PIERRARD René
PIROT Jean-Marie
POPPELE Raymond
POTIER Pierre-J.
POTTIER Pierrot
QUINT Théophile
QUIRIN Robert
RASSER Pierre
RAUER Fernand
RAUL Jean-Pierre
RAUSCHER Marcel
REBECK Jean
RECHENMANN Roger
REEB Jean-Michel
REIBEL Jean-Paul
REIF Joseph
REIFF Joseph
REINER Paul
REINERT Armand
REINHARD Alphonse
REINMANN Marcel
REISER Julien
REITER Julien
REMPP Paul
RETTIEN Maurice
RETTIG Pierre
RHEIN Michel
RICHTER Jean-Pierre
RIEDLING Antoine
RIETSCH Jean
RIFF Léonard
RIMLINGER Marcel
RINN Eugène
RISACHER Jacques
RITTER Gérard
RITTIMANN Jean-Paul
RITZ Claude
ROELLINGER Maurice
ROELTGEN André
ROESCH Gilbert
ROESCH Pierre
ROSENBERGER (Batschel)

ROSENBLATT Gilbert
ROTH Alfred
RUBY Louis
RUCH Roger
RUMPLER Joseph
SANDEL Gérard
SANDER Guy
SANDRIN Paul
SCHACHERER Antoine
SCHAEFFER Alex
SCHAEFFER Gérard
SCHAEFFER Louis
SCHAEFFER Robert
SCHAFF Jean
SCHAFFAR Paul
SCHALL Jean-François
SCHARERER Antoine
SCHAUB Jean
SCHERER Arsène
SCHERER Gilbert
SCHERMESSER Janot
SCHERR André
SCHERRER Aimé
SCHICKELE Fernand
SCHIEBLER Joseph
SCHIERER Fernand
SCHILLING Roger
SCHINDLER Antoine
SCHINDLER Robert
SCHITTLY Aimé
SCHITTLY Robert
SCHIVY Joseph
SCHMAUCH André
SCHMIDT Gilbert
SCHMIDT Marcel
SCHMITT Camille
SCHMITT Lucien
SCHMITT Marcel
SCHMITTER Ernest
SCHNEIDER Raymond
SCHNEIDER Jean-Pierre
SCHNETZ René
SCHOFFIT Joseph
SCHOLLER Gilbert

SCHOTT Roger
SCHRECK Xavier
SCHREIBER Raymond
SCHROLL Louis
SCHUBETZER Pierre
SCHULTZ Raymond
SCHUTZ François
SCHUTZ Martin
SCHUTZ René
SCHWALLER Xavier
SCHWARTZ Arthur
SCHWARTZ Paul
SCHWARTZ Raymond
SCHWEBEL René
SCHWEITZER Georges
SCHWEITZER René
SCHWENCK René
SCHWEND René
SCHWERTZ Raymond
SEEMANN Raymond
SEITER Roger
SENE Ernest
SEYLLER René
SIEGEL Antoine
SIEGWALT Jean-Pierre
SIFFERLIN Jean
SIGRIST Marcel
SIGRIST Paul
SIMLER Claude
SINNIGER Georges
SOHN J.P.
SOLDNER Bernard
SORET Roger
SOUMAN Pierre
SPAETY René
SPEISER René
SPIELMANN Xavier
SPINDLER Raymond
SPITZ Antoine
STECK Théodore
STEIBLEN Bernard
STEIMETZ
STEINER Albert
STEMPF Emile

STENGEL Jean
STEYERT Claude
STOEHR André
STOLL Jean
STRAUMANN Fernand
STREIT Gérard
STROESSER François
STROHL Georges
STROHL Richard
SUTTER Gaston
TAGLANG Gérard
THEOBALD Charles
THIERSE René
THUMMEL René
TORLOTTING Henri
TRABANT Fernand
TRAGUS René
TRAPP Arsène
TRETZ Fernand
TROESCH Jean-Pierre
TROESCH Maurice
TRUTT Lucien
TRUTTMANN Pierre
TSCHAMSER René
TURNANI Jean
UHL Jean
ULRICH Charles
VEIT Paul
VERSPIESER Charles
VETTER Gilbert
VIRON Arnold
VOLK Gérard
WACK Joseph
WACKER Edouard
WACKERMANN Albert
WAGNER André
WAGNER Fernand
WAGNER Paul
WAGNER René
WALDVOGEL André
WALTER André
WALTER Armand
WALTER Gérard
WALTER Lucien

WALTHER Armand
WANTZEN Hubert
WEBER André
WEBER Pierre
WEBER René
WEHR Marcel
WEINZAEPFEL Robert
WEISDORFER Paul
WEISS François
WENIGER Jean-Pierre
WENNER Roger
WIANNI Fernand
WICKY Roland
WIDEMANN Jean-Pierre
WILHELM Georges
WILLMANN Raymond
WINCKELSASS Emile
WINTZER Jean
WIPPLER Constant
WIRA Gaston
WIRTH Raymond
WOHLGROTH Alfred
WOLF Théo
WOLFANG Jean
WOLFERMANN Pierre
WOLFF André
WOLFF Lucien
WOLFF Théo
WOLFGANG Jean
WOLL Jean
WURTZ Jacques-Paul
WURTZ Paul
WUST Roger
ZEH Marcel
ZETTEL Claude
ZIEGLER Louis
ZIMMERMANN Paul
ZINSMEISTER Richard
ZIPFEL Jean
ZIPPERT Emile
ZORN DE BULACH Max
ZUG Jean
ZURCHER Daniel

Pour un certain nombre d'anciens Luftwaffenhelfer seuls les noms de famille, à l'"exclusion des prénoms, ont pu être retrouvés

ALLONAS
AUBERTIN
BAECHTEL
BALLEYRE
BANTZ
BARBIER
BARO
BAROTH
BAUDINET
BECKERT
BERGER
BETHINGER
BETTINGER
(Abbé)
BOEGLIN
BRILL
BRUAT
BRUNNER
BUCHI
CARBIENER
CHAUVEAU
COLLMANN
CROMER
DISCHER
DOLIS
DOUVIER
DUMEL
EBERHARDT
ECKERT
EHRHARD
ERNEST
FINCK
FLAESCH
FLODERER
FRIEDRICH
GAUER
GERARDOT
GERBER
GIRARDIN
GOETZ
GRAF
GRAFF

GREINER
GROB
GULDNER
HALLER
HEHN
HEINRICH
HEITZMANN
HENGEL
HENSIENNE
HENTZLER
HIGEL
HIPPERT
HOUY
HUMBERT
HURTH
JUNG
KERN
KIELWASSER
KLAUB
KLAUS
KLUTZ
KOENIGER
KOLOPP
KRAUS
LANDRY
LICHT
LOGEL
LUDWIG
MANGIN
MARTIN
MARTINEL
MARTZLOFF
MATHONNET
MEHL
MEHN
MENTZLER
METZINGER
MEYER
MOOG
MOUCHET
MULLER

NICOLAS
OLMSCHEIDT
PIERRE
PLACIAL
PORTA
POTIER
RAYMUND
REIF
REINHARDT
SCHAERER
SCHIVI
SCHLUNDT
SCHULER
SCHUMACHER
SCHWALLER
SCHWOB
SIEBERT
SIEGEL
SIMMLER
STEININGER
STENGEL
STINTZY
SUTTER
THUMMEL
TRAGUS
TRAPP
WAGNER
WALTER
WANTZ
WEHRUNG
WEISS
WEISSDORFER
WELLMANN
WENNER
WERNER
WEXLER
WILHELM (Mulhouse)
WITTERSHEIM
ZEHNACKER
ZENACKER
ZIMMER

Liste des noms de personnes figurant dans l'ouvrage

ADLOFF Georges, LwH, 105
ADOLF Achille, LwH, 112
ADONETH Claude, LwH, 105
AESCHELMANN Marcel, LwH, 105
AHR Roger, LwH, 112
ALBRECHT, LwH, 112
ALEXANDRE Armand, LwH, 61
ALLENDORF, LwH, 112
ALLONAS, LwH, 62
ANCEL Robert, LwH, 61, 151
ANDERHUBER, LwH, 70
ANDLAUER Herbert, LwH, 13
ARNOLD, Général, 25
ARTHUR Albert, LwH, 112
ARTZNER René, LwH, 151
ASCHAUER Robert, LwH, 61
AUBERTIN, LwH, 112
AXMANN, Ministre de la Jeunesse, 28
BAECHLER Gérard, LwH, 93
BALDENWECK Georges, LwH, 105, 158
BALLEVRE, LwH, 112
BANTZ, LwH, 112
BARBIER, LwH, 105
BARO, LwH, 112
BAROTH, LwH, 112
BARTH Achille, LwH, 129
BAUDINET, LwH, 112
BAUE René, LwH, 112
BAUMGARTNER Jean, LwH, 13, 22
BAUREIS, Adjudant Major, 119
BECHT Edgar, LwH, 183
BACK François, LwH, 105
BECKER, LwH, 112, 189
BEIL, Sous-officier, 191

BERGER, LwH, 112
BERNTHEISEL Henri, LwH, 177
BIENTZ, LwH, 70
BIGEL, LwH, 112
BIGNET Paul, LwH, 105
BILGER Alfred, LwH, 62, 67, 103
BLAIR John, Pilote U.S. de Lightning, 207
BLUM Armand, LwH +, 177
BOBENRIETH, LwH, 70
BOESCH Robert, LwH, 105
BOHL, LwH, 70
BOHN Armand, LwH, 90
BOLTZ Fernand, LwH, 151
BONHOMME, LwH, 112
BORMANN Martin, Chef de la Chancellerie de HITLER, 28, 38
BORTMANN René, LwH, 105
BOTZ Rémy, LwH, 112
BOUWI, Cantinier-Caporal chef, 117
BOVE, LwH luxembourgeois, 137
BRAUN Camille, LwH, 13
BRAUN Désiré, LwH, 105
BRAUN Gilbert, LwH, 33
BRAUN Joseph, LwH, 57
BREVI Alphonse, LwH, 57
BRILL, LwH, 112
BRUAT, LwH, 57
BRUNNER, LwH, 112
BRUNS, Professeur de Droit International Public à Berlin, 223
BUCHI, LwH, 57
BUCHY Jean-Paul, LwH, 126

251

BUCKENMEYER Charles, LwH, 105
BUECHER Joseph, LwH, 151
BUFFA, Général, 51
BURCKEL Roger, LwH, 93, 129
BURGY Paul, LwH, 115, 149
BURRUS François, LwH, 10, 90, 91, 129
CARBIENER, LwH, 61
CHAUVEAU, LwH, 105
CHRISTNER A., LwH, 105
CHURCHILL Winston, 25
CLODY Gérard, LwH, 105
COLLMANN, LwH, 112
CROMER, LwH, 115
CRUSE, Lieutenant, 128
DAESCHERT André, LwH, 57
DAM Claude, LwH, 191
DAM Pierre, LwH, 191
DANNER, LwH apprenti, 144
DAREY Jean-Marie, LwH, 112
DEBEZ René, LwH, 191
DECKERT Charles, LwH, 151
DEMESSE, LwH, 112
DIEHL Georges, LwH, 45, 129
DISCHER, LwH, 70
DOLIS, LwH, 70
DOLLE René, LwH, 105
DOMINIK, Chef de batterie d'André Walter en Yougoslavie 2/693, 201
DORN Richard, LwH, 77
DOSTERT René, LwH, 33, 100
DOUB Aloïse, LwH, 53, 77
DOUVIER, LwH, 112
DRO Paul, LwH, 151
DUB René, LwH, 112, 226
DUMEL, LwH, 70
DURR Jean-Jacques, LwH, 151
DUSSOURD René, LwH, 105
DUTEL Ernest, LwH, 57, 90
DZIUBAN, Colonel du Génie U.S., 108
EBERHARDT, LwH, 70

ECKERT, LwH, 112
EGLIN Antoine, LwH, 151, 190
EHKIRCH Paul, LwH, 151
EHRHARD, LwH, 105
EHRHARDT Pierre, LwH, 151
EHRHART Léon, LwH, 105
EISELE Albert, LwH, 112
ENGLER Eugène, LwH, 151
ERNEST, LwH, 189
ESCHER Guy, LwH, 151
FAHRNER Jean-Blaise, LwH, 105
FALLEGGER René, LwH, 77, 86
FERSING Albert, LwH, 53, 77
FEUERBACH Lucien, LwH, 105
FICKINGER Jean, LwH, 112
FINCK, LwH, 112
FISCHER Alfred, LwH, 112
FISCHER Georges, LwH, 112
FISCHER Roland, LwH, 57
FLAESCH, LwH, 105
FLODERER, LwH, 105
FOURNAISE René, LwH, 57
FOURNEAU Roger, LwH, 90
FRANTZ Paul, LwH, 105
FREIDINGER Raymond, LwH, 13, 22, 97
FREUND Lucien, LwH, 62
FREY Gilbert, LwH, 151
FREY Paul, LwH, 112
FRICK, Ministre de l'Intérieur, 28
FRITSCH Pierre, LwH, 61
FRITZ Fernand, LwH, 61
FRITZ Marcel, LwH, 61
FUG Pierre, LwH, 191
FUHRER Adolphe, LwH, 151
FUHRO Pierre, LwH, 57
GABRIEL Louis, LwH, 77, 83, 229
GACHOT Georges, LwH, 77
GALLAND Adolf, Général, 46
GAUER, LwH, 112

GEORGENTHUM Léon, LwH, 105, 151
GERBER, LwH, 105, 112
GERBER René, LwH, 189, 191
GERLING Paul, LwH, 61
GIRARDIN, LwH, 105
GOEBBELS Josef, 26
GOERING Hermann, 25, 39
GOESTER Gilbert, LwH, 151
GOLDER Lucien, LwH, 105
GOSSE Alphonse, LwH, 61
GRABER Lucien, LwH, 33
GRAF, LwH, 112
GRANDIDIER Marcel, LwH, 93, 105
GRASSER Fernand, LwH, 61
GREINER, LwH, 151
GRILL Emile, LwH, 112, 177
GROB, LwH, 70
GULDNER, LwH, 112
GUTAPFEL Roger, LwH, 105
GUTEKUNST Jean-Georges, LwH, 105
HAEGI Willy, LwH, 105
HAEHNEL Gilbert, LwH, 105
HAHN Alfred, LwH, 77
HALLER, LwH, 105
HARNIST Paul, LwH, 105
HARRIS Arthur, Maréchal, 25
HARTMANN Albert, LwH, 115-149
HASER François, LwH, 112
HAUGER Gérard, LwH, 115, 149
HAUSER Joseph, LwH, 62
HECKLER Paul, LwH, 65, 183
HEFTRICH, Adjudant, 80, 86
HEILINGBRUNNER, Général, 51
HEIM Armand, LwH, 151
HEINRICH, LwH, 115
HEINTZ Albert, LwH, 57, 65, 90, 129, 164, 183
HEINZ Philippe, LwH, 112
HEITZMANN, LwH, 112
HELLMANN Georges, LwH, 90
HENGEL, LwH, 112
HENCKY Raymond, LwH, 105, 151
HERBACH Marcel, LwH, 151
HERRMANN Charles, LwH, 151
HERTRICH, Professeur, 33
HERTZOG Raymond, LwH, 112
HERZ Jean, LwH, 105
HERZOG Alphonse, LwH, 105
HERZOG Paul, LwH, 131
HIPPERT, LwH, 189
HIRTH François, LwH, 57
HITLER Adolf, 173
HOCHSTRASSER Alfred, LwH, 77, 112
HOEHN Jean, LwH, 61
HOFFART Roger, LwH, 151
HOFFER Marius, LwH, 61
HOFFMANN Bernard, LwH, 61
HOFFMANN Constant, LwH, 112
HOOG Jean-Pierre, LwH, 131
HOULLE Edmond, LwH, 112
HOUY, LwH, 187
HUCK, LwH, 90
HUCK André, LwH, 65, 148
HUG Raymond, Ami de Gaston WIRA qui le cacha, 156
HUGEL René, LwH, 57
HUMBERT, LwH, 112
HURTH, LwH, 112
IMBERT André, LwH, 126
JEHL Servais, LwH, 105
JUNG, LwH, 13
JUNKERMANN Alfred, LwH, 100
KACHLER Henry, LwH, 151
KALSCH Roger, LwH, 23
KARST Antoine, LwH, 151, 189
KASTNER Jean, LwH, 105
KASTNER Pierre, LwH, 105
KAUFFMANN René, LwH, 93

KAUFLING Robert, LwH, 62
KELLER Charles, LwH, 131
KERN, LwH, 112
KESSLER (Dr), Médecin à Haguenau, 194
KIEFFER Aloyse, LwH, 189
KIEFFER François, LwH, 105, 157
KIEFFER Gaston, LwH, 45
KIELWASSER, LwH, 70
KIENTZ Jean, LwH, 131
KIENTZ Jean-Jacques, LwH, 105
KLAUB, LwH, 112
KLEIN Lucien, LwH, 112
KLEIN Paul, LwH, 105
KLUTZ, LwH, 112
KNECHT Pierre, LwH, 151, 171, 189
KOCHER (SCHWURTZ), LwH, 90
KOENIGER, LwH, 90
KOESSLER Paul, LwH, 57
KOFFEL Antoine, LwH, 105
KOHLER Armand, LwH, 105
KOLMEYER Alfred, LwH, 112
KOLMEYER Raoul, LwH, 112
KOLOPP, LwH, 112
KRAENNER Joseph, LwH, 61
KRAUS, LwH, 112
KRESS René, LwH, 57, 164
KRIEGER Marcel, LwH, 126
KUHN Jean, LwH, 90
KUHN Tharsis, LwH, 105
JAHN-KUHN, Lieutenant, 57
KUMMERLE Charles, LwH, 57
LAMBLE Raymond, LwH, 90
LANDRY, LwH, 187
LANDWERLIN Gaston, LwH, 115, 119, 183
LANG Gilbert, LwH, 189, 191
LANG Jean-Jacques, LwH, 151
LANG Robert, LwH, 189, 191
LAPP Joseph, LwH apprenti, 143
LAPP René, LwH, 57

LARCHE Edmond, LwH, 45
LARDINAIS Jacques, LwH, 105
LAURAIN Jean, Ministre des Anciens Combattants, 229
LOESEL, Sous-officier, 130
LEHMANN Charles, LwH, 78, 191
LEHR Charles, LwH, 151
LEIBEL Pierre, LwH, 105
LEINEN Lucien, LwH, 77
LESSER Marcel, LwH, 105
LEYENBERGER Robert, LwH, 105
LEYENDECKER Georges, LwH, 13
LICHT, LwH, 112
LITT André, LwH, 151
LOEFFLER Gaston, LwH, 112
LOGEL, LwH, 151
LOHMEYER, Lieutenant, 90
LOTTMANN René, LwH, 57
LUDERS René, LwH, 105
LUDWIG, LwH, 112
LUSTIG Armand, LwH, 93
LUTZ Bernard, LwH, 112
LUTZ Joseph, LwH, 151
LUX René, LwH, 62
MANGIN, LwH, 105
MARTIN, LwH, 90
MARTIN Raoul, LwH, 69
MARTINEL, LwH, 112
MARTINKEN Antoine, LwH, 151
MARTZ Paul, LwH, 105
MARTZLOFF, LwH, 112
MASSLOT Edouard, LwH, 112
MATHONNET, LwH, 61
MAYSCHEIN Théo, LwH, 115, 119
MEHN, LwH, 112
MEISTERZHEIM Fernand, LwH, 105
MENTZLER, LwH, 112
MERTZ Fernand, LwH, 105

MESSMER Pierre, LwH, 105
METZINGER, LwH, 112
METZINGER Alphonse, LwH, 112
MEYER, LwH, 62, 67
MEYER André, LwH, 105
MEYER Frédéric, LwH, 1898
MEYER Georges, LwH, 77, 82
MEYER Henri, LwH, 105
MEYER Jean, LwH, 105
MEYER Joseph, LwH, 77
MEYER Marcel, LwH, 57
MEYER Norbert, LwH, 105
MEYER Paul (Brunstatt), LwH, 151, 168, 198
MEYER Paul (Turkheim), LwH, 151
MEYER Raymond, LwH, 151, 189
MICLO André, LwH, 189
MICLO Armand, LwH, 151
MIQUEL Pierre, Historien, 238
MISLYWICZ Paul, LwH, 115, 149
MOEGEN Roger, LwH, 105
MONTGOMERY Bernard, Maréchal, 25
MOOG, LwH, 112
MOUZARD Paul, LwH, 77, 86, 183
MUCK Gilbert, LwH, 151
"MULHAUSER TAGBLATT", LwH, 183
MULLER, LwH, 112, 194
MULLER Arthur, LwH, 13
MULLER Jean-Paul, LwH, 105
MULLER Joseph, LwH, 151
MULLER Victor, LwH, 130
MUSCH Pierre, LwH †, 151, 190
NEU Joseph, LwH, 57
NEY Emile, LwH, 112
NEY Paul, LwH, 112
NIBEL Antoine, LwH, 105
NICOLAS, LwH, 112

OBERDORF Lucien, LwH, 151, 189
OBERLE Claude, LwH, 105, 226
ODDOLAY Pierre, LwH, 151
OLMSCHEIDT, LwH, 112
OSTER Etienne, LwH, 62
OSTWALD Frédy, LwH, 62
OTT Laurent, LwH, 62, 67, 130
OULERICH Jean-François, LwH, 13
PAVEL, Général de la FLAK, 207
PAX Marcel, LwH, 77
PERTL, Sous-officier, 191
PFITZINGER Théo, LwH, 105
PFRIMMER Philippe, LwH, 105
PIERRARD, LwH, 112
PIERRE, LwH, 77
PIROT Jean-Marie, LwH, 13
PLACIAL, LwH, 112
PLEUSER, Lieutenant, 129
PORTA, LwH, 112
POTIER, LwH, 112
QUINT, LwH, 112
RASSER Pierre, LwH, 151
RAYMUND, LwH, 70
RECHENMANN Roger, LwH, 61
REIBEL Jean-Paul, LwH, 105
REIF, LwH, 112
REINER Paul, LwH, 151, 189
REINERT Armand, LwH, 45
REINHARDT, LwH, 112
REITER, LwH, 112
REITER Julien, LwH, 112
REMARQUE Erich Maria, Auteur, 235
RETTIEN Maurice, LwH, 33
RIBBENTROP (VON) Joachim, Ministre des Affaires Étrangères, 29
RIFF, LwH, 112
RINN Eugène, LwH, 61

RISACHER Jacques, LwH, Photos
RITTIMANN Jean-Paul, LwH, 61
RITZ Claude, LwH, 151, 189, 190
ROEHRIG, Lieutenant, 79
ROELLINGER Maurice, LwH, 115, 199
ROMMEL Ervin, Maréchal, 25
ROSENBERGER (Batschel), LwH, 90
ROTH, LwH, 70
RUBY, LwH, 112
RUMPLER Joseph, LwH, 89
RUST, Ministre de l'Éducation, 28
SANDEL Gérard, LwH, 191
SANDER Guy, LwH, 112
SAUKEL, Ministre du Plan, 28
SCHAEFFER Alex, LwH, 126, 224
SCHAEFFER Gérard, LwH, 105
SCHAEFFER Louis, LwH, 112
SCHAEFFER Robert, LwH, 105
SCHAFF Jean, LwH, 126
SCHALL Jean-François, LwH, 164
SCHARERER Antoine, LwH, 151
SCHAUB Jean, LwH, 77
SCHERER Gilbert, LwH, 65, 148
SCHERMESSER Janot, LwH, 151
SCHIEBLER Joseph, LwH, 62
SCHIERER Fernand, LwH, 105
SCHINDLER Antoine, LwH, 151
SCHIVI, LwH, 112
SCHLUNDT, LwH, 115
SCHMIDT Gilbert, LwH, 105
SCHMITT Marcel, LwH, 70, 126, 164
SCHNETZ René, LwH, 189
SCHOFFIT Joseph, LwH, 151

SCHOLLER Gilbert, LwH, 105
SCHREIBER Raymond, LwH, 57
SCHUBETZER, LwH, 70
SCHULER, LwH †, 112, 177
SCHULTZ Raymond, LwH, 32, 57
SCHUMACHER, LwH, 112, 189
SCHUTZ Martin, LwH, 151
SCHUTZ René, LwH, 105
SCHWALLER, LwH, 112
SCHWARTZ Arthur, LwH, 112
SCHWARTZ Paul, LwH, 105, 151
SCHWARTZ Raymond, LwH, 115, 119
SCHWENCK René, LwH, 112
SCHWEITZER Georges, LwH, Photos
SCHWOB, LwH, 61
SEEMANN Raymond, LwH, 90
SEITER Roger, LwH, 90
Service des Recherches Historiques de l'Armée allemande à Fribourg i. Br., 227
SIEBERT, LwH, 112
SIEGEL, LwH, 105
SIFFERLIN Jean, LwH, 105
SIMLER Claude, LwH, 115, 149
SIMMLER, LwH, 105
SINNIGER Georges, LwH, 105, 151
SOHN J.P., LwH, 105
SOLDNER Bernard, LwH, 70
SORET Roger, LwH
SOUMAN Pierre, LwH, 112
SPEIDEL, Général Chef d'État Major de Rommel, 174
SPEISER René, LwH, 65, 90, 129, 161, 183
SPITZ Antoine, LwH, 105
STAAR Marcel, LwH luxembourgeois, 137
STECK Théodore, LwH, 105
STEIBLEN Bernard, LwH, 33

STEIMETZ, LwH, 57
STEINER Albert, LwH, 90
STEININGER, LwH, 112
STENGEL, LwH, 112
STINTZY, LwH, 189
STOEHR André, LwH, 151, 189
STOLL Jean, LwH, 57
STRAUMANN Fernand, LwH, 151
STROHL Georges, LwH, 90, 129
STROHL Richard, LwH, 105
SUTTER, LwH, 70
TAGLANG Gérard, LwH, 151
TAIT James, Wing Commander R.A.F., 108
THEOBALD Charles, LwH, 45
THUMEL, LwH, 112
THUMMEL René, LwH, 13
TORLOTTING Henri, LwH, 57
TRABAND Fernand, LwH, 191
TRAGUS, LwH, 112
TRAPP, LwH, 112
TRETZ Fernand, LwH, Photos
ULRICH Charles, LwH, 189, 191
VERSPIESER Charles, LwH, 61
VIRON Arnold, LwH, 151
VOLK Gérard, LwH †, 119
WACK Joseph, LwH, 77
WAGNER, LwH, 112
WAGNER Fernand, LwH, 105
WAGNER Paul, LwH, 78
WALTER, LwH, 70
WALTER André, LwH, 128, 131, 171, 189
WALTER Armand, LwH, 189, 191
WALTER Gérard, LwH, 115, 149
WALTER Lucien, LwH, 151
WANTZ, LwH, 112

WEBER Pierre, LwH, 191
WEBER René, LwH, 13
WEHR Marcel, LwH, 112
WEHRUNG, LwH, 77
WEISS, LwH, 70
WEISS François, LwH, 115, 119
WEISSDORFER, LwH, 112
WENNER, LwH, 112
WETZKA Obergefreiter (Caporalchef), 67
WEXLER, LwH, 151
WIANNI Fernand, LwH, 105
WILHELM Georges, LwH, 43
WILHELM (Mulhouse), LwH †, 115, 121
WILLMANN Raymond, LwH, 57
WINTZER Jean, LwH, 151
WIRA Gaston, LwH, 151, 229
WIRTH Raymond, LwH, 105, 151
"WITTENHEIMER ZEITUNG", LwH, 183
WOLF Théo, LwH, 90
WOLFANG Jean, LwH, 151
WOLFF André, LwH, 105
WOLFF Lucien, LwH, 151
WOLL Jean, LwH, 112
WURTZ Jacques-Paul, LwH, 191
WURTZ Paul, LwH, 105
WUST Roger, LwH, 33
ZEH Marcel, LwH, 151
ZEHNACKER, LwH, 112
ZENETTI, Général der Flakartillerie, 40, 51
ZIMMER, LwH, 90, 91
ZIMMERMANN Paul, LwH, 151
ZIPPERT Emile, LwH, 45, 105, 127, 147, 151, 229
ZORN DE BULACH Max, LwH, 105
ZUG Jean, LwH, 115, 149

Liste des noms de localités figurant dans l'ouvrage

Altkirch, 24, 157
Ancona, 189
Annemasse, 168
Apolda, 119
Auenheim, 61, 90
Augny, 34
Augsbourg, 52
Augsbourg-Hammerschmiede
  (doc. photo), 114
Avricourt, 89
Bad Homburg-Vor-der-Hoehe, 19
Bad Kreitznach, 75
Baggersee, 62
Barr, 24
Basse-Yutz, 54
Battenheim, 155
Beinheim (Port du Rhin), 168
Belval, 137
Bening, 21
Bergisdorf, 177
Berlin, 26, 27
Bilauerwald, 60
Bischwiller, 24, 148
Bleiburg, 189
Bois-de-Chêne, 22
Bollwiller, 153
Bouxwiller, 24
Bregenz, 93
Bresizce (Rann), 189
Celje, 189
Chalampe, 147, 152
Chalampe-le-Bas, 155
Chalon-sur-Saône, 87, 189
Cherbourg, 83
Chieming, 147, 157
Coblence, 51-177
Col-du-Brenner, 38
Matrei, 157

Colmar, 24, 153
Cologne, 26, 27, 177
Constance, 93, 168
Coventry, 233
Daaden, 86
Dabo, 13
Darmstadt, 51
Diekirch, 137
Dieuze, 24
Differdange, 137
Donaueschingen, 168
Dortmund, 27
Dresde, 27
Duisbourg, 27
Duppigheim, 143
Echternach, 137
Eisenach, 119
Eisenberg, 181
Ellersbach, 20
Enders (Pont du Rhin), 177
Ensisheim, 155
Esch, 137
Eschenbach, 149
Essen, 27
Foggia, 189
Forbach, 24
Francfort-sur-Main, 19, 81, 51
Frankfurt-Hoechst, 19
Frankfurt-Rhein-Main, 19
Fribourg, 153
Fribourg i. Br., 52
Friedrichshafen, 51
Gehren, 151
Germersheim, 162
Gersweiler, 16, 80
Geusnitz, 114
Geusnitz-Wildensee, 164
Gmuenden, 95

259

Grenoble, 108
Griescheim, 19
Gruma, 189
Guebwiller, 24, 155
Hagondange, 53, 79, 111, 177
Haguenau, 24, 189
Halle, 21, 52
Hambach, 83
Hambourg, 26, 27
Hargarten, 164
Husseren-le-Château, 132
Iena, 52, 119
Illberg (doc. photo), 114
Innsbruck, 51, 157
Jussy, 149
Juteborg
Karlsruhe, 38, 52, 128, 157, 189
Kassel, 60
Kembs, 38, 105
Kembs Loechle, 157
Kembs-Centrale, 157
Keskastel, 13, 22
Klagenfurt, 189
Knielingen, 189
Kogenheim, 132
L'Hôpital, 13, 21
La Flèche, 81
Lac de Constance, 93
Laindelskirchen, 164
Leipzig, 20, 153
Leuna-Mersenburg, 20
Limpertsberg, 137
Logelheim, 10
Londres, 233
Longuyon, 120
Ludwighafen-sur-Rhin, 21, 51
Lulustein (Château), 78
Lutterbach, 114
Luxembourg, 51-137
Luxeuil, 160
Maehrisch-Ostrau, 52, 60, 93. 153
Magdebourg, 177
Magny, 54
Mannheim, 51-162

Margival, 174
Marseille, 189
Mayence, 51, 119
Metz, 13, 18, 24, 51, 111, 164
Metz-Frescaty, 33, 54, 99, 113, 123, 173, 177
Metz-Sablon, 54
Montagne-Verte 143
Montbéliard, 160
Montigny-lès-Metz, 54
Mulhouse, 13, 23, 24
Munchhouse, 155
Munich, 24, 27, 51, 65, 162
Murhof (Strasbourg), 132, 143
Murnau, 93
Naples, 189
Natternbach, 95
Neuf-Brisach, 153
Neufeschingen, 78
Nuremberg, 27
Oberhausbergen, 59
Obernai, 24, 61
Oberpfaffenhoffen, 90
Obersdorf, 65
Obersteinbach, 86
Olmuetz (Olmouc), 168, 189
Ostheim, 168
Ostwald, 143
Paris, 224
Pfaelzel, 13
Pforzheim, 38, 52, 65, 90, 148
Phalsbourg, 13, 21, 24
Phillipsbourg, 86
Pilsen, 168, 189
Planegg, 61, 67, 90, 103, 161
Plauen, 149
Prag, 52, 189
Profen-Predel, 114
Ratisbonne, 70
Reding, 13
Regensburg, 164
Reims, 54
Remelfing, 89
Robertsau (La), 148

Rombas, 111
Rosenheim, 164
Rotterdam, 233
Rozerieulles, 54, 125
Rumersheim, 155
Saalfeld, 149
Saint-Avold, 24, 111, 177
Sainte-Fontaine, 21
Sainte-Marie-aux-Mines, 24
Salzbourg, 51
Sarrebourg, 24, 86
Sarrebruck, 15, 17, 51
Sarrebruck-Kieselhumes, 16, 80
Sarreguemines, 13, 24, 77, 111
Sausheim, 114
Saverne, 24, 61, 93
Schafbrucke, 53, 78
Schlursee, 157
Schönau/Munich, 185
Sélestat, 24, 132, 157
Sierck-les-Bains, 24, 111
Sierentz, 107
Spire, 52
St-Gilles, 132
Stahleck/Bacharach, 138
Stalingrad, 26
Stenay, 81
Strasbourg, 13, 24, 52
Strasbourg-Canardière, 61
Strasbourg-Robertsau, 51
Strasbourg-Robertsau (port au pétrole), 57
Strasbourg (prison rue du Fil), 23
Stuttgart, 52, 168
Terville, 111
Thann, 24, 69, 168
Thionville, 24, 54, 111, 164
Tittling-près-Passau, 95
Toul, 83
Tour-de-Dhrens, 113
Trêves, 13, 51
Trêves-Ehrang, 14
Troeglitz, 70
Trois-Maisons, 13
Uckange, 111
Ulm, 52, 152
Ungarisch-Rahdisch, 60
Unterbrunn, 90, 161
Varsovie, 233
Veckerswiller, 13
Vienne, 94
Vieux-Brisach, 153
Voelklingen, 15, 97
Waghaeusel, 189
Wantzenau (La), 62, 143
Weimar, 52
Welerad, 60
Wiesbaden, 51
Wildensee, 51, 69
Wintzenheim, 132, 147
Wörth, 163
Woippy, 54
Woippy-Hobus, 126

Table des matières

Chapitre I
LUFTWAFFENHELFER 9

Chapitre II
L'APPRENTISSAGE DE LA PEUR 13
  1. Le baptême du feu 15
  2. La découverte de l'enfer 16
  3. 6 187 tonnes de bombes sur Sarrebruck 17
  4. Tentative d'évasion 18
  5. Vers l'Est 19
  6. Au sud de Sarrebruck 20
  7. Agent de liaison FFI 22
  8. 69 jours à la prison de la rue du Fil 22
  9. Condamné à mort 23

Chapitre III
TOURNANT DE LA GUERRE 25
  1. Bombardements 24 heures sur 24 25
  2. La guerre totale 26
  3. Des collégiens pour remplacer des artilleurs adultes ... 27
  4. Divergences chez les chefs nazis 28
  5. Mystification 30
  6. Deux uniformes distincts 31
  7. 18 heures de cours 32
  8. Les élèves retransformés en soldats 33

Chapitre IV
LE COMBATTANT LE MOINS CHER
DE LA SECONDE GUERRE MONDIALE 37
  1. Conditions de service 37
  2. Lettre aux parents 39

Chapitre V
A QUELLES ARMES
LES LUFTWAFFENHELFER ETAIENT-ILS UTILISÉS ? ... 43
  1. La formation de soldat et d'artilleur 44
  2. L'organisation de la DCA allemande 47

Chapitre VI
LES AFFECTATIONS DES LUFTWAFFENHELFER
ALSACIENS ET MOSELLANS 51

Chapitre VII
LE JOURNAL D'UN LUFTWAFFENHELFER 53

Chapitre VIII
BOMBES SUR STRASBOURG... 57
1. ... Le même jour à la Canardière........................... 61
2. Quatre jours de taule pour lire «Mein Kampf» 62
3. Moi et mon ami Allonas 63
4. Un chargeur fatigué 64
5. En route pour Pforzheim et Munich 65

Chapitre IX
151 VAGUES DE BOMBARDIERS - 7 AVIONS ABATTUS
C'ETAIT MON 16ᵉ ANNIVERSAIRE 69

Chapitre X
LES TRIBULATIONS DES SARREGUEMINOIS 77
1. Une cuvette et trois litres d'eau pour laver 14 paires de pieds 78
2. De l'avantage de parler anglais 83
3. Vous êtes arrêté ! 84

Chapitre XI
CONFLITS OUVERTS AVEC LES ALLEMANDS 89
1. Mort pour avoir été trop confiant 89
2. Six ans de réclusion parce qu'ils avaient faim 90
3. Ils voulurent traverser le lac de Constance en canot pneumatique 93

Chapitre XII
QUAND LES LUFTWAFFENHELFER SE DEFOULENT 97
1. Une odeur... d'explosifs 97
2. Opération saucisses 99

Chapitre XIII
DAM BUSTER SUR LE RHIN 105
1. La DCA suisse veillait aussi 107

Chapitre XIV
HAGONDANGE — PLAQUE TOURNANTE
POUR LES LUFTWAFFENHELFER 111

Chapitre XV
LES CABOCHARDS FRANÇAIS DANS LE COLLIMATEUR 115
1. Déliquescence de l'armée allemande 117

Chapitre XVI
CHANCE ET MALCHANCE 123
1. La chance 124
2. La malchance 125

Chapitre XVII
COMMENT LES ALLEMANDS ONT-ILS PERÇU
LES LUFTWAFFENHELFER ALSACIENS ET MOSELLANS? ... 127
1. La Gestapo veut transplanter la famille d'un Luftwaffenhelfer ... 131

Chapitre XVIII
TROIS CENTS COMPAGNONS
D'INFORTUNE LUXEMBOURGEOIS 137

Chapitre XIX
APRÈS LES COLLÉGIENS, LES APPRENTIS 143

Chapitre XX
ÉVASIONS EN CHAINE 147
1. Une évasion menée rondement 147
2. Une évasion rondement ratée 148
3. Au pas cadencé à travers les lignes allemandes 149
4. A toute vapeur... dans la poche de Colmar 151
5. Porté déserteur par les Allemands... soupçonné d'être un saboteur par les Français... 157
6. Les S.S. aimaient le vin du Rhin 161
7. Après s'être évadé de l'armée allemande, il s'évade du camp de prisonniers américain 164
8. Parce qu'il s'endort dans le train, il finit dans les caves de la Gestapo 168

Chapitre XXI
HITLER A METZ 173

Chapitre XXII
LUFTWAFFENHELFER, IL TERMINE LA GUERRE
DANS UN COMBAT DE RUES PRÈS DE LEIPZIG 177

Chapitre XXIII
SE SERRER LES COUDES 183

Chapitre XXIV
HEUREUX QUI COMME ULYSSE... 189
1. De Haguenau à Karlsruhe 191
2. De Karlsruhe à Prague 198
3. De Prague à Bresizce 201
4. De Bresizce à Klagenfurt 209
5. De Klagenfurt à Naples 213

Chapitre XXV
LE DERNIER COMBAT 221

Chapitre XXVI
PAR LE PETIT BOUT DE LA LORGNETTE 231

Liste des anciens LwH alsaciens et mosellans ayant pu être recensés fin 88 241

Liste des personnes citées.. 251

Liste des lieux cités 259

Annexes

Der Reichsminister des Innern

IV g 8416 / 43
5345

Es wird gebeten, dieses Geschäftszeichen und den
Gegenstand bei weiteren Schreiben anzugeben.

Berlin, den 31. Mai 1943

NW 7, Unter den Linden 72
Fernsprecher: Ortsanruf 120034 — Fernanruf 120037
Fernschreiber: Ortsverkehr 517 — Fernverkehr K 1 517
Drahtanschrift: Reichsinnenminister
Postscheckkonto: Berlin, 14328 (Bürokasse des Reichs- und Preuß.
Reichsbankgirokonto: Berlin, 1/153 / Ministeriums d. Innern, Berlin NW7.

Schnellbrief

Der Chef der Zivilverwaltung
Persönl. Abteilung
Eing.: 1. Juni 1943
Nr. 1501

An
die Reichsstatthalter in den Reichsgauen
 - Landesregierungen -
(mit Abdruck für die Schulabteilungen der
Unterrichtsverwaltungen der Länder),
die Oberpräsidenten
(mit Abdruck für die Abteilung für Höheres Schulwesen),
die Regierungspräsidenten
(mit Abdruck für die Schulabteilung),
den Oberbürgermeister der Reichshauptstadt Berlin,
den Stadtpräsidenten der Reichshauptstadt Berlin
 Abt. für Höheres Schulwesen und Abteilung für
 Volks- und Mittelschulen),
den Polizeipräsidenten in Berlin,
die vorgesetzten Dienstbehörden der kommunalen
Gesundheitsämter - mittelbar -
die Gesundheitsämter - mittelbar

Nachrichtlich:
dem Reichsminister für Wissenschaft, Erziehung
 und Volksbildung,
dem Oberkommando der Wehrmacht
(3 Stücke für die Wehrmachtteile),
dem Reichsgesundheitsführer,
dem Jugendführer des Deutschen Reichs durch Abdruck.

Notdienstverpflichtung von Schülern der höheren Schulen für den Kriegshilfseinsatz in der Luftwaffe und bei der Kriegsmarine.

Vorgänge: Meine Erlasse vom
 25. Januar 1943 - IV g 6767/42 - 5339 -
 13. Februar 1943 - IV g 6767/42 - II - 5339 -
 22. April 1943 - IV g 8407/43 - 5339 -

(1) Die Schüler der Geburtsjahrgänge 1926 und 1927 der öffentlichen und privaten höheren Schulen, die gegenwärtig die Klasse 5 besuchen und die Versetzung nach Klasse 6 erreichen, werden statt zum 1. August 1943 ber ab 15. Juli 1943 zum Einsatz als Luftwaffenhelfer bzw. Marinehelfer herangezogen.

---

1. Lettre du Ministre de l'Intérieur reçue, entre autres, par les Gauleiter d'Alsace et de Moselle le 1er ju 1943, informant les instances administratives scolaires et militaires de l'avancement de la date d'incorporation pour les élèves des classes 1926 et 1927 ayant réussi leur passage de 5e en 6e classe (de troisième en seconde française). (Arch. G. Wira)

Nationalsozialistische Deutsche Arbeiterpartei 9. Aug. 1943
Partei - Kanzlei
2096

Der Leiter der Parteikanzlei   Führerhauptquartier, den 3.8.1943
                               München 33, Führerbau.

                                        Persönlich!

An den
Chef des Oberkommandos der Wehrmacht
Herrn Feldmarschall Keitel

                    Führerhauptquartier

Betr: Einsatz der lothringischen, elsässischen und luxemburgischen
Schüler als Luftwaffenhelfer.

Sehr geehrter Herr Feldmarschall Keitel!

  Zur weiteren Veranlassung teile ich Ihnen mit:
Der Führer ist damit einverstanden, daß auch die elsässischen,
lothringischen und luxemburgischen Schüler als Luftwaffenhelfer
herangezogen werden, wenn eine Besetzung der Heimatflak-Batte-
rien mit anderen Kräften nicht mehr möglich ist.
                                   Heil Hitler!
                            Ihr
                              gez. Bormann.

─────────────

Oberkommando der Wehrmacht   Berlin, den 6. August 1943
1171/43 WFSt/Org (II)

An: Chef L Wehr
    Chef M Wehr
    Chef H Rüst u. BdE/AHA
    OKW/AWA
    Chef der Zivilverwaltung in Elsaß
    Chef der Zivilverwaltung in Lothringen
    Chef der Zivilverwaltung in Luxemburg

Abschrift mit der Bitte um Kenntnisnahme.
         Der Chef des Oberkommandos der Wehrmacht
                                    gez. Keitel

Lettre de Martin Bormann, n° 2 du gouvernement nazi, informant le maréchal Keitel, chef du GQG de Hitler, de l'incorporation des élèves alsaciens, mosellans et luxembourgeois. (Arch. G. Wira)

Fernschreibstelle Strassburg
4589

Aufgenommen: 3.12.1943 17:25 Uhr
von: Chef d. Zivilverw. Wagner

Befördert: 3.12.43 1800 Uhr
an: HEST
durch: Schm.
Rolle: 29

Fernschreiben von dem Chef der Zivilverwaltung im Elsaß, Straßburg

3.12.43

An das Oberkommando der Wehrmacht

Nr. P8/3078   Berlin W 35

Betr.: Einsatz von Luftwaffenhelfern im Elsaß.

Wie mir berichtet wird, sind den dieser Tage im Elsaß eingesetzten Flakeinheiten ausschließlich elsässische Luftwaffenhelfer zugeteilt. Aus allgemein-politischen Gründen halte ich es jedoch für unbedingt erforderlich, daß die elsässischen Luftwaffenhelfer nur zusammen [mit] reichsdeutschen Jungens aus dem Gau Baden eingesetzt werden. Die in den Wehrertüchtigungslagern und Führerschulen der HJ gemachten Erfahrungen beweisen ebenso eindeutig wie die Erfahrungen bei Einstellungen der wehrpflichtigen Jahrgänge, welche entscheidende Bedeutung beim Einsatz der Elsässer der gegenseitigen Kameradschaftserziehung zwischen Elsässern und Reichsdeutschen zukommt. Auf diese kameradschaftliche Erziehung, die allerdings nur bei entsprechender Aufteilung der Elsässer unter reichsdeutsche Kameraden möglich ist, kann unter keinen Umständen verzichtet werden.
Um einen entsprechenden Einsatz der elsässischen Luftwaffenhelfer [im] Elsaß zu ermöglichen, darf ich Sie bitten, eine Ergänzung der Be[fehle] OKW 3100/43 geh. vom 23.7.43 und RdL u.ObdL vom 31.7.43 57160/43

Nicht zu übermitteln: *[signature]* Wagner

3. Lettre du Gauleiter Wagner au GQG pour demander que les LwHelfer alsaciens soient mélangés a des LwHelfer allemands. (Arch. G. Wira)

den überörtlichen Einsatz von Luftwaffenhelfern dahingehend herbeizuführen, daß hinsichtlich des Einsatzes der reichsdeutschen Luftwaffenhelfer das Elsaß dem Reichsgebiet gleichgestellt wird.

Bedenken gegen den Einsatz von badischen Jungens im Elsaß bestehen von hier aus in keiner Weise.

Ich bitte, diese Anordnung beschleunigt zu treffen, damit bereits die nächsten im Elsaß zum Einsatz kommenden Flakeinheiten entsprechend zusammengestellt werden können und ein späterer sich politisch nachteilig auswirkender Austausch der Elsässer vermieden bleiben kann.

Die Herren Reichsminister des Innern und Reichsminister für Wissenschaft, Erziehung und Volksbildung habe ich von diesem Schreiben benachrichtigt.

gez. Robert Wagner

Lettre du Gauleiter Wagner au G.Q.G. pour demander que les LwHelfer alsaciens soient mélangés aux LwHelfer allemands.
Archives G. WIRA

TA 1058/80
27 octobre 1981

M. SCHAEFFER Alex
c/
Ministre des Anciens
Combattants

——————

qualité d'incorporé
de force

RÉPUBLIQUE FRANÇAISE

AU NOM DU PEUPLE FRANÇAIS

LE TRIBUNAL ADMINISTRATIF DE STRASBOURG

(Deuxième Chambre)

Vu les requête et mémoire présentés pour M. Schaeffer Alex., demeurant 20 rue des Jardins à Bitche (Moselle), lesdits requêtes et mémoire enregistrés les 20 mai 1980 et 18 juillet 1980 tendant à obtenir l'annulation de la décision en date du 3 avril 1980 par laquelle le directeur interdépartemental des Anciens Combattants de Metz a refusé de lui reconnaître la qualité d'incorporé de force ;

Ce faire <u>attendu</u> qu'il a été incorporé le 15 janvier 1944 comme "Luftwaffenhelfer" à Metz-Nord ; que l'unité dans laquelle il a été incorporé de force était en tout point identique à un service militaire et a déploré, le samedi de Pentecôte 1944, 4 morts et une vingtaine de blessés graves ; que l'article publié dans la semaine du 31 mai au 6 juin 1980 par la revue allemande "Bild und Funk" relate le rôle et les conditions de lutte des unités de Luftwaffenhelfer dont il faisait parti ; que celles auxquelles il a été affecté étaient en fait des unités combattantes dont les effectifs étaient armés et accomplissaient des actes de guerre en affrontant notamment des bombardiers et chasseurs qu'ils avaient pour mission de détruire ;

Vu les observations déposées le <u>4 mai 1981</u> par lesquelles le Secrétaire d'Etat aux Anciens Combattants conclut au rejet par les motifs que l'enquête auprès des services d'exploitation des archives Wast n'a pas permis de confirmer l'incorporation de l'intéressé comme "Flackhelfer" à Metz-Woippy ; que le requérant n'a pas apporté la preuve <u>qu'il ait participé aux combats sous commandement militaire</u> ;

Vu les mémoires enregistrés les 29 juin, 1er juillet 4 septembre 1981 par lesquels le requérant réplique que dans une réponse du 15 septembre 1969, le chef des services des archives Wast relevait que les Luftwaffenhelfer ou Flackhelfer qui ont servi dans les batteries de la D.C.A. sont considérés comme unités combattantes ; que l'attestation de M. Buchy confirme que l'unité a participé aux combats antiaériens jusqu'en automne 1944 ;

Vu le mémoire déposé le <u>24 septembre 1981</u> par lequel le Ministre des Anciens Combattants développe que M. Schaeffer n'apporte pas la preuve qu'il ait participé à des combats ;

4. Jugement du tribunal administratif de Strasbourg annulant un refus de reconnaissance d'incorporé force dans la Wehrmacht à René Dub par le ministère des A.C. (Arch. Dub)

Vu les autres pièces produites et jointes au dossier ;

Vu le code des tribunaux administratifs ;

Vu le code des pensions militaires des invalides de guerre ;

Après avoir entendu à l'audience publique du 6 octobre 1981, les parties ayant été régulièrement averties :

M. Köll, Conseiller, en son rapport ;

Me Bechler, avocat au barreau de Strasbourg, occupant pour le requérant, en ses observations ;

M. Kintz, Commissaire du Gouvernement, en ses conclusions ;

Et en avoir délibéré :

Considérant qu'en application de l'article 2 de la loi n° 57-896 du 7 août 1957, les services que les français, du fait de leur origine alsacienne ou lorraine, ont dû accomplir au cours de la dernière guerre et sous l'emprise de la contrainte dans l'armée et dans la gendarmerie allemandes, sont des services militaires ; que les services visés par cet article concernent l'ensemble de ceux accomplis dans le cadre des formations militaires ou para-militaires régulières ayant participé à des opérations combattantes ;

Considérant que pour rejeter la demande de M. Schaeffer, le Secrétaire d'Etat aux Anciens Combattants s'est approprié les conclusions de la Commission interdépartementale itinérante suivant lesquelles M. Schaeffer a servi dans l'unité des Luftwaffen-helfer et a déduit de la circonstance que pour l'application de l'article R.353 du code des anciens combattants et victimes de guerre, l'article A.166

de ce code qualifie cette unité de formation paramilitaire, que M. Schaeffer a été incorporé dans une formation paramilitaire et ne saurait à ce titre prétendre au bénéfice de la qualité d'incorporé de force ;

Considérant toutefois que l'article R.353 susmentionné et ses dispositions d'application concernent le statut des réfractaires et ne régissent nullement ni le régime d'ouverture des droits à pension défini au livre I du code susvisé, ni les modalités de reconnaissance de la qualité d'incorporé de force ; que, par ailleurs, le terme de "formations paramilitaires" employé par l'article A.166 susrappelé vise des organisations allemandes assimilées à des formations militaires en vue, non pas de les exclure d'un certain régime, mais au contraire de les soumettre au même statut que lesdites formations militaires ;

Considérant qu'il résulte des attestations sur l'honneur de MM. Buchy et Marcel Schmidt que M. Schaeffer a été incorporé dans l'unité des Luftwaffenhelfer à Metz-Woippy et qu'à ce titre il a participé en 1944 à des combats antiaériens qui ont coûté à ladite unité de lourdes pertes en vies humaines ; que l'intéressé a ainsi participé à des opérations combattantes sous commandement militaire dans une unité régulière ; qu'il est donc fondé à soutenir que c'est à tort que la qualité d'incorporé de force lui a été refusée ; qu'il y a par suite lieu d'annuler la décision attaquée ;

Par ces motifs,

D é c i d e :

Article 1er - La décision du directeur interdépartemental des anciens combattants et victimes de guerre de Metz du 3 avril 1980 refusant de reconnaître la qualité d'incorporé de force à M. Schaeffer Alex est annulée.

Article 2 - Expédition du présent jugement sera notifiée à M. Schaeffer et au Ministre des Anciens Combattants.

Délibéré en séance du 6 octobre 1981, dans la même composition qu'à l'audience, étant présents M. Préau, Vice-Président, MM. Köll et Wahrling, Conseillers.

Le Vice-Président :
signé : Préau

Le Conseiller-rapporteur :
signé : Köll

Prononcé à Strasbourg
en audience publique, le 27 octobre 1981
Le Secrétaire-greffier en chef :
signé : Burger

La République mande et ordonne
à M. le Ministre des Anciens Combattants
en ce qui le concerne et à tous huissiers
à ce requis, en ce qui concerne les voies
de droit commun contre les parties privées
de pourvoir à l'exécution du présent jugement.

Strasbourg, le 27 octobre 1981
Le Secrétaire-greffier en chef,

JY:/CW
TA 882/82

1er mars 1984

M. René DUB
c/
Secrétaire d'Etat
auprès du Ministre
de la Défense, char-
gé des Anciens
Combattants

Refus de la recon-
naissance de la
qualité d'incorporé
de force

RÉPUBLIQUE FRANÇAISE

AU NOM DU PEUPLE FRANÇAIS

LE TRIBUNAL ADMINISTRATIF DE STRASBOURG

(Première Chambre)

   Vu, enregistrée le 22 juillet 1982, la requête présentée par M. René DUB demeurant 3 ferme de
Betting à Betting les Saint Avold (Moselle), et tendant
à ce qu'il plaise au tribunal annuler la décision, en
date du 3 novembre 1981, du Secrétaire d'Etat aux Anciens
Combattants lui refusant la qualité d'incorporé de force
dans l'armée allemande, par le motif qu'il n'a pas été
mis en mesure de prendre connaissance des pièces de son
dossier.

   Vu, enregistré le 26 avril 1983, le mémoire
en défense présenté par le Secrétaire d'Etat chargé des
Anciens Combattants et tendant au rejet de la requête par
les moyens qu'il résulte de l'audition de M. Dub par la
gendarmerie nationale que celui-ci, à l'issue d'une permission en août 1944, ne rejoignit pas son unité précisément en raison des combats qui se déroulaient dans la région de Forbach et ne reprit contact avec sa formation
qu'après qu'elle fût repliée à Sarreguemines ; que,
même si M. Dub a été enrôlé de force dans une formation
paramilitaire et même si son unité a été, en septembre
1944, engagée dans des combats sous commandement militaire
dans la région de Forbach, il n'a pas, du fait de son
évasion, participé personnellement à des combats sous commandement militaire, au sens de la jurisprudence ;

   Vu, enregistré le 4 juillet 1983, le mémoire
en réponse présenté par M. Dub et tendant aux mêmes fins
que sa requête par les motifs :

- que des pièces importantes manquent dans son dossier ;

- que la décision que les "Luftwaffenhelfer" avaient fait
partie d'une organisation paramilitaire est illégale ;
que les textes et la jurisprudence n'exigent nullement une
participation personnelle à une formation engagée, sous
commandement militaire ; qu'au moment des combats de septembre 1944, il faisait toujours partie de son unité ;
que le 13 octobre 1944 la "Feldgendarmerie" lui donna
l'ordre de rejoindre un point de rassemblement à Saint
Avold ;

.../...

- que la lettre d'archives WAST du 31 mai 1983, apporte une preuve formelle que les "Flak-Abteilung 976 et 973" étaient des unités de la Wehrmacht ;

Vu, enregistré le 2 novembre 1983, le nouveau mémoire présenté par M. Dub et faisant état de la lettre du Secrétaire d'Etat déclarant que "la qualité d'incorporé de force dans l'armée allemande sera reconnue aux personnes incorporées sous la contrainte dans les forces de D.C.A. allemande" ;

VU la décision attaquée;

VU les autres pièces produites et jointes au dossier ;

VU les notes du greffe constatant la communication aux parties des requêtes, mémoires et pièces susvisés;

VU les pièces et notes du greffe constatant que les parties ont été convoquées à l'audience;

VU le code des tribunaux administratifs;

VU le décret n° 65-29 du 11 janvier 1965;

VU le code des pensions militaires d'invalidité et des victimes de guerre ;

VU la loi n° 57-896 du 7 août 1957 ;

VU l'arrêté ministériel du 10 mai 1954 ;

Après avoir entendu à l'audience publique du 2 février 1984 :

M. Plouvin   Conseiller, en son rapport;

M. Dub, requérant,

en ses observations orales ;

Et M.me Mazzega   Commissaire du Gouvernement, en ses conclusions;

Après en avoir délibéré conformément à la loi :

Considérant qu'il ressort des renseignements établis le 25 février 1981 par le service d'exploitation des archives WAST et produits au dossier, que M. René Dub, incorporé en tant que luftwaffenhelfer, a été affecté successivement à la 8ème Bttr/lei Flak-Abteilung 976, puis à la 3ème Bttr/lei Flak-Abteilung 973 ; que cette dernière unité a participé à des combats qui se sont déroulés en septembre 1944 dans le secteur de Forbach ; que, selon une lettre du 31 mai 1983 du service d'exploitation des archives WAST, les formations précitées faisaient effectivement partie intégrante de la "Luftwaffe", donc de "l'ancienne armée allemande, en tant qu'unités régulières" ; que, dès lors, M. Dub, en tant qu'ancien incorporé de force dans une unité relevant organiquement de la Wehrmacht, est fondé à demander l'annulation de la décision, en date du 3 novembre 1981, lui refusant la qualité d'incorporé de force dans l'armée allemande ;

D E C I D E :

Article 1 : Est annulée la décision en date du 3 novembre 1981, du Ministre des Anciens Combattants refusant à M. Dub la qualité d'incorporé de force dans l'armée allemande.

Article 2 : Le présent jugement sera notifié à M. Dub et au Secrétaire d'Etat auprès du Ministre de la Défense, chargé des Anciens Combattants.

Délibéré dans la séance du 2 février 1984 où étaient présents :

    M. Desmarescaux, Président,
    M. Philippoteaux, Conseiller,
    M. Plouvin, Conseiller-rapporteur.

Lu en séance publique le 1er mars 1984.

Le Président	Le Conseiller-rapporteur	Le Secrétaire-greffier en chef
Signé : Desmarescaux	Signé : Plouvin	Signé : Kaufmann

5. Jugement du tribunal administratif de Strasbourg annulant un refus de la qualité d'incorporé de for dans la Wehrmacht à Alex Schaeffer par le ministère des A.C. (Arch. Schaeffer)

Robert GRIMMER

LUFTWAFFENHELFER
Auxiliaires de la défense aérienne

ÉCOLIERS -SOLDATS

Les plus jeunes Malgré-nous de la seconde guerre mondiale racontent...

Lycéens alsaciens et mosellans contre forteresses volantes...

EDITIONS PIERRON

1 vol. broché
ft 15,5x23,5
320 pages
63 photos et
22 documents
Prix : 149 F

EDITIONS PIERRON - 4, rue Gutenberg - 57206 SARREGUEMINES

ECOLIERS-SOLDATS
par Robert Grimmer

Ils étaient : «LUFTWAFFENHELFER», c.-à-d. «auxiliaires de l'Armée de l'air».

SAVEZ-VOUS ce qui se cache réellement derrière ce mot ?

SAVEZ-VOUS qu'en 1943, à court d'hommes, les nazis en ont été réduits à arracher des lycéens à leurs études pour en faire des canonniers de DCA afin de tenter d'arrêter le déferlement des vagues de plus en plus dévastatrices des bombardiers alliés ?

SAVEZ-VOUS comment ces écoliers-soldats alsaciens et mosellans -les plus jeunes incorporés de force dans la Wehrmacht- ont vécu la succession de chocs subis à la suite de leur incorporation illégale et prématurée, des combats, des excès de fatigue, des morts, des blessés ?

Voici pour la première fois une réponse complète à ces questions avec de très nombreux témoignages et anecdotes à l'appui et des détails sur la vie de celui que l'on nomma «le combattant le moins cher de la Seconde Guerre mondiale» et dont la caractéristique dominante était de se trouver placé dans une situation absurde !

On contraignait en effet, illégalement, par d'odieuses mesures de coercition -notamment sur les parents- des adolescents, presque des enfants, à combattre les Alliés de la France, à tirer sur leurs avions et, parfois, à les abattre ou à se faire tuer par eux, sans que quiconque ne bouge le petit doigt. Une situation kafkaïenne qui fit dire à un jeune LWH de 16 ans dans son journal : «Quel mal ai-je fait pour mériter un tel destin ? Je ne trouve pas de réponse».

L'auteur :
Né à Yutz en 1927, Robert Grimmer obtient à Strasbourg une licence en Droit, un certificat d'aptitude à l'administration des Entreprises, ainsi qu'un diplôme d'études supérieures de psychologie. Reporter pendant 10 ans aux Dernières Nouvelles d'Alsace, il entre en 1960 dans une grande banque strasbourgeoise où il termine sa carrière comme directeur au service commercial. Aujourd'hui à la retraite, il revient à l'écriture.

TABLE DES MATIERES

I. LUFTWAFFENHELFER

II. L'APPRENTISSAGE DE LA PEUR
   1. Le baptême du feu
   2. La découverte de l'enfer
   3. 6 187 tonnes de bombes sur Sarrebruck
   4. Tentative d'évasion
   5. Vers l'Est
   6. Au sud de Sarrebruck
   7. Agent de liaison FFI
   8. 69 jours à la prison de la rue du Fil
   9. Condamné à mort

III. TOURNANT DE LA GUERRE
   1. Bombardements 24 heures sur 24
   2. La guerre totale
   3. Des collégiens pour remplacer des artilleurs adultes
   4. Divergences chez les chefs nazis
   5. Mystification
   6. Deux uniformes distincts
   7. 18 heures de cours
   8. Les élèves retransformés en soldats

IV. LE COMBATTANT LE MOINS CHER DE LA SECONDE GUERRE MONDIALE
   1. Conditions de service
   2. Lettre aux parents

V. A QUELLES ARMES LES LUFTWAFFEN-HELFER ETAIENT-ILS UTILISES ?
   1. La formation de soldat et d'artilleur
   2. L'organisation de la DCA allemande

VI. LES AFFECTATIONS DES LUFTWAFFENHELFER ALSACIENS ET MOSELLANS

VII. LE JOURNAL D'UN LUFTWAFFENHELFER

VIII. BOMBES SUR STRASBOURG
   1. Le même jour à la Canardière
   2. Quatre jours de taule pour lire «Mein Kampf»
   3. Moi et mon ami Allonas
   4. Un chargeur fatigué
   5. En route pour Pforzheim et Munich

IX. VAGUES DE BOMBARDIERS - 7 AVIONS ABATTUS
   C'ETAIT MON 16e ANNIVERSAIRE

X. LES TRIBULATIONS DES SARREGUEMINOIS
   1. Une cuvette et trois litres d'eau pour laver 14 paires de pieds
   2. De l'avantage de parler anglais

XI. CONFLITS OUVERTS AVEC LES ALLEMANDS
   1. Mort pour avoir été trop confiant
   2. Six ans de réclusion parce qu'ils avaient faim
   3. Ils voulurent travers le lac de Constance en canot pneumatique

XII. QUAND LES LUFTWAFFENHELFER SE DEFOULENT
   1. Une odeur d'explosifs
   2. Opération saucisses

XIII. DAM BUSTER SUR LE RHIN
   1. La DCA suisse veillait aussi

XIV. HAGONDANGE - PLAQUE TOURNANTE POUR LES LUFTWAFFENHELFER

XV. LES CABOCHARDS FRANCAIS DANS DANS LE COLLIMATEUR
   1. Déliquescence de l'armée allemande

XVI. CHANCE ET MALCHANCE
   1. La chance
   2. La malchance

XVII. COMMENT LES ALLEMANDS ONT-ILS PERCU LES LUFTWAFFENHELFER ALSACIENS ET LORRAINS
   1. La Gestapo veut transplanter la famille d'un Luftwaffenhelfer

XVIII. TROIS CENTS COMPAGNONS D'INFORTUNE LUXEMBOURGEOIS

XIX. APRES LES COLLEGIENS, LES APPRENTIS

XX. EVASIONS EN CHAINE
   1. Une évasion menée rondement
   2. Une évasion rondement ratée
   3. Au pas cadencé à travers les lignes allemandes
   4. A toute vapeur dans la poche de Colmar
   5. Porté déserteur par les Allemands soupçonné d'être un saboteur par les Français
   6. Les S.S. aimaient le vin du Rhin
   7. Après s'être évadé de l'armée allemande, il s'évade du camp de prisonniers américain
   8. Parce qu'il s'endort dans le train, il finit dans les caves de la Gestapo

XXI. HITLER A METZ

XXII. LUFTWAFFENHELFER, IL TERMINE LA GUERRE DANS UN COMBAT DE RUES PRES DE LEIPZIG

XXIII. SE SERRER LES COUDES

XXIV. HEUREUX QUI COMME ULYSSE
   1. De Haguenau à Karlsruhe
   2. De Karlsruhe à Prague
   3. De Prague à Bresizce
   4. De Bresizce à Klagenfurt
   5. De Klagenfurt à Naples

XXV. LE DERNIER COMBAT

XXVI. PAR LE PETIT BOUT DE LA LORGNETTE

Liste des lieux et personnes cités

Liste des documents

- A. Fiche de mobilisation d'un LWh.
- B. Livret personnel du LWh.
- C. Document de recherche lancé par la Gestapo contre un LWh. déserteur.
- D. Télégramme de rappel au corps d'un LWh.
- E. Lettre de menace adressée au père d'un LWh.
- F. *Soldbuch* d'un LWh. devenu militaire à part entière 10 jours avant la fin de la guerre.
- G. Exemplaire d'un journal satirique que des LWh. s'adressaient entre eux.
- H. Dessin humoristique extrait d'un de ses journaux.
- I. Carte de Noël dessinée en 1943 par le LWh. Paul Mouzard.
- J. Autre journal de LWh.
- K. Lettre échangée entre deux LWh. après la prise de Strasbourg par les Français.
- L. Un LWh. informe un camarade de son évasion manquée.
- M. Lettre de LWh. d'où il ressort que la faim était un grave problème pour les jeunes.
- N. Acte de décès de Gérard Volck.
- O. Cartes d'alimentation remises aux LWh. qui se déplaçaient ou allaient en permission.
- P. Dessin humoristique sur la vie du LWh., vue par Paul Mouzard.

Annexes :

1. Lettre du Ministre de l'Intérieur annonçant aux Gauleiter d'Alsace et de Moselle, entre autres, l'avancement de l'incorporation de certains LWh.
2. Lettre de Martin Bormann au chef du G.Q.G. annonçant l'incorporation des LWh. mosellans, alsaciens et luxembourgeois.
3. Lettre du Gauleiter Wagner au G.Q.G. relative aux LWh. alsaciens.
4. Jugement du tribunal administratif annulant un refus de reconnaissance d'incorporé de force dans la Wehrmacht.
5. Autre jugement du tribunal administratif.
6. Liste des unités dans lesquels étaient incorporés les LWh. alsaciens et mosellans.

+ 63 photos exceptionnelles

> Vous pouvez commander par minitel 3614 code Pierron

BON DE COMMANDE à retourner à votre librairie
où à défaut aux Editions PIERRON - 57206 Sarreguemines Cédex

Veuillez expédier à l'adresse ci-dessous .... ex. de "Ecoliers-Soldats" de R. Grimmer, à 149 F pièce (en sus forfait port et emballage : 15 F)

NOM : _____
Rue : _____
Localité : _____
Code Postal : _____

Ci-joint paiement :
☐ chèque bancaire
☐ chèque postal

Date :   Signature :

Cachet du libraire

P48930

Robert GRIMMER

LUFTWAFFENHELFER
Auxiliaires de la défense aérienne

ÉCOLIERS -SOLDATS

Les plus jeunes Malgré-nous de la seconde guerre mondiale racontent...

Lycéens alsaciens et mosellans contre forteresses volantes...

EDITIONS PIERRON

1 vol. broché
ft 15,5x23,5
320 pages
63 photos et
22 documents
Prix : 149 F

EDITIONS PIERRON - 4, rue Gutenberg - 57206 SARREGUEMINES

ECOLIERS-SOLDATS
par Robert Grimmer

Ils étaient : «LUFTWAFFENHELFER», c.-à-d. «auxiliaires de l'Armée de l'air».

SAVEZ-VOUS ce qui se cache réellement derrière ce mot ?

SAVEZ-VOUS qu'en 1943, à court d'hommes, les nazis en ont été réduits à arracher des lycéens à leurs études pour en faire des canonniers de DCA afin de tenter d'arrêter le déferlement des vagues de plus en plus dévastatrices des bombardiers alliés ?

SAVEZ-VOUS comment ces écoliers-soldats alsaciens et mosellans -les plus jeunes incorporés de force dans la Wehrmacht- ont vécu la succession de chocs subis à la suite de leur incorporation illégale et prématurée, des combats, des excès de fatigue, des morts, des blessés ?

Voici pour la première fois une réponse complète à ces questions avec de très nombreux témoignages et anecdotes à l'appui et des détails sur la vie de celui que l'on nomma «le combattant le moins cher de la Seconde Guerre mondiale» et dont la caractéristique dominante était de se trouver placé dans une situation absurde !

On contraignait en effet, illégalement, par d'odieuses mesures de coercition -notamment sur les parents- des adolescents, presque des enfants, à combattre les Alliés de la France, à tirer sur leurs avions et, parfois, à les abattre ou à se faire tuer par eux, sans que quiconque ne bouge le petit doigt. Une situation kafkaïenne qui fit dire à un jeune LWH de 16 ans dans son journal : «Quel mal ai-je fait pour mériter un tel destin ? Je ne trouve pas de réponse».

L'auteur :
Né à Yutz en 1927, Robert Grimmer obtient à Strasbourg une licence en Droit, un certificat d'aptitude à l'administration des Entreprises, ainsi qu'un diplôme d'études supérieures de psychologie. Reporter pendant 10 ans aux Dernières Nouvelles d'Alsace, il entre en 1960 dans une grande banque strasbourgeoise où il termine sa carrière comme directeur au service commercial. Aujourd'hui à la retraite, il revient à l'écriture.

TABLE DES MATIERES

I. LUFTWAFFENHELFER

II. L'APPRENTISSAGE DE LA PEUR
    1. Le baptême du feu
    2. La découverte de l'enfer
    3. 6 187 tonnes de bombes sur Sarrebruck
    4. Tentative d'évasion
    5. Vers l'Est
    6. Au sud de Sarrebruck
    7. Agent de liaison FFI
    8. 69 jours à la prison de la rue du Fil
    9. Condamné à mort

III. TOURNANT DE LA GUERRE
    1. Bombardements 24 heures sur 24
    2. La guerre totale
    3. Des collégiens pour remplacer des artilleurs adultes
    4. Divergences chez les chefs nazis
    5. Mystification
    6. Deux uniformes distincts
    7. 18 heures de cours
    8. Les élèves retransformés en soldats

IV. LE COMBATTANT LE MOINS CHER DE LA SECONDE GUERRE MONDIALE
 1. Conditions de service
 2. Lettre aux parents

V. A QUELLES ARMES LES LUFTWAFFENHELFER ETAIENT-ILS UTILISES ?
 1. La formation de soldat et d'artilleur
 2. L'organisation de la DCA allemande

VI. LES AFFECTATIONS DES LUFTWAFFENHELFER ALSACIENS ET MOSELLANS

VII. LE JOURNAL D'UN LUFTWAFFENHELFER

VIII. BOMBES SUR STRASBOURG
 1. Le même jour à la Canardière
 2. Quatre jours de taule pour lire «Mein Kampf»
 3. Moi et mon ami Allonas
 4. Un chargeur fatigué
 5. En route pour Pforzheim et Munich

IX. VAGUES DE BOMBARDIERS - 7 AVIONS ABATTUS
 C'ETAIT MON 16e ANNIVERSAIRE

X. LES TRIBULATIONS DES SARREGUEMINOIS
 1. Une cuvette et trois litres d'eau pour laver 14 paires de pieds
 2. De l'avantage de parler anglais

XI. CONFLITS OUVERTS AVEC LES ALLEMANDS
 1. Mort pour avoir été trop confiant
 2. Six ans de réclusion parce qu'ils avaient faim
 3. Ils voulurent travers le lac de Constance en canot pneumatique

XII. QUAND LES LUFTWAFFENHELFER SE DEFOULENT
 1. Une odeur.d'explosifs
 2. Opération saucisses

XIII. DAM BUSTER SUR LE RHIN
 1. La DCA suisse veillait aussi

XIV. HAGONDANGE - PLAQUE TOURNANTE POUR LES LUFTWAFFENHELFER

XV. LES CABOCHARDS FRANCAIS DANS DANS LE COLLIMATEUR
 1. Déliquescence de l'armée allemande

XVI. CHANCE ET MALCHANCE
 1. La chance
 2. La malchance

XVII. COMMENT LES ALLEMANDS ONT-ILS PERCU LES LUFTWAFFENHELFER ALSACIENS ET LORRAINS
 1. La Gestapo veut transplanter la famille d'un Luftwaffenhelfer

XVIII. TROIS CENTS COMPAGNONS D'INFORTUNE LUXEMBOURGEOIS

XIX. APRES LES COLLEGIENS, LES APPRENTIS

XX. EVASIONS EN CHAINE
 1. Une évasion menée rondement
 2. Une évasion rondement ratée
 3. Au pas cadencé à travers les lignes allemandes
 4. A toute vapeur dans la poche de Colmar
 5. Porté déserteur par les Allemands soupçonné d'être un saboteur par les Français
 6. Les S.S. aimaient le vin du Rhin
 7. Après s'être évadé de l'armée allemande, il s'évade du camp de prisonniers américain
 8. Parce qu'il s'endort dans le train, il finit dans les caves de la Gestapo

XXI. HITLER A METZ

XXII. LUFTWAFFENHELFER, IL TERMINE LA GUERRE DANS UN COMBAT DE RUES PRES DE LEIPZIG

XXIII. SE SERRER LES COUDES

XXIV. HEUREUX QUI COMME ULYSSE
 1. De Haguenau à Karlsruhe
 2. De Karlsruhe à Prague
 3. De Prague à Bresizce
 4. De Bresizce à Klagenfurt
 5. De Klagenfurt à Naples

XXV. LE DERNIER COMBAT

XXVI. PAR LE PETIT BOUT DE LA LORGNETTE

Liste des lieux et personnes cités

Liste des documents

A. Fiche de mobilisation d'un LWh.
B. Livret personnel du LWh.
C. Document de recherche lancé par la Gestapo contre un LWh. déserteur.
D. Télégramme de rappel au corps d'un LWh.
E. Lettre de menace adressée au père d'un LWh.
F. *Soldbuch* d'un LWh. devenu militaire à part entière 10 jours avant la fin de la guerre.
G. Exemplaire d'un journal satirique que des LWh. s'adressaient entre eux.
H. Dessin humoristique extrait d'un de ses journaux.
I. Carte de Noël dessinée en 1943 par le LWh. Paul Mouzard.
J. Autre journal de LWh.
K. Lettre échangée entre deux LWh. après la prise de Strasbourg par les Français.
L. Un LWh. informe un camarade de son évasion manquée.
M. Lettre de LWh. d'où il ressort que la faim était un grave problème pour les jeunes.
N. Acte de décès de Gérard Volck.
O. Cartes d'alimentation remises aux LWh. qui se déplaçaient ou allaient en permission.
P. Dessin humoristique sur la vie du LWh., vue par Paul Mouzard.

Annexes :

1. Lettre du Ministre de l'Intérieur annonçant aux Gauleiter d'Alsace et de Moselle, entre autres, l'avancement de l'incorporation de certains LWh.
2. Lettre de Martin Bormann au chef du G.Q.G. annonçant l'incorporation des LWh. mosellans, alsaciens et luxembourgeois.
3. Lettre du Gauleiter Wagner au G.Q.G. relative aux LWh. alsaciens.
4. Jugement du tribunal administratif annulant un refus de reconnaissance d'incorporé de force dans la Wehrmacht.
5. Autre jugement du tribunal administratif.
6. Liste des unités dans lesquels étaient incorporés les LWh. alsaciens et mosellans.

+ 63 photos exceptionnelles

Vous pouvez commander par minitel 3614 code Pierron

BON DE COMMANDE à retourner à votre librairie
où à défaut aux Editions PIERRON - 57206 Sarreguemines Cédex

Veuillez expédier à l'adresse ci-dessous .... ex. de "Ecoliers-Soldats" de R. Grimmer, à 149 F pièce (en sus forfait port et emballage : 15 F)

NOM : _____
Rue : _____
Localité : _____
Code Postal : _____

Ci-joint paiement :
☐ chèque bancaire
☐ chèque postal

Date :   Signature :

Cachet du libraire

Inhaltsverzeichnis

I.	Luftwaffenhelfer	Seite 9
II.	Lehre der Angst	13
	1. Die Feuertaufe	15
	2. Die Entdeckung der Hölle	16
	3. 6187 Tonnen Bomben auf Saarbrücken	17
	4. Fluchtversuch	18
	5. Richtung Osten	18
	6. Im Süden von Saarbrücken	20
	7. Verbindungsagent zu den FFI	22
	8. 69 Tage im Gefängnis der "Rue du Fil"	22
	9. Zum Tode verurteilt	23
III.	Wendepunkt des Krieges	25
	1. Bombenangriffe rund um die Uhr	25
	2. Der totale Krieg	26
	3. Realschüler ersetzen erwachsene Kanoniere	27
	4. Meinungsverschiedenheiten unter den deutschen Voegesetzten	28
	5. Irreführung	30
	6. Zwei verschiedene Uniformen	31
	7. 18 Stunden Unterricht	32
	8. Die Schüler werden wieder Soldaten	33
IV.	Der billigste Soldat des 2. Weltkriegs	37
	1. Dienstbedingungen	37
	2. Brief an die Eltern	39
V.	An welchen Waffen wurden die LwH eingesetzt?	43
	1. Die Ausbildung als Soldat und Kanonier	44
	2. Die Organisation der deutschen Flak	47
VI.	Verwendung der elsässischen und moselländischen LwH	51
VII.	Das Tagebuch eines LwH	53
VIII.	Bomben auf Straßburg	57
	1. Am gleichen Tag in der Canardière	61
	2. Vier Tage Bau wegen der Lektüre von "Mein Kampf"	62
	3. Ich und mein Freund Allonas	63
	4. Ein müder Ladekanonier	64
	5. Auf dem Weg nach Pforzheim und München	65
IX.	Bomberwellen - 7 Maschinen abgeschossen - das war mein 16. Geburtstag	69

		Seite	
X.	Die Leiden der Saargemünder		77
	1. Eine Waschschüssel und drei Liter Wasser für 14 Paar Füße		78
	2. Der Vorteil, englisch zu sprechen		83
	3. Sie sind verhaftet!		84
XI.	Offene Konflikte mit den Deutschen		89
	1. Gestorben, weil er zu vertrauensselig war		89
	2. Sechs Jahre Zuchthaus, weil sie Hunger hatten		90
	3. Im Schlauchboot wollten sie über den Bodensee		93
XII.	Wenn die LwH Dampf ablassen		97
	1. ein Geruch ... von Sprengstoff		97
	2. Operation Würste		99
XIII.	Dammknacker am Rhein		105
	1. Die Schweizer Flugabwehr paßte auch auf		107
XIV.	Hagondange - Drehscheibe für die LwH		111
XV.	Die französischen Dickschädel im Visier		115
	1. Die Auflösung der Deutschen Wehrmacht		117
XVI.	Glück und Pech		123
	1. Das Glück		124
	2. Das Pech		125
XVII.	Wie die Deutschen die elsässischen und Lothringer LwH behandelten		127
	1. Die Gestapo will die Familie eines LwH umsiedeln		131
XVIII.	Dreihundert Luxemburger Unglückskameraden		137
XIX.	Nach den Realschülern kommen die Lehrlinge		143
XX.	Flucht am laufenden Band		147
	1. eine rundum geglückte Flucht		147
	2. eine rundum mißglückte Flucht		148
	3. im Gleichschritt durch die deutschen Linien		149
	4. Mit Volldampf in den Sack von Colmar		151
	5. Von den Deutschen zum Deserteur erklärt, von den Franzosen als Saboteur verdächtigt		157
	6. die SS liebte den Rheinwein		161
	7. Nach seiner Flucht aus der Deutschen Wehrmacht flieht er aus dem amerikanischen Gefangegenlager		164
	8. Weil er im Zug einschläft, endet er in den Gestapokellern		177

XXI.	Hitler im Metz	Seite 173
XXII.	Ein Luftwaffenhelfer beendet den Krieg bei einem Straßenkampf in Leipzig	177
XXIII.	Gemeinsam mit anpacken	183
XXIV.	Glücklich, wer wie Ddysseus ist	189
	1. von Hagenau nach Karlsruhe	191
	2. von Karlsruhe nach Prag	198
	3. von Prag nach Bresizce	201
	4. von Besizce nach Klagenfurt	209
	5. von Klagenfurt nach Neapel	213
XXV.	Das letzte Gefecht	221
XXVI.	Etwas übertrieben gesehen	231
	Liste der ehemaligen elsässischen und moselländischen LwH, die Ende 1988 erfaßt werden konnten	241
	Liste der erwähnten Personen	251
	Liste der erwähnten Orte	259

[handwritten top:] X falsch: Tiger II war der Name der "Personalbatterie", die für den Einsatz 933 bei der schweren Flak ausgebildet wurde. Zu dieser Wartliste gehörten unter vielen anderen auch die Saargemünder LWHs. — Der wirkliche Einsatz erfolgte erst in Gersweiler.

Betr.: <mark>Tigerbatterie</mark>

[handwritten margin:] Hagenedingen! wo? wann? ←

[handwritten margin:] Zur Personalbatterie gehörten auch Schüler aus Saargemünd, die am 15.01.1944 direkt nach Hagenedingen eingezogen wurden.

1) *[handwritten:]* (eingezogen am 16.03.1943)

"...der größte Teil der Saargemünder Schüler gehörte der leichten Flakabteilung 976 in Schafbrücke an und kam von dort zur leichten Flakabteilung 758. Nachdem die 2./s.631, genannt die ×"Tigerbatterie", am 11. Mai 1944 schwere Verluste unter den deutschen Luftwaffenhelfern erlitten hatte, rückten Saargemünder LwH an ihre Stelle in Saarbrücken-Kieselhumes. Nach dem 2o.7.1944 wurden sie jedoch nach Gersweiler zur 4./s.631 versetzt..." (Aussage von Paul Wagner, bei Grimmer, a.a.O., S. 77 ff.)

zitiert in: Hans-Dietrich NICOLAISEN, Gruppenfeuer und Salventakt, Band II, S. 1282 ...

2) "...nach einem nächtlichen Luftangriff 1942 war Saarbrücken bis zum 11. Mai 1944 verschont geblieben. An diesem Tag jedoch traf es am Spätnachmittag nicht nur die Stadt, sondern auch die Stellung der 4./s. 631 auf der Bellevue schwer: 16 Luftwaffenhelfer fanden vor allem in der B2 den Tod ... das Geschütz "Cäsar" fiel aus, aber in der Nacht vom 11. auf den 12. Mai wurde die Batterie wieder feuerbereit gemeldet. ... wegen ihrer exponierten Lage wurde die Stellung jedoch bald aufgegeben. Die 4./631 wurde nach Gersweiler verlegt.

Wir hatten so viele Ausfälle, daß nach kurzer Zeit aus Lothringen die sogenannte 'Tiger-Batterie' als Ersatz kam. Es waren rund 1oo Luftwaffenhelfer aus Internaten und höheren Schulen in Lothringen. Sie lösten uns ab. Von ursprünglich rund 7o Angehörigen der drei Schulklassen waren noch etwa 3o einsatzbereit. Die Batterie war damit nicht mehr feuerbereit. Wir wurden auf den Kieselhumes verlegt, nahmen aber am Kampfgeschehen nicht mehr teil..."

[handwritten margin:] Nicht ausschließlich. Auch LWHs aus Homburg, Neunkirchen u. St. Wendel.

(Quelle: Itschert/Reucher/Schuster/Stiff, Feuer frei-Kinder, S. 5o ...)
zitiert in: Hans-Dietrich NICOLAISEN, Gruppenfeuer und Salventakt, Band II, S. 1288 ...

[handwritten bottom:] Korrigiert von Armin Adolf, 06.11.93

6. OKT. 1993